Albert Hurtz / Daniela Flick

Verbesserungsmanagement

Albert Hurtz / Daniela Flick

unter Mitarbeit von
Tanja Bronnsack / Frank Messerschmidt

Verbesserungs-
management

Was gute Unternehmen
erfolgreich macht

GABLER

Die Deutsche Bibliothek – CIP-Einheitsaufnahme
Ein Titeldatensatz für diese Publikation ist bei
Der Deutschen Bibliothek erhältlich

1. Auflage Juli 2002

Alle Rechte vorbehalten
© Betriebswirtschaftlicher Verlag Dr. Th. Gabler GmbH, Wiesbaden 2002

Lektorat: Jens Kreibaum

Der Gabler Verlag ist ein Unternehmen der Fachverlagsgruppe BertelsmannSpringer.
www.gabler.de

Umschlaggestaltung: Nina Faber de.sign, Wiesbaden
Druck und buchbinderische Verarbeitung: Hubert & Co., Göttingen
Gedruckt auf säurefreiem und chlorfrei gebleichtem Papier
Printed in Germany

ISBN 3-409-12019-X

Vorwort

Wir haben dieses Buch geschrieben, weil wir in unserer Arbeit immer wieder beobachten, wie schwer sich Unternehmen mit Veränderungsprozessen tun. Angesichts immer schneller und komplexer werdenden Anforderungen scheitern viele Unternehmen daran, den richtigen Einstieg in Veränderungsprozesse zu finden und diese Prozesse zu nachhaltigem Erfolg zu führen.

Dieses Buch bündelt Erfahrungen aus 12-jähriger Beratungsarbeit in etwa 100 Unternehmen. Wir haben gelernt, dass Unternehmensentwicklung dann erfolgreich ist, wenn es gelingt, an den richtigen Stellen den Hebel anzusetzen, die Aktivitäten systematisch und aufeinander abgestimmt anzugehen, dabei die vielfältigen Wechselbeziehungen im Blick zu behalten und konsequent mit langem Atem die begonnenen Veränderungen zu verfolgen und weiterzuentwickeln. Das Verbesserungsmanagement bietet hierzu eine effektive Methode für eine nachhaltige Unternehmensentwicklung.

Die verschiedenen Umsetzungen des Verbesserungsmanagements in den von uns beschriebenen Unternehmen entstanden jeweils in einer intensiven und vertrauensvollen Zusammenarbeit zwischen den Beteiligten in den Unternehmen und uns als Beratern.

Wir danken Dipl.-Psych. Jens Schönrade für seine intensive kritische Überarbeitung und Anuschka Becker für ihre organisatorische und koordinative Unterstützung. Unser Dank gilt auch allen anderen Mitarbeitern der *PTA Praxis für teamorientierte Arbeitsgestaltung GmbH*, die uns in jeder Phase mit kritischen Diskussionen und aufmunternden Worten unterstützt haben. Danke sagen wir aber besonders unseren Familien und Freunden, die uns einige Stunden, Abende, Tage ... entbehren mussten.

Köln, im Juni 2002

Albert Hurtz

Daniela Flick

Tanja Bronnsack

Frank Messerschmidt

Inhaltsverzeichnis

1. Über den Nutzen dieses Buches – eine kleine Navigationshilfe

Dieses Buch richtet sich an alle, die in ihrem Unternehmen etwas erreichen wollen, die nicht zufrieden sind mit den Ergebnissen und der Art, wie versucht wird, Verbesserungen zu erreichen. Wir möchten daher Wege aufzeigen, wie Verbesserungen im Unternehmen systematisch und mit nachhaltigem Erfolg vorangetrieben werden können. Es ist unbestritten, dass sich jedes Unternehmen intensiv mit Verbesserungsthemen beschäftigen muss, um auf dem globalen Markt bestehen zu können. Ebenso deutlich zeigt sich aber auch, dass sich die meisten Unternehmen schwer damit tun, Verbesserungsprozesse umzusetzen. Mal hapert es am richtigen Konzept, mal fehlen die Methoden, dann wieder spielen die Mitarbeiter nicht mit oder die Führungskräfte betreiben die Arbeit der Verbesserung nur halbherzig – es gibt viele Gründe dafür, dass überzeugende Verbesserungen zum Scheitern verurteilt sind.

Wir wollen in diesem Buch in der Praxis erprobte Vorgehensweisen vorstellen, die den Unternehmen geholfen haben, besser zu werden, sprich: leistungsfähiger, flexibler, kostengünstiger, schneller. Wenn dies vereinzelt erreicht worden ist, dann nicht durch die einsame Tat einzelner Manager oder Verbesserungsspezialisten, sondern durch die engagierte Mitwirkung der meisten Mitarbeiter.

Wir haben das Grundkonzept dieses Ansatzes zur Unternehmensentwicklung *Verbesserungsmanagement* genannt. Diese Bezeichnung soll darauf hinweisen, dass das Initiieren und Umsetzen von Verbesserungsaktivitäten zunächst einmal eine Managementaufgabe ist. Denn wenn es dem Management eines Unternehmens nicht gelingt, ein umfassendes und schlüssiges Konzept für den Umgang mit Verbesserungen zu entwickeln, die Aktivitäten zur Optimierung zu fokussieren und zu bündeln oder ein konsequentes Controlling der eingeleiteten Verbesserungsmaßnahmen aufzubauen, dann wird auch eine nachhaltige Unternehmensentwicklung kaum möglich sein.

Unsere Erfahrungen zeigen, dass es eine enge Verknüpfung von Zielvereinbarungssystem und Controlling geben muss, verbunden mit einer konsequenten Mitarbeiterbeteiligung und eine Einbettung der Verbesserungsaktivitäten in ein leistungsfähiges Projektmanagement. Erst dann stellt sich auf Dauer ein Erfolg bei den Verbesserungsbemühungen ein.

Dies ist ein Buch aus der Praxis für die Praxis. Im Mittelpunkt stehen die konkreten Erfahrungen, die in Unternehmen gesammelt wurden. Natürlich ist es nicht möglich, die in diesen Unternehmen gemachten Erfahrungen direkt auf ein beliebiges Unternehmen zu übertragen. Aber es ist möglich, aus diesen Erfahrungen zu lernen. Die Praxisbeispiele zeigen, dass eine kontinuierliche Unternehmensentwicklung mit nachhaltigen Er-

gebnissen erzielt werden kann, wenn es gelingt, systematisch und konsequent vorzuge-
hen und einige Grundregeln zu beherzigen. Deshalb wollen wir mit diesem Buch allen
Verantwortlichen in den Unternehmen Mut machen, auch wenn sie mit ihren bisherigen
Ergebnissen nicht ganz zufrieden sind.

In *Kapitel 2* stellen wir die Frage, warum sich so viele Unternehmen schwer damit tun,
an kontinuierlichen Verbesserungen zu arbeiten. Es soll aufgezeigt werden, wo die
Grenzen bisheriger Ansätze liegen und wo angesetzt werden muss, wenn typische Fehler
vermieden werden sollen. Danach wollen wir die Frage beantworten, was Unternehmen
erfolgreich macht. Welche Faktoren sind entscheidend für Erfolg? Was unterscheidet
diese Unternehmen von anderen Unternehmen? Die Antworten auf diese Fragen geben
Anhaltspunkte dafür, was ein Unternehmen tun kann, um eine permanente Weiterentwicklung zu erreichen.

In *Kapitel 3* wird das Grundmodell zur Unternehmensentwicklung beschrieben, das sich
wie ein roter Faden durch dieses Buch ziehen wird. Wer sich einen schnellen Überblick
darüber verschaffen will, worum es in diesem Buch geht, sollte hier zu lesen beginnen.
Es wird beschrieben, was Unternehmensentwicklung bedeutet und in welchen Stufen sie
sich idealerweise vollzieht. Das dort vorgestellte *Drei–Stufen–Modell* soll als Analogie
verstanden werden, das dem Leser ein Bild, eine Modellvorstellung an die Hand gibt, die
ihm eine einfache Orientierung erlaubt. Als Metapher für die Entwicklung eines Unternehmens haben wir das Bild des Schiffbaus gewählt. Mit diesem Bild sollen Zusammenhänge vereinfacht und veranschaulicht werden.

In *Kapitel 4* wird die erste Stufe der Unternehmensentwicklung beschrieben, die mit dem
Aufbau einer Vertrauensbasis im Unternehmen beginnt. Wir geben Hinweise, wie es
möglich werden kann, nach und nach eine Vertrauenskultur herzustellen. Denn ohne das
Vertrauen der Führung zu den Mitarbeitern und umgekehrt, ist unserer Erfahrung nach
keine wirkliche Entwicklung im Unternehmen möglich. Warum das so ist und welche
Auswirkungen demgegenüber eine Kultur des Misstrauens zur Folge hat, wird hier dargestellt.

In *Kapitel 5* wird die zweite Stufe der Unternehmensentwicklung beschrieben: der Aufbau von Führungsinstrumenten im Unternehmen. Führungskräfte benötigen diese als
Handwerkszeug, um ihr Unternehmen systematisch entwickeln zu können. Hier werden
die wichtigsten dieser Führungsinstrumente beschrieben. Diese mögen dem Leser zwar
zum Teil schon bekannt sein, aber weil es in vielen Unternehmen Schwierigkeiten gibt,
die Möglichkeiten dieser Führungswerkzeuge voll und ganz auszunutzen, werden diese
Instrumente ausführlich dargestellt. Dabei liegt der Fokus auf der Anwendbarkeit in der
Praxis, um deren Möglichkeiten ganz auszuschöpfen.

In *Kapitel 6* wird die dritte Stufe zur Unternehmensentwicklung beschrieben: die Realisierung eines systematischen Verbesserungsmanagements, aus welchen Elementen es
besteht und wie es aufgebaut wird. An Beispielen von Unternehmen, die in den letzten
Jahren ein auf ihre Erfordernisse zugeschnittenes Verbesserungsmanagement entwickelt

haben, wird gezeigt, wie es gelingen kann, zu einem für das gesamte Unternehmen umfassenden System der Optimierung zu gelangen. Zunächst wird beschrieben, wie ein Unternehmen ein Verbesserungsmanagement aufbauen kann, das bereits über leistungsfähige Führungsinstrumente verfügt. Es wird aber auch gezeigt, wie Unternehmen vorgehen können, die noch nicht über ein solcherart entwickeltes System von Führungsinstrumenten verfügen.

In *Kapitel 7* wird das methodische Vorgehen im Verbesserungsmanagement erklärt. Es wird dargelegt, wie Verbesserungsthemen erarbeitet werden können und wie es gelingt, aus der Vielzahl möglicher Themen die bedeutungsvollsten herauszustellen. Darüber hinaus werden methodische Ansätze vorgestellt, die die Bearbeitung und Umsetzung der Verbesserungsthemen unterstützen können. Es werden Verbesserungsprojekte und Verbesserungsworkshops unterschieden und an Beispielen dargestellt, mit welchen Methoden dort erfolgreich gearbeitet werden kann.

In *Kapitel 8* wird erläutert, welche Bedeutung ein adäquates Führungsverhalten für eine erfolgreiche Unternehmensentwicklung hat. Unsere Erfahrung zeigt, dass viele Führungskräfte zwar den Willen besitzen, ihr Unternehmen nach vorne zu bringen, sich aber gleichsam selbst dabei im Wege stehen. Wenn das Verhalten der Führung den Aufbau von Vertrauen verhindert, wenn nicht konsequent mit passenden Managementmethoden gearbeitet wird und wenn es nicht gelingt, ein positives Klima im Unternehmen zu schaffen, dann wird es auch keine erfolgreiche Verbesserung und Weiterentwicklung im Unternehmen geben.

Kapitel 9, welches den Abschluss des Buches bildet, behandelt Fragen aus der Praxis. Wir haben mögliche offene Fragen der Leser am Ende unserer Darstellung vorweggenommen. So werden beispielsweise Fragen nach der Abgrenzung oder Verknüpfung zu anderen Ansätzen der Optimierung von Unternehmen beantwortet. Wir geben eine Abschätzung des Aufwandes an Zeit, Geld und Personal, um ein Verbesserungsmanagement aufzubauen. Und wir wollen plastisch beschreiben, was unserer Erfahrung nach schief gehen kann bei der Weiterentwicklung des Unternehmens und wie man bei Stagnation gegensteuern kann.

Wir wünschen uns, dass dieses Buch Anregungen vermittelt, die dazu beitragen, in vielen Unternehmen das zu wecken, was tatsächlich in ihnen steckt.

2. Unternehmen im Umbruch – von der Schwierigkeit, auf Kurs zu bleiben

Herr Schmitz ist Geschäftsführer eines mittelständischen Maschinenbauunternehmens. Wenn er von seinen Erfahrungen in den zehn Jahren als Geschäftsführer seines Unternehmens erzählt, kann er von vielen Neuerungen berichten, die unter seiner Führung umgesetzt worden sind. Er sorgte dafür, dass in der Produktion Gruppenarbeit eingeführt wurde, lange bevor diese zum Thema in der gängigen Managementliteratur gemacht wurde. Auch ist er stolz darauf, dass er zu den ersten deutschen Managern gehörte, die nach Japan pilgerten, um Kaizen vor Ort kennen zu lernen und zu bestaunen, was die Japaner in ihren Unternehmen zu Wege brachten. Er erzählt aber auch selbstkritisch, dass er bei dem Versuch, Kaizen in der Produktion seines Unternehmens einzuführen, wenig Erfolg hatte. Die Mitarbeiter, so sagt er heute, hätten einfach nicht verstanden, was er wollte, und er habe wohl auch die Veränderungsbereitschaft seiner Mannschaft überschätzt. Erst als er nach vielen Gesprächen verstanden habe, dass man nicht alles auf einmal anders machen könne, sei er zu einer Strategie der Veränderung in kleineren Schritten übergegangen. Erst dann hätten die meisten Mitarbeiter mitgezogen. Aber es sei für ihn eine bittere Erfahrung gewesen, dass die Mitarbeiter in dem Moment, in dem erstmals von der geplanten Verlagerung von Teilen der Produktion nach Tschechien die Rede gewesen war, nicht mehr zugestimmt hätten. Es wurden keine Verbesserungsvorschläge mehr gemacht, es gab weniger Bereitschaft, Überstunden zu machen, und das Betriebsklima sank fast bis zum Gefrierpunkt. Trotzdem sei ihm nichts anderes übriggeblieben, als Teile der Produktion zu verlagern und Personal abzubauen. Der Konkurrenzdruck sei halt mörderischer und durch die schlechten Preise am Markt die Ertragssituation immer schlechter geworden. Die in den letzten Jahren eingeführten Methoden wären an sich brauchbar gewesen, aber diese hätten auch nicht verhindern können, dass sein Unternehmen mächtig ins Straucheln gekommen sei.

Die von Herrn Schmitz beschriebene Entwicklung hat sich in ähnlicher Weise in vielen Unternehmen abgespielt. In den letzten zehn Jahren haben sich viele Unternehmen stark verändert. Die Verschärfung der Konkurrenz und der damit verbundene Preisdruck führten dazu, dass die Unternehmen fieberhaft nach Wegen suchten, erfolgreicher zu werden. Die Unternehmen wurden verschlankt, um flexibler, schneller und kostengünstiger zu werden. Es wurde vor allem in größeren Produktionsbetrieben Gruppenarbeit eingeführt, um die schlummernden Potenziale der Mitarbeiter zu nutzen. Abteilungsstrukturen wurden zu Gunsten geschlossener Prozessketten aufgelöst. Ein Programm zur Kostensenkung folgte dem anderen, globale Möglichkeiten der Produktion wurden entdeckt und viele bislang selbst gefertigten Teile aus dem Ausland bezogen. Es wurde nach Kernkompetenzen gefahndet und sich fortan auf diese konzentriert. Dabei sollten die Ziele des Unternehmens balanciert gestaltet und miteinander vereinbart statt nur vorgegeben werden.

Trotz all dieser Bemühungen sind nur wenige Unternehmen wirklich zufrieden mit dem Erreichten. Andere klagen darüber, dass sie es nicht in dem Maße geschafft haben, wie sie es sich erhofften. Es bleibt also zu fragen, warum so viele Unternehmen hinter ihren Erwartungen zurückgeblieben sind.

Strukturen

Einer der Gründe ist sicherlich, dass die Unternehmen ihre Strukturen veränderten, ohne dafür zu sorgen, dass die Voraussetzungen und Rahmenbedingungen erfüllt wurden, die zu ihrer Realisierung erforderlich waren. So haben viele Unternehmen bei dem Versuch, ihre Organisation im Rahmen des „Lean Management" schlanker zu gestalten, lediglich die Führungsspanne vergrößert. Außer höherer Arbeitsbelastung für die Führungskräfte brachte das wenig. Oder es wurden Abteilungsstrukturen aufgebrochen, ohne bei der Neugestaltung durchgängige Prozessverantwortlichkeiten zu definieren. Die Folge ist, dass sich für bestimmte Aufgaben niemand mehr zuständig fühlt und diese unerledigt bleiben. Deshalb ist es erforderlich, vor jeder Veränderung der Unternehmensstruktur sorgfältig zu analysieren, wo die Stärken und Schwächen der bestehenden Organisation liegen. Und bei der Neugestaltung sollte man nicht nur auf die erhofften Vorteile der neuen Struktur schauen, sondern auch auf die „Risiken und Nebenwirkungen", die mit der neuen Struktur einhergehen.

Gruppenarbeit

Vielfach wurde parallel versucht, Gruppenarbeit einzuführen. Dahinter stand der durchaus logische Gedanke, dass die Mitarbeiter zusätzliche Aufgaben übernehmen könnten. Aber oft wurde übersehen, dass Mitarbeiter nur dann weitere Aufgaben in guter Qualität abliefern können, wenn sie dafür ausgebildet und bereit sind, die neuen Aufgaben zu übernehmen. Gruppenarbeit blieb auch deshalb häufig hinter den großen Erwartungen zurück, weil die Arbeitsumgebung nicht dahingehend gestaltet wurde, sich selbst organisieren zu können. Dies setzt zum Beispiel zeitliche Spielräume für die Gruppe voraus, damit sie die Abläufe optimieren kann. Ohne diese Spielräume kann eine Gruppe ihre Potenziale nicht ausspielen und somit auch kaum die unzweifelhaft vorhandenen Vorteile gegenüber der arbeitsteiligen Organisation nutzen.

KVP

Der kontinuierliche Verbesserungsprozess (KVP) wurde von Vielen als *die* Antwort auf das japanische Konzept des Kaizen angesehen. Aber außer von Anfangserfolgen haben die meisten Unternehmen wenig Positives zu verzeichnen. Vor allem die Kontinuität der Verbesserungsaktivitäten ließ zu wünschen übrig. KVP bedeutet von der Idee her, dass die Mitarbeiter (und zwar möglichst alle) in kleinen Schritten Ideen zur Verbesserung umsetzen und dies als permanente Aufgabe verstehen. Diese Hoffnung erfüllte sich nicht. Wenn nicht die Führungskraft ständig Anstöße für Verbesserungen gab, kamen die KVP-Aktivitäten weitgehend zum Erliegen. Der größte Feind des KVP ist die Bequemlichkeit. Warum sich Gedanken um die eigene Arbeit machen, wenn es doch auch bisher ganz gut lief? Außerdem erlebten viele Mitarbeiter, dass sich vermeintliche Verbesserungen für sie als nachteilig herausstellten oder zu Mehraufwand führten. Auch standen hinter dem KVP oftmals keine konkreten Ziele, sodass die Mitarbeiter vor allem solche Themen in Angriff nahmen, die etwas mit Unbequemlichkeiten im Arbeitsablauf zu tun hatten. Zudem sorgte vielerorts ein behäbiges, zentral organisiertes Betriebliches Vorschlagswesen (BVW) dafür, dass Mitarbeiter, die Ideen äußerten, auf Grund des bürokratischen Vorgehens und langer Wartezeiten für die Umsetzung der Ideen zunehmend frustriert wurden. Die Folge von alldem ist, dass KVP nur noch in wenigen Unternehmen ernsthaft betrieben wird – trotz aller Potenziale, die dieses Instrument zweifellos besitzt.

Zielvereinbarungen

Auch die Zielvereinbarung wurde als Führungsinstrument (wieder)entdeckt. In vielen Unternehmen wurde damit begonnen, ein Zielvereinbarungssystem aufzubauen. Zielvereinbarungen sind ein sehr wirkungsvolles Führungsinstrument – wenn es richtig eingesetzt wird; dann geben die Ziele eine Orientierung für alle Mitarbeiter, der Zielvereinbarungsprozess schafft Vertrauen und Klarheit zwischen der Führungskraft und seinen Mitarbeitern, die regelmäßige Überprüfung des Grades der Zielerreichung gibt die Chance, Abweichungen rechtzeitig zu erkennen und entsprechende Maßnahmen einzuleiten. Leider kommt es aber gerade bei der Realisierung von Zielvereinbarungen zu gravierenden Fehlern. Oft wird das Vereinbaren mit dem Vorgeben von Zielen verwechselt. Die Folge ist, dass der Mitarbeiter sich eben nicht mit den Zielen identifizieren kann. Wird das Ziel vorgegeben, empfindet dies der Mitarbeiter wie einen „Befehl", den es zu erfüllen gilt. Die Zielvereinbarung hat aber den Sinn, im Mitarbeiter Kreativität und Kräfte freizusetzen, die aus der geweckten „Leidenschaft" erwachsen, das vereinbarte Ziel wirklich erreichen zu wollen.

Das Führungsinstrument Zielvereinbarung scheitert auch, wenn es nur in einigen Unternehmensbereichen realisiert wird. Seine volle Wirksamkeit entfaltet es nur dann, wenn es durchgängig im Unternehmen umgesetzt wird. Die vereinbarten Ziele müssen mit einem gewissen Maß an Anstrengung erreichbar sein; stellen sie eine Unter- oder Überforderung dar, bildet das Erreichen der Ziele keinen Anreiz mehr, das die Kräfte der Mitarbeiter freisetzt. Einer der häufigsten Fehler ist das Ausbleiben von Feedback, wenn also nicht gemessen wird, in welchem Maß das Ziel erreicht wurde oder wenn es bei deutlicher Abweichung vom Zielerreichungsgrad kein klärendes Gespräch zwischen Führungskraft und Mitarbeiter gibt. Aber auch bei Ausbleiben von Konsequenzen, wenn ein vereinbartes Ziel erreicht wurde oder nicht, wird das Vereinbaren von Zielen sehr schnell zu einer hohlen, Sinn entleerten Geste. Wenn es nicht gelingt, ein wirkungsvolles Zielvereinbarungssystem zu entwickeln, werden auch Instrumente wie Gruppenarbeit und KVP ihre volle Wirksamkeit nicht entfalten können.

Es wird deutlich, dass eine konsequente Unternehmensentwicklung nur dann möglich wird, wenn ein ganzes Bündel von Maßnahmen konsequent umgesetzt und wie Zahnräder in einem Getriebe perfekt aufeinander abgestimmt werden. Erst dann sind nachhaltige Erfolge zu erwarten. Alle Bemühungen, das Unternehmen weiter zu entwickeln, müssen geeignet sein, um mit der Konkurrenz Schritt zu halten oder ihr gar vorauszueilen. Deshalb ist es wichtig, den Blick über die Grenzen des eigenen Unternehmens zu richten und zu beobachten, wie sich die Konkurrenten entwickeln und welche Fortschritte in anderen Branchen erzielt werden, um die eigene Entwicklung damit zu vergleichen. Dabei ist es nicht immer hilfreich, direkt das Niveau der Besten anzustreben. Aber es hilft bei der Bestimmung des eigenen Zustands, wenn man weiß, wie es die besten Unternehmen machen.

Im Gespräch mit Herrn Schmitz wurde deutlich, dass der Unternehmenserfolg vor allem durch den Einsatz geeigneter Managementmethoden sicherzustellen ist. Dabei reicht es nicht aus, sich einzelne Unternehmensbereiche herauszugreifen und diese zu optimieren. Vielmehr resultiert der Erfolg eines Unternehmens aus dem Zusammenwirken unterschiedlicher und vielfältiger Faktoren.

Der Erfolg jedes Unternehmens misst sich zunächst am erwirtschafteten Gewinn. Macht eine Firma keine Gewinne, kann nicht investiert werden. Und ohne Investitionen gibt es keine hinreichende Weiterentwicklung, um neue Produkte zu entwickeln, neue Betriebsmittel anzuschaffen, Mitarbeiter weiter zu qualifizieren oder ein attraktives Arbeitsumfeld für neue Mitarbeiter zu bieten.

Die Analyse nachhaltig erfolgreicher Unternehmen zeigt, dass sich dauerhafter Erfolg dann einstellt, wenn sich ein Unternehmen eine gute Marktposition erobert hat und seine Produkte oder Dienstleistungen als Marke mit einem guten Image in den Köpfen der Kunden verankert sind. Der Aufbau dieser Attribute braucht Zeit und ist nur mit einer langfristigen Strategie erreichbar. Das aber bedeutet, dass ein Unternehmen nicht allein die kurzfristige Gewinnorientierung zum Ziel haben darf, sondern ein ausgewogenes

Verhältnis von kurzfristig realisierbarem Gewinn und Zukunftsorientierung anstreben muss.

Eine auf dauerhaften Unternehmenserfolg ausgerichtete Führung wird bestrebt sein, die richtige Balance zwischen den genannten Kriterien zu finden. So wichtig das Erreichen eines ausgewogenen Verhältnisses zwischen den Erfolgskriterien auch ist, direkt beeinflussen lassen sie sich nicht. Entscheidend für den Erfolg eines Unternehmens sind in erster Linie die Produkte. Findet ein Unternehmen nicht eine ausreichende Zahl von Käufern für seine Produkte, nutzen auch die beste Organisation und die wirkungsvollsten Managementmethoden nichts, um der Firma das Überleben zu sichern. Folgende Aspekte sind wesentlich, um Produkte erfolgreich am Markt zu positionieren:

Alleinstellungsmerkmale

Der Markt entscheidet über den Erfolg, den ein Unternehmen erreichen kann. Ein Unternehmen in Deutschland wird nur bestehen können, wenn es mehr zu bieten hat als die Konkurrenz. Verfügt das Unternehmen über „*Alleinstellungsmerkmale*", d. h. Eigenschaften von Produkt und Service, die keiner der Konkurrenten auf dem Markt in dieser Qualität anbieten kann, kann es auch die Preise verlangen, die notwendig sind, um die herausragenden Leistungen realisieren zu können. Anbieter von „me too"-Produkten, also von Produkten, die andere Produzenten eher oder besser in den Markt gebracht haben, stehen im permanenten Preiskampf und werden sich auf Dauer kaum am Markt behaupten können. Deshalb ist das permanente Verbessern von Produkten und Serviceleistungen eine Grundvoraussetzung, um sich auf den immer schneller wandelnden Märkten behaupten zu können. Dies setzt eine große Flexibilität und Schnelligkeit voraus, mit der ein Unternehmen auf Veränderungen am Markt zu reagieren hat. Flexibler und schneller zu werden bedeutet aber, sich ständig weiter zu entwickeln und in allen Teilprozessen und Verfahren die Leistungen zu verbessern.

Qualität

Die Qualität der Produkte muss ständig verbessert werden und bezieht sich damit auf die Stabilität und Sicherheit der Prozesse in allen Unternehmensbereichen, innerhalb derer die Produkte entwickelt, produziert und vertrieben werden. Qualität definiert sich am Maßstab der Kunden. Nur durch regelmäßige Kundenbefragungen und durchgehendes Qualitätsmanagement hat man eine Chance, den Anforderungen der Kunden dauerhaft gerecht zu werden.

Liefertreue

An die Liefertreue werden immer höhere Ansprüche gestellt, und wer die geforderten Standards nicht erreicht, wird als Lieferant nicht mehr berücksichtigt. Deshalb ist es für jedes Unternehmen wichtig, die Qualität der Liefertreue ständig zu überprüfen und Maßnahmen zu ergreifen, wenn sie unter der angestrebten Güte liegt. Eine deutliche Verbesserung der Liefertreue, so wie der Markt sie zunehmend verlangt, ist in vielen Unternehmen aber mit einer Optimierung bestehender Strukturen nicht mehr möglich. Deshalb erzwingt die Verbesserung der Liefertreue oftmals eine Veränderung der Organisation im Sinne einer prozessorientierten Organisation.

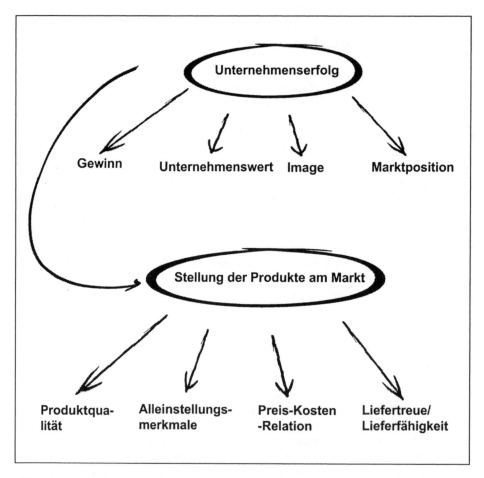

Abb. 2-1: Erfolgsfaktoren für die Produkte im Markt

Marktpreis

Das Realisieren des *Marktpreises* stellt eine permanente Herausforderung an das Unternehmen dar. Nur durch ständiges Arbeiten an der Verwirklichung von kostengünstigen Lösungen sind die erforderlichen Gewinne zu realisieren, die zur Finanzierung weiterer Verbesserungen erforderlich sind.

Ideenreichtum

Erfolg auf dem Markt erfordert vor allem Ideenreichtum. Wer nicht mehr in der Lage ist, neue und für die Käufer interessante Produkte zu entwickeln, Marktnischen zu entdecken und zu besetzen oder die Kunden mit besonderen Serviceangeboten zu überzeugen, wird auf Dauer von einfallsreicheren Konkurrenten vom Markt verdrängt werden.

Gestaltungsfelder der Unternehmensentwicklung

Welche Gestaltungsfelder für ein Unternehmen lassen sich nun herauskristallisieren, um die Erfolgsfaktoren für die Produkte am Markt nach und nach herzustellen? In unserem Konzept der Unternehmensentwicklung unterscheiden wir vier grundlegende Gestaltungsfelder: *Produkt und Service, Prozesse, Mitarbeiter, Führung.*

Unserer Erfahrung nach sind die genannten Gestaltungsfelder die entscheidenden Hebel in einem Unternehmen, über die sich die übrigen Erfolgsfaktoren relativ leicht erschließen lassen. Das ist auch der Grund dafür, dass die in Kapitel 5.2 beschriebene Methode zur Bestimmung der im Unternehmen vorhandenen Potenziale bei den vier beschriebenen Gestaltungsfeldern ansetzt.

Produkt und Service

Das Thema Produkt und Service stellt ein zentrales Gestaltungsfeld der Unternehmensentwicklung dar. Der Begriff Gestaltungsfeld bedeutet, dass es sich dabei um eine Kernstruktur, um zentrale Prozesse oder Hauptfaktoren im Unternehmen handelt, deren kreative Ausgestaltung für die weitere Entwicklung des Unternehmens grundlegend sind.

Die Bedeutung des Themas Produkt und Service als Gestaltungsfeld im Unternehmen wurde bereits weiter oben erläutert. Ohne permanente Neu- bzw. Weiterentwicklung der Produkte kann ein Unternehmen auf Dauer nicht bestehen. Dies wird jedoch häufig von Unternehmen ignoriert, die über erfolgreiche Produkte verfügen und ganz damit beschäftigt sind, diese in ausreichender Stückzahl zu produzieren, um die Nachfrage zu befriedigen. Hat die Konkurrenz aber nachgezogen oder tritt eine Marktsättigung ein, verkaufen sich die Produkte nicht mehr ganz so leicht. Sollte erst zu diesem Zeitpunkt damit begonnen werden, über Produktverbesserungen oder neue Produkte nachzudenken, ist es oft schon zu spät. Eine Unternehmensführung mit Weitsicht ist sich ständig darüber im Klaren, dass neben der Bewältigung des Alltagsgeschäftes die Gestaltung der Zukunft die eigentliche Hauptaufgabe des Managements darstellt. Das mag sich nach Binsenweisheit anhören. Aber in vielen Unternehmen ist es keine Selbstverständlichkeit, dass sich die Top-Manager intensiv mit der Gestaltung der Zukunft beschäftigen. Das gilt natürlich nicht nur für das Gestaltungsfeld Produkt und Service, sondern in gleichem Maße auch für die übrigen Gestaltungsfelder.

Prozesse

An dem Gestaltungsfeld Prozesse ist in den letzten Jahren wahrscheinlich das größte Interesse gezeigt worden. In vielen Unternehmen wurden Abteilungsstrukturen mit ihren vielen Schnittstellen durch geschlossene Prozessketten ersetzt. Dabei kommt es vor allem darauf an, durchgängige Verantwortlichkeiten zu schaffen. Gibt es einen Gesamtverantwortlichen für einen in sich geschlossenen Prozess, beispielsweise die Herstellung eines Produkts, so wird dieser sehr darum bemüht sein, alle das Produkt betreffenden Aspekte sorgsam zu beachten und in den Griff zu bekommen. Er wird sich um die Entwicklung des Produkts genauso kümmern wie um die Auswahl der richtigen Lieferanten. Er wird dafür sorgen, dass die Auftragsabwicklung funktioniert und gleichzeitig darauf achten, dass die Kosten im gesteckten Rahmen bleiben. So werden durch die Übertragung von Zurechenbarkeit und Verantwortlichkeit von abgegrenzten Unternehmensprozessen auf bestimmte Personen die Prozessqualität und Prozessstabilität erhöht, indem eine „Diffusion der Verantwortlichkeit" durch die Beteiligung mehrerer Personen vermieden wird.

Führung

Dies leitet zum Gestaltungsfeld Führung über, denn der Verantwortliche wird seiner Aufgabe nur gerecht werden, wenn er fachlich dazu in der Lage ist, die vielen Einflussfaktoren gestalten und beurteilen zu können. Er muss aber auch die entsprechende Führungskompetenz besitzen, um seine Mitarbeiter aus den unterschiedlichen Fachbereichen zielführend einsetzen zu können. Er braucht die Akzeptanz seiner Mitarbeiter, auch wenn diese ihm in ihrem jeweiligen Fachgebiet weit überlegen sind. Dabei sollte er in der Lage sein, seine Spezialisten auf ganz unterschiedlichen Fachgebieten zu einem leistungsstarken Team zusammenzuschweißen und gleichzeitig die Interessen seiner Produktgruppe bei der Unternehmensführung durchsetzen können. Die Aufzählung der Anforderungen, die an den Prozessverantwortlichen gestellt werden, ließe sich noch um einige Punkte ergänzen. Dies soll an dieser Stelle mit dem Hinweis auf das siebte Kapitel unterbleiben, weil dort die Anforderungen an Führungskräfte ausführlich dargestellt werden.

Mitarbeiter

Die Mitarbeiter eines Unternehmens als Gestaltungsfeld zu bezeichnen, mag seltsam anmuten. Es soll aber darauf hinweisen, dass eine Entwicklung des Unternehmens nicht möglich ist, wenn nicht die Mitarbeiter in diesen Prozess einbezogen werden. In den Managementmethoden des vergangenen Jahrzehnts wurde dem Mitarbeiter häufig eine ambivalente Rolle zugedacht. In der Theorie war oft vom „Mitarbeiter im Mittelpunkt" die Rede, aber in der Praxis war er lediglich das Mittel zur Umsetzung der ehrgeizigen Pläne, was nicht selten den Verlust an Engagement und Motivation zur Folge hatte. Soll eine kontinuierliche Entwicklung des Unternehmens gelingen, sind aber solche Mitarbeiter erforderlich, die bereit und in der Lage sind, Verantwortung zu übernehmen. Das ist eher dann zu erwarten, wenn die Mitarbeiter engagiert und motiviert sind, die Herausforderungen im Unternehmen anzunehmen und sich selbst – und damit das Unternehmen – weiter zu entwickeln. Hierfür sind eine Reihe von Voraussetzungen zu erfüllen. Die wichtigste ist das Vorhandensein einer Vertrauensbasis im Unternehmen – davon wird in diesem Buch noch häufig die Rede sein, und das vierte Kapitel widmet sich ausführlich diesem Aspekt. Von Seiten des Unternehmens sind Qualifizierungsangebote erforderlich und vom Mitarbeiter die Bereitschaft, sich permanent weiterzubilden und weiter zu lernen, um den ständig steigenden Anforderungen gewachsen zu sein. Die Fähigkeit, im Team arbeiten zu können wie die Fähigkeit, über die eigenen Hauptaufgaben hinaus sich mit anderen Tätigkeiten im Gesamtprozess des Unternehmens auseinanderzusetzen, werden dabei immer wichtiger.

In allen vier beschriebenen Gestaltungsfeldern geht es darum, auf der Basis einer sorgfältigen Analyse des Ist-Zustandes und einer genauen Beschreibung der Unternehmensziele und deren Bedeutung für das jeweilige Gestaltungsfeld Handlungsfelder zu erarbeiten. Ein Handlungsfeld bezeichnet dabei ein Bündel von Maßnahmen, mit deren Hilfe die gewünschten Entwicklungsschritte in einem Gestaltungsfeld realisiert werden sollen.

Diese Maßnahmen bilden den Kern der Verbesserungsaktivitäten. Die Gesamtheit dieser Aktivitäten in allen Gestaltungsfeldern stellt den sichtbaren und in ihrer Umsetzung für alle Mitarbeiter im Unternehmen wahrnehmbaren Ertrag des Verbesserungsmanagement dar. Abbildung 2-2 zeigt die in diesem Kapitel ausgeführten Gedanken zur Unternehmensentwicklung im Zusammenhang.

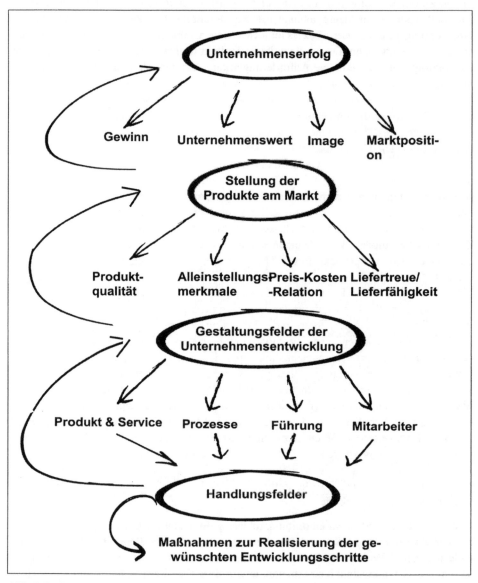

Abb. 2-2: Der Weg zur Unternehmensentwicklung

Der Unternehmenserfolg im Sinne ausreichender Gewinne, einem hohen Unternehmenswert und guter Zukunftschancen hängt in hohem Maße von der Stellung der Produkte im Markt ab. Die Marktstellung, die das Unternehmen erreicht, hängt wiederum von der Produktqualität und dem Vorhandensein von Alleinstellungsmerkmalen ab, aber auch von der Preis-Kosten-Relation, d. h. vom Deckungsbeitrag der Produkte sowie der Liefertreue bzw. Lieferfähigkeit. Da der Unternehmenserfolg maßgeblich von der Stellung der Produkte im Markt abhängt, ist das Gestaltungsfeld Produkt und Service entscheidend für die weitere Entwicklung des Unternehmens. Aber auch die Unternehmensprozesse, die Führung und die Mitarbeiter sind wichtige Gestaltungsfelder, die eine positive Entwicklung des Unternehmens bewirken. Aus dem Vergleich der momentanen Situation mit den Zielen des Unternehmens werden aus den vier Gestaltungsfeldern Maßnahmen abgeleitet, die zur Realisierung der gewünschten Entwicklungsschritte führen. Der Erfolg der eingeleiteten Maßnahmen zeigt sich in einer verbesserten Leistungsfähigkeit des Unternehmens, die zu einer Verbesserung der Markposition und des Ertrages führt. Die Gestaltungsfelder zeigen deshalb den Weg auf, um das Unternehmen zum Erfolg zu führen. Diese Gedanken stellen das Grundverständnis von Unternehmensentwicklung vor, wie es in diesem Buch verstanden wird. Im folgenden Kapitel wird gezeigt, wie Unternehmensentwicklung konkret realisiert werden kann.

Zusammenfassung:

Die Verschärfung der Konkurrenz und der damit verbundene Preisdruck führten dazu, dass die Unternehmen fieberhaft nach Wegen suchten, erfolgreicher zu werden. Trotz all dieser Bemühungen sind nur wenige Unternehmen wirklich zufrieden mit dem Erreichten. Die Ansätze wurden entweder nicht konsequent verfolgt oder trugen als Einzellösungen nicht weit genug: so wurden bei der Bildung neuer Strukturen die „Nebenwirkungen" vernachlässigt, die Teams bei praktizierter Gruppenarbeit bekamen nicht die erforderlichen Spielräume, dem KVP fehlte die nachhaltige Wirkung oder Zielvereinbarungen wurden oft als Zielvorgaben umgesetzt.

Nachhaltiger Unternehmenserfolg definiert sich aus dem Gewinn, dem Wert und dem Image des Unternehmens sowie seiner Position am Markt. Eine Balance zwischen diesen Kriterien herzustellen ist Ziel eines erfolgreichen Unternehmens.

Ein Unternehmen lässt sich am besten beeinflussen durch seine Produkte. Hier zählen Qualität, das Vorhandensein von Alleinstellungsmerkmalen, eine positive Marktpreis-Kosten-Relation sowie eine zuverlässige und den Kundenanforderungen entsprechende Liefertreue. Will man diese Aspekte positiv beeinflussen und damit das Unternehmen kontinuierlich weiter entwickeln, muss an vier grundlegenden Gestaltungsfelder gearbeitet werden: *Produkt und Service, Prozesse, Mitarbeiter, Führung*. Zu diesen Gestaltungsfeldern die notwendigen Maßnahmen umzusetzen bedeutet, an den entscheidenden Hebeln in einem Unternehmen zu arbeiten, über die sich die übrigen Erfolgsfaktoren positiv beeinflussen lassen.

3. Die drei Stufen zur Unternehmensentwicklung – vom Kutter zum Hochleistungsschiff

3.1 Der 2-Personen-Betrieb

Wir möchten das Grundmodell zur Unternehmensentwicklung anhand einer kleinen Geschichte näherbringen, und zwar der Geschichte eines Zwei-Personen-Betriebes. Herr Mahler hat von seinem Vater ein kleines Handelsunternehmen geerbt, das genau aus zwei Personen besteht: aus ihm und seiner Sekretärin, Frau Bauer. Das Unternehmen lebt seit vielen Jahren erfolgreich davon, Farben und Lacke anzukaufen und mittels einer guten Beratung bei kleineren und mittelständischen Unternehmen weiter zu verkaufen. Bis vor einem Jahr lief das Unternehmen in der Hand von Herrn Mahler ebenso erfolgreich wie in den Zeiten seines Vaters. Aber jetzt sind die Erlöse nicht mehr so hoch wie früher. Herr Mahler weiß nicht genau, woran es liegt und versucht daher unterschiedliche Dinge: Er räumt das Lager auf, überarbeitet seine Adresskartei und nimmt öfter als bisher Akquisitionsgespräche sowohl mit potenziellen neuen als auch bisherigen alten Kunden wahr. So arbeitet er fast Tag und Nacht, ohne dass sich eine Besserung der wirtschaftlichen Situation einstellt. Bei einem seiner Kundenbesuche erfährt er in einem ausführlichen Gespräch, dass es etliche neue Wettbewerber gibt, die die gleichen Farben und Lacke zu einem viel niedrigeren Preis anbieten – diese sitzen allerdings nicht in der Nachbarschaft, sondern in Asien und den osteuropäischen Ländern. Obwohl seine Altkunden ihm versichern, dass sie seine gute Beratung sehr zu schätzen wissen, geben sie doch aus Kostengründen den entfernten, aber preiswerteren Anbietern häufig den Zuschlag. Herr Mahler gerät darüber immer tiefer in die Sinnkrise und fragt sich, welche Perspektiven er und sein Unternehmen unter diesen Voraussetzungen überhaupt noch haben.

Die Arbeitsbeziehung zwischen Herrn Mahler und seiner Sekretärin Frau Bauer ist geprägt durch langjährige Zusammenarbeit und eine gute Vertrauensbasis. So wundert es nicht, dass sie ihm seinen schlechten Gemütszustand schnell anmerkt und sich beide alsbald über die desolate Situation austauschen. Frau Bauer ist betroffen, denn so schlimm hatte sie sich die Lage nicht vorgestellt. Aber sie ist auch sofort bereit, für das Unternehmen zu kämpfen. So fragt sie ihn: „Was willst Du denn eigentlich erreichen? Was sind denn nun Deine Ziele? Und was steht dem im Wege?" So analysieren sie gemeinsam die Situation, die verschiedenen Probleme und ihre Ursachen und formulieren, wie es in Zukunft sein müsste, damit sie wieder erfolgreich werden können. Sie kommen zum Ergebnis, dass sie ihre Aktivitäten auf ein neues Produkt, die Wasserlacke, konzentrieren wollen. Dieses Produkt könnte wegen seiner hohen Qualität und auf Grund besserer Umweltverträglichkeit für Kunden attraktiv sein. Frau Bauer schlägt vor, dass sie einen Internetkurs besuchen könnte, um über das Internet mögliche Anbieter für Wasserlacke zu finden. Herr Mahler stimmt zu. Beide stellen im Gespräch fest, dass es das Ziel sein muss, zukünftig neue Märkte zu erschließen und gleichzeitig kostengünstiger zu arbeiten, um wieder einen Gewinn herbeizuführen. Ziel ist es also, das Umsatz-Kosten-Verhältnis wesentlich zu optimieren.

Herr Mahler ist nach diesem Gespräch wieder etwas optimistischer und sicher, dass er Frau Bauer mit im Boot hat und sie gemeinsam nach Lösungen suchen werden. Bezüglich der vereinbarten Kostenreduzierung beschließen sie gemeinsam, dass Frau Bauer im nächsten Monat ihre Überstunden abbauen wird, anstatt diese ausbezahlt zu erhalten. Gleichzeitig überprüft Herr Mahler seine Lieferanten und beginnt mit ihnen, neu über die Preise zu verhandeln.

Nach einigen Wochen ist Frau Bauer fit im Umgang mit dem Internet. Bei einer ihrer Recherchen entdeckt sie einen Hersteller für Wasserlacke in ihrer Region, der diese Farben günstig anbietet. Bei ihrer regelmäßigen wöchentlichen Kurzbesprechung stellt sie ihrem Chef das Ergebnis vor. Der nimmt sofort Kontakt zu dem Anbieter auf, fährt dorthin und kommt mit einem Kooperationsvertrag zurück, sodass er ab sofort den Vertrieb von Wasserlacken starten kann. Herr Mahler führt in den nächsten Wochen mit seinen Altkunden intensive Gespräche über die Wasserlacke. Besonders betont er die neuen Umweltvorschriften und die höhere Qualität des Produktes.

Ihm gelingt es, viele seiner Altkunden von diesem zukunftsträchtigen Produkt zu überzeugen, das zudem auf Grund günstigerer Rohstoffe preislich attraktiv ist. Damit holt Herr Mahler in den nächsten Wochen ungewöhnlich große Aufträge herein. Wöchentlich schaut er mit Frau Bauer den Auftragseingang an und monatlich die Entwicklung der Umsatz- und Gewinnzahlen. Nach ein paar Monaten ist das kleine Unternehmen aus den roten Zahlen heraus, und Herr Mahler und Frau Bauer haben alle Hände voll zu tun. Sie nehmen sich als nächsten Schritt vor, in einigen osteuropäischen Ländern, die bisher mit dem Produkt wenig Kontakt hatten, eine Akquisitionswelle zu starten.

Was ist geschehen? Die Beiden hatten deswegen Erfolg, weil sie sich gemeinsam auf das Ziel geeinigt und darauf ausgerichtet verschiedene Aktivitäten gestartet haben. Die Beiden waren sich darüber im Klaren, dass sie im selben Boot sitzen und daher auch beide dazu beitragen müssen, ihr Boot wieder auf Erfolgskurs zu bringen. Sie bauen ihr späteres Hochleistungsschiff aus drei verschiedenen Bauteilen zusammen und gehen dabei dreistufig vor:

Stufe 1: Vertrauen aufbauen

In unserem Beispielunternehmen besteht der Rumpf des Schiffes bereits: Er stellt die gute Vertrauensbasis zwischen Herrn Mahler und Frau Bauer dar. Auf Grund dieser Vertrauensbasis ist es beiden möglich, miteinander über die derzeitige schwierige Situation mit ihren Sorgen und Nöten ins Gespräch zu kommen. Und genau deswegen ist Frau Bauer sofort bereit, sich für das Unternehmen zu interessieren und zu engagieren.

Abb. 3-1: Den Schiffsrumpf zimmern

Stufe 2: Management-Basiswerkzeuge einsetzen

Danach montieren sie einfache Aufbauten auf ihren Rumpf, die ihnen beim Segeln helfen. Damit sind Management-Basiswerkzeuge gemeint, wie eine transparente Ziel- und Strategieplanung, regelmäßige Kommunikation und Abstimmung und ein regelmäßiges Controlling der derzeitigen Situation.

Abb. 3-2: Das Handwerkszeug des Managers – Mast und Segel setzen

Stufe 3: Verbesserungsmanagement starten

Anschließend nutzen sie die Methodik des Verbesserungsmanagements, um ein Hoch-leistungsschiff zu bauen, d. h. sie beginnen, die verschiedenen Aktivitäten miteinander zu vernetzen und sie sinnvoll und effektiv zur Optimierung einzusetzen. Sie beobachten genau, wo sie heute stehen und wo sie hin wollen. Sie suchen nach Verbesserungsansät-zen und treiben ihre Ideen bis zur praktischen Umsetzung. Sie verknüpfen ihre Basis-werkzeuge miteinander zu einem regelmäßigen, standardisierten Vorgehen. Regelmäßig werden Zeiten reserviert zur Abstimmung, zum Informationsaustausch und zum Über-prüfen der Maßnahmen und deren Erfolgen und Misserfolgen. So verbinden sie ihre Planungen, ihre Umsetzungen und ihr Controlling zu einem systematischen Vorgehen, das geprägt ist von einer gemeinsamen Ziel- und Ergebnisorientierung.

Abb. 3-3: Das Schiff auf Höchstleistung trimmen

Am Grundmodell des einfachsten Unternehmens, das man sich vorstellen kann, nämlich des 2-Personen-Unternehmens, wird deutlich, was man tun muss, wenn man ein Unternehmen langfristig und nachhaltig zum Erfolg bringen will: Vertrauen aufbauen, Management-Basiswerkzeuge einsetzen und ein Verbesserungsmanagement initiieren.

Wenn auf keiner dieser Stufen Substanzielles vorhanden ist, ist eine Entwicklung des Unternehmens nur schwer denkbar und damit langfristig auch keine Wettbewerbsfähigkeit zu erzielen. Grundvoraussetzung ist aber immer das gegenseitige Vertrauen von Mitarbeitern und Unternehmer, aus dem Interesse, Verantwortungsbereitschaft und Engagement auf beiden Seiten entstehen. Obwohl bei größeren Unternehmen die Anforderungen größer und komplexer werden, ist doch die Vertrauensbasis wesentliche Grundlage für jede konstruktive Zusammenarbeit zwischen Mitarbeitern und Führungskräften. Denn nur wenn Mitarbeiter ihren Führungskräften „über den Weg trauen" und diese im Gegenzug ihren Mitarbeitern etwas zutrauen, sind Basiswerkzeuge wie Zielvereinbarungen, Teamarbeit und Informationsweitergabe sinnvoll und effektiv einzusetzen.

3.2   Das mittelständische Unternehmen

Schauen wir doch einmal auf ein etwas größeres Unternehmen, das bereits eine Vorgehensweise zur permanenten Weiterentwicklung gelernt hat. Es handelt sich um eine
Versicherungsagentur mit 20 Mitarbeitern. Etwa die Hälfte der Mitarbeiter ist im Kun-
den- bzw. Außendienst fast täglich unterwegs, ein anderer Teil erledigt im Büro die
notwendige Zuarbeit für die Kunden und Außendienstler, und ein dritter Teil ist für die
Finanz- und Verwaltungsaufgaben zuständig. Die genannten drei Stufen zur Unternehmensentwicklung sind bei diesem Unternehmen folgendermaßen ausgestaltet:

Stufe 1: Vertrauen aufbauen

Es herrscht im Unternehmen eine entspannte Arbeitsatmosphäre. Trotz erheblicher Arbeitsbelastung scheinen die Mitarbeiter Spaß an der Arbeit zu haben. Man hört hier und
da ein Lachen oder einen Witz Der Umgang miteinander ist offen und ungezwungen,
man interessiert sich füreinander und erfreut sich gegenseitiger Wertschätzung. Geht es
jemandem mal nicht so gut, wird er angesprochen. Individuelle „Macken" und Eigenar-
ten werden toleriert, und es wird auch einmal scherzhaft damit umgegangen. Es herrscht
eine offene Kommunikations- und Gesprächskultur. Kritische Themen, Misserfolge oder
Einwände werden offen geäußert und ernsthaft diskutiert, bis ein neues, geeigneteres
Vorgehen für die Zukunft gefunden wird. Für persönliche Fragen oder Stimmungen steht
jedem Mitarbeiter ein Mentor zur Verfügung, der zuhört, Ratschläge gibt und Vertrauensperson ist. Hierarchische Unterschiede bestehen lediglich zwischen den Geschäftsführern und den Mitarbeitern, spielen aber bei der täglichen Arbeit keine vordergründige
Rolle. Die Arbeitsbeziehungen sind nicht über Macht definiert und es ist immer – wenn
zeitlich möglich – ein direkter kommunikativer Zugang zu den Geschäftsführern vorhanden.

Stufe 2: Management-Basiswerkzeuge einsetzen

Das Unternehmen hat Schritt für Schritt unterschiedlichste Werkzeuge zum grundlegenden Arbeiten miteinander eingeführt. Jeder Mitarbeiter hat mit der Geschäftsführung
eine für ein Jahr geltende Zielvereinbarung abgeschlossen. Hierin sind bei den Außendienstlern die Umsatzziele festgelegt, aber auch interne Projekte und besondere Aufga-
benschwerpunkte. Diese Zielvereinbarungen dienen jedem der Beteiligten zur Orientierung und Konzentration auf seine wichtigsten Aufgaben. Alle Zielvereinbarungen sind
transparent und den übrigen Mitarbeitern bekannt. Zweimal im Jahr gibt es ein Zielvereinbarungsgespräch zwischen Geschäftsführung und jedem Mitarbeiter. Nach einem

halben Jahr wird sowohl die Zielerreichung überprüft als auch kritisch hinterfragt, ob die zu Anfang des Jahres formulierten Ziele nach wie vor noch die richtigen und relevanten sind. Nach einem Jahr wird die Erreichung der Ziele überprüft und entsprechend eine Erfolgsprämie an den Mitarbeiter ausgezahlt.

Eine gemeinsame Ziel- und Strategieabstimmung geht den Zielvereinbarungen voraus. Regelmäßig, aber besonders zum Ende eines Jahres stellen die Geschäftsführer ihre Vorstellung für die Ziele des Unternehmens für das nächste Jahr allen Mitarbeitern vor. Gemeinsam diskutieren alle Mitarbeiter, d. h. Außendienstler, Innendienstler und Büromitarbeiter diesen Vorschlag und stimmen gemeinsam die notwendigen Strategien ab. Hier können und dürfen zwischen Mitarbeitern und Geschäftsführern auch schon einmal heftige Diskussionen über den richtigen Weg und die richtigen Aktivitäten für das nächste Jahr entstehen. Da aber Vertrauen die Basis für die Zusammenarbeit der Beteiligten ist, schaden solche Diskussionen nicht, sondern dienen dazu, die wirklich beste Lösung zu finden und werden dementsprechend ernst genommen. Das Ergebnis der gemeinsamen Ziel- und Strategieabstimmung ist es, dass jeder darüber informiert ist, worauf er sich für das nächste Jahr einstellen muss und was seine Aufgabe im Rahmen der gemeinsamen Ziele ist. Das schafft Identifikation, Motivation und auch Orientierung für die eigene Tätigkeit.

Monatlich setzten sich alle Mitarbeiter des Unternehmens zusammen und schauen sich die betriebswirtschaftlichen Kennzahlen des Unternehmens an, um den Erfolg (oder Misserfolg) ihrer Maßnahmen zu sehen. An diesem Tag wird die genauere Strategie abgesprochen, werden die Projekte überprüft und die Aktivitäten aufeinander abgestimmt. Dieser Tag gibt den Mitarbeitern aber auch die Möglichkeit, grundlegende Missstände und Schwierigkeiten anzusprechen und miteinander zu lösen. Zwischen diesen regelmäßigen Abstimmungsgesprächen finden Absprachen zwischen Einzelnen und in kleineren Gruppen statt: je nach Thema, Projekt und Aktion regelmäßig oder bei Bedarf.

Stufe 3: Verbesserungsmanagement starten

Indem das Versicherungsunternehmen diese Basiswerkzeuge kontinuierlich und ernsthaft eingeführt hatte, wurde deren Anwendung für alle Mitarbeiter zur Selbstverständlichkeit. Sie begannen darauf, einige Optimierungswerkzeuge einzusetzen. Ausgehend von den Unternehmenszielen und der gemeinsam definierten Strategie starteten sie interne Projekte zur Weiterentwicklung des Unternehmens, beispielsweise die Entwicklung neuer Produkte. Jeder Mitarbeiter ist in mindestens eines dieser Projekte eingebunden. Auf ihren monatlichen Abstimmungstagen berichten die jeweiligen Projektleiter kurz aus diesen Projekten. Gemeinsam werden Inhalte, Ziele und Aktionen in den Projekten aufeinander abgestimmt. Damit starten sie ein Verbesserungsmanagement, das langfristig und nachhaltig zur Optimierung des Unternehmens beiträgt.

Hierzu gehört auch die gemeinsame Ziel- und Strategieabstimmung. Aus der gemeinsamen Diskussion über die zu erreichenden Ziele und dem erforderlichen Weg dahin entdecken die Mitarbeiter für sich neue Tätigkeitsfelder, die weit über ihre heutige Leistungsfähigkeit hinausgehen. Aber sie sind überzeugt davon, dass die Richtung die richtige ist und beginnen so, sich für diese Tätigkeiten und Aufgaben zu interessieren und sich entsprechend weiterzubilden. So sind sie nach und nach in der Lage, auch neue Themen zu besetzen und neue Aufgaben zu übernehmen. Damit machen sie das gesamte Unternehmen langfristig und nachhaltig erfolgreich, und die Mitarbeiter entwickeln und qualifizieren sich selbst weiter.

Ein anderes Optimierungswerkzeug stellt das Erarbeiten einer Vorgehensweise bei schnellen, kurzfristigen Veränderungen dar. Auf Grund der regelmäßigen monatlichen Absprachen und dem intensiven Arbeiten in den internen Projekten haben die Mitarbeiter gelernt, sich schnell und flexibel auf neue Situationen einzustellen. So ist es dann auch kein Problem mehr, sich auf neue Situationen wie die „Riester-Rente" kurzfristig einzustellen und deutlich schneller als die Konkurrenz ein entsprechendes Produkt anzubieten. Dieser Entwicklungsvorsprung stellt eine Stärke des doch recht kleinen, aber umso schlagkräftigeren Unternehmens dar.

Charakteristisch ist demnach für das 20-Personen-Unternehmen, dass es die Mitarbeiter und Geschäftsführer geschafft haben, ein Hochleistungsschiff zu entwickeln und zu steuern, indem sie immer wieder den eigenen Kurs überprüfen und optimieren, eigene Potenziale und Möglichkeiten entdecken und es schaffen, die Besatzung optimal vorzubereiten und einzusetzen. Dies gelingt nur, wenn wirklich alle bei der Kursbestimmung und -überprüfung einbezogen sind und daher jeder jederzeit die Gesamtrichtung des Unternehmens im Blick hat. Jeder kennt die dafür wichtigsten Informationen und weiß genau, wo sein Platz ist und worin seine Aufgabe besteht, um das Schiff auf Hochleistung zu bringen.

Bei der kontinuierlichen Unternehmensentwicklung kommt es darauf an, alle drei Stufen mit Leben zu füllen.

Die Stufe 1 ist sicherlich die am wenigsten konkrete Stufe, da es hier um „weiche" Faktoren wie *Vertrauen* zwischen Mitarbeitern und Unternehmensführung, um Identifikation mit dem Unternehmen und das Engagement aller geht. Stufe 1 meint die Unternehmenskultur, also die Art, wie man miteinander umgehen will. In der Ausgestaltung der Stufe 1 kann die Zufriedenheit bzw. Unzufriedenheit der Mitarbeiter mit ihrer Arbeit, mit ihrer Führungskraft, ihren Kollegen und dem Gesamtunternehmen abgelesen werden, die durch die Personen, ihr Verhalten und ihre Einstellungen bestimmt wird.

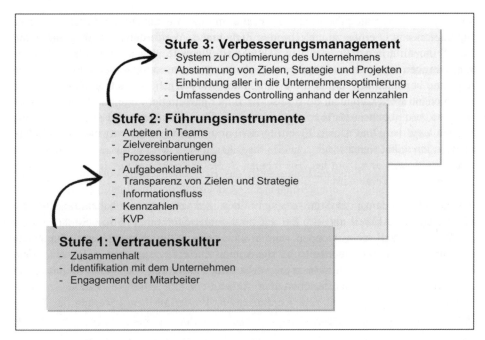

Abb. 3-4: Werkzeuge zur Unternehmensentwicklung

Innerhalb eines Unternehmens mit ständiger Dauerbelastung aller Mitarbeiter, mit Führungskräften, die so stark unter Druck stehen, dass sie nicht anders können, als ihn mit lautem Brüllen und Schuldzuweisungen an die Mitarbeiter weiterzugeben, wird es schwerfallen, eine vertrauensvolle Zusammenarbeit aufzubauen. Die Schwierigkeit besteht darin, sich in einem solchen desolaten Zustand die Zeit zu nehmen, an der Vertrauenskultur zu arbeiten – viele Themen scheinen doch um ein Vielfaches wichtiger zu sein! Wir sind der Meinung, dass alle anderen Aktivitäten auf längere Sicht wenig fruchten werden, wenn es nicht gelingt, positive Beziehungen und Einstellungen aufzubauen, die eine konstruktive Mitarbeit aller Mitarbeiter ermöglichen.

Die *Anwendung von Basiswerkzeugen* auf Stufe 2 gibt den Aktivitäten aller Mitarbeiter Struktur und Ordnung. So bietet das Arbeiten in Teams die Basis, um gemeinsam gute Lösungen zu erarbeiten und für alle Beteiligte tragfähige Konzepte zu entwickeln. Mit Zielvereinbarungen bekommen die Aktivitäten der Mitarbeiter eine sinnvolle und klare Ausrichtung. Nur durch regelmäßige Besprechungen können Mitarbeiter über Ziele, Strategie, Erfolg und Nichterfolg des Unternehmens sinnvoll informiert werden. Gleichzeitig sind regelmäßige Besprechungen in kleineren Runden das geeignete Forum, Probleme aufzuzeigen, eigene Ideen und Vorschläge einfließen zu lassen und Aufgaben und Aktivitäten aufeinander abzustimmen.

Stufe 3, die Anwendung des *Verbesserungsmanagements* unterscheidet durchschnittliche Unternehmen von einem Hochleistungsunternehmen. Vergleichbar ist die Stufe 3 mit dem Trimmen eines ganz normalen Schiffes zu einem Hochleistungsschiff. Bei einem Schiffsrennen kommt es besonders darauf an, den notwendigen Feinschliff in allen Aspekten vorzunehmen, um sich von einem normalen Schiff abzuheben. Es müssen die besten technischen Geräte an Bord sein, der Kurs optimal abgestimmt und immer wieder überprüft und gegebenenfalls korrigiert werden. Die Konkurrenz wird genau beobachtet und im Auge behalten. Durch Einbezug der gesamten Mannschaft werden die Abläufe an Bord korrigiert, neue Ideen schnell umgesetzt, und es wird dafür gesorgt, dass jeder genau weiß, was er zu tun hat, zur rechten Stelle am richtigen Ort ist und für seinen eigenen Bereich Verantwortung übernimmt.

Ein zentraler Gedanke der Stufe 3 besteht darin, die vorhandenen Bordwerkzeuge, die Mitarbeiter, die Abläufe als auch die organisationalen Strukturen so zu optimieren, dass das Rennen möglichst gewonnen werden kann. Diese Optimierung der vorhandenen Ressourcen sollte aber geordnet und abgestimmt verlaufen, um die Erfolge nicht dem Zufall zu überlassen. Dazu müssen die vorhandenen Basiswerkzeuge effektiv mit einem Controlling des Erfolgs verknüpft werden. Anhand von klar messbaren Parametern (Entfernung vom Ziel, Abstand zum Konkurrenten, Wetterlage, etc.) werden der Erfolg überprüft und die Strategie angepasst.

Ähnliches gilt für Unternehmen: Um den Unternehmenserfolg langfristig zu sichern, müssen alle Aspekte auf den Prüfstand gestellt werden: die Strategie, die Werkzeuge, die Arbeitsweise und Abläufe, die Kosten, das Vormaterial, die Qualität und/oder Vielfalt der Produkte. Entscheidend ist es, die verschiedenen Optimierungsaktivitäten aufeinander abzustimmen, Wichtiges von weniger Wichtigem zu unterscheiden und so Schritt für Schritt voranzukommen.

Worauf also kommt es bei einer langfristig erfolgreichen Unternehmensentwicklung an?

–   Die Mitarbeiter arbeiten aktiv an der Zieldefinition und Zielerreichung mit.

–   Alle Mitarbeiter identifizieren sich mit den Zielen, der Strategie und der Arbeitsweise im Unternehmen.

–   Es gibt positive Beziehungen untereinander.

–   Die Mitarbeiter wissen zu jedem Zeitpunkt, worum es grundsätzlich geht, wo das Unternehmen aktuell steht und welche Ziele zu erreichen sind.

–   Die Optimierungsprojekte werden regelmäßig aufeinander abgestimmt.

3.3 Das große Unternehmen

Auch in einem 20-Personen-Unternehmen scheint das Anwenden der Basis- und Optimierungswerkzeuge noch recht einfach zu sein – ungleich schwerer wird es bei einem großen Unternehmen, denn dort sind die Strukturen durch die größere Anzahl an Personen komplexer. Dementsprechend müssen die Mechanismen zur konsequenten und nachhaltigen Unternehmensentwicklung vielfältiger sein. Dennoch trifft die anhand des Hochleistungsschiffes bereits vorgestellte Grundstruktur ebenso auf ein großes Unternehmen zu.

Nehmen wir das Beispiel eines Unternehmens mit 500 Mitarbeitern im Anlagenbau, das in den letzten sechs Jahren immer wieder Personal abbauen musste. Das Management, von einem Konzern eingesetzt und mit wenig Handlungsspielraum versehen, vermochte dem Unternehmen keine neuen Impulse zu verleihen. Es wurde wenig in das Unternehmen investiert. Die Folge war, dass man gegenüber der direkten Konkurrenz ständig an Boden verlor. Durch ein „Management-buy-out" entstand eine schlankere Führungsstruktur mit teilweise auch neuen Führungspersonen. Diese Führung schaffte es, neue Marktnischen für ihr Produkt aufzufinden. Hierdurch kam es zu einem Auftragsboom. Um der Auftragsflut Herr zu werden, wurde ein Unternehmen hinzugekauft.

Allerdings gelang es dem Management in der Zwischenzeit nicht, das Unternehmen weiter zu entwickeln. Im Unternehmen herrscht eine Misstrauenskultur, d. h. die Mitarbeiter trauen ihren Führungskräften nicht über den Weg, fühlen sich immer wieder von ihnen „verschaukelt" und nicht ernst genommen. Die Entscheidungen und Ziele der oberen Managementebene sind den Mitarbeitern nicht ersichtlich. Daher sind die beobachtbaren Neuerungen und Veränderungen nicht nachvollziehbar und werden entsprechend misstrauisch beäugt. Jeder wickelt sein Tagesgeschäft ab, ohne eine Perspektive über die Marschrichtung des Unternehmens entwickeln zu können. Auch ist unklar, welche neuen Aufgaben sich stellen. Einzelkämpfertum hat sich ausgebildet, was dazu führt, dass Aktivitäten, die über den eigenen Arbeitsbereich hinausgehen, nicht umgesetzt werden, da die jeweilige Person sich dafür „nicht zuständig" fühlt. Geht etwas daneben, werden grundsätzlich die andere Abteilung, der Vorgesetzte, der andere Mitarbeiter verantwortlich gemacht. Es herrscht ein so genanntes „chimney-Denken": Hauptsache, der eigene Schornstein raucht. Gleichzeitig gibt es auf Grund des Auftragsbooms jede Menge Termindruck im Unternehmen. Dies führt zu gereizter Stimmung, gegenseitigen Anschuldigungen und viel Druck von Seiten der Führungskräfte.

Ziel dieses Unternehmens ist es nun, das nachzuholen, was vor Jahren versäumt wurde: Vertrauen aufzubauen und systematisch Werkzeuge zur Unternehmensoptimierung einzuführen. Dabei besteht die größte Herausforderung für das Unternehmen zunächst darin, die richtigen Informationen zum richtigen Zeitpunkt an die richtigen Personen zu übermitteln. Bisher zeichnete sich die Arbeit der Mitarbeiter durch einen hohen Grad an

Improvisation aus: Es gab einige wenige Informationen über Aufträge, Termine und die Aufgabenverteilung. Die Mitarbeiter schafften es immer, sich die restlichen Informationen selbst zu besorgen bzw. sich diese selbst zu Ende zu denken. Heute funktioniert diese Überlebensstrategie bei der Flut an Aufträgen und der gemeinsamen Abwicklung mit dem dazugekauften Unternehmen zusammen nicht mehr. Es gilt zu lernen, wie die Aufgaben und Aktivitäten effektiv untereinander abgestimmt werden können. Es ist die Aufgabe der Führungskräfte, eine angemessene Regelkommunikation aufzubauen, die einen kanalisierten und effektiven Informationsfluss sicherstellt. Um die richtigen Informationswege zu identifizieren und entsprechende Informations-Multiplikatoren im Unternehmen zu definieren, müssen sich die Führungskräfte Zeit nehmen. Es ist unabdingbar für die Führungskräfte unseres Beispielunternehmens, sich aus dem Alltagsgeschäft ein Stück zurückzuziehen, um die für die Mitarbeiter dringend benötigten Arbeitsbedingungen zur Verfügung zu stellen.

Im Vergleich zu einem 2-Personen-Unternehmen gibt es in einem großen Unternehmen eine Vielzahl von Möglichkeiten, Methoden und Werkzeugen, um die drei Stufen zur Unternehmensentwicklung Schritt für Schritt aufzubauen. Sie sind im Folgenden überblicksartig aufgestellt:

Tabelle 1: Ansätze zum Aufbau von Vertrauen in verschieden großen Unternehmen

Stufe 1: Vertrauensbasis		
2-Personen-Unternehmen	**20-Personen-Unternehmen**	**großes Unternehmen**
Offenlegen der Zahlen, Daten, Fakten		
Austausch über Probleme und Erfolge	gemeinsam und in Arbeitsteams: Austausch über Probleme und Erfolge	abteilungsweise: Austausch über Probleme und Erfolge
direkter Kontakt untereinander		direkter Kontakt zwischen zwei Hierarchieebenen
persönliches Interesse füreinander		abteilungsweise: Persönliches Interesse füreinander

Stufe 1 unseres Hochleistungsschiffes, d. h. der Rumpf des Schiffes, muss auch in einem größeren Unternehmen aktiv gestaltet werden: Eine Vertrauensbasis zwischen Führungskraft und Mitarbeitern lässt sich dann aufbauen, wenn Aufgaben, Zahlen und Ziele transparent sind, über verschiedene Hierarchien und auch Abteilungen hinweg konstruktiv zusammengearbeitet wird und ein offenes Gesprächsklima und eine positive Arbeitsatmosphäre zwischen den Beteiligten herrscht. Das ist zunächst die Basis für alle weiteren Verbesserungsaktivitäten.

Die Stufe 2 des Hochleistungsschiffes zu schaffen, d. h. die notwendigen Aufbauten oder auch Basiswerkzeuge im Unternehmen zu etablieren, ist im 500-Personen-Unternehmen in vielfältigen Formen möglich, da es eine größere Palette an Möglichkeiten gibt – gleichzeitig haben größere Unternehmen aber auch die Verpflichtung, diese Möglichkeiten zu nutzen, da sonst das Zusammenspiel im Unternehmen nicht reibungslos funktionieren kann.

Tabelle 2: Basiswerkzeuge in verschieden großen Unternehmen

Stufe 2: Basiswerkzeuge		
2-Personen-Unternehmen	**20-Personen-Unternehmen**	**großes Unternehmen**
Austausch über Ziele und Strategie mit allen Mitarbeitern		Austausch über Ziele und Strategie abteilungsweise
regelmäßiger Informationsaustausch	Informationsmanagement inkl. Team- und Abteilungsbesprechungen	
	Visualisierung, Zielvereinbarungen, Arbeiten in Teams	
	Mitarbeiterentwicklung	strategische Personalentwicklung
		Prozessorientierung, KVP und Ideenmanagement

Teamarbeit sollte nicht nur ein Schlagwort sein, sondern eine etablierte Form der Arbeitsorganisation darstellen, in die alle Mitarbeiter eingebunden sind. Ein Zielvereinbarungssystem stellt das zielorientierte Arbeiten jedes Mitarbeiters sicher, KVP oder Ideenmanagement sorgen für das systematische Fördern und Erfassen von Mitarbeiterideen. Mit Hilfe einer systematischen Personalentwicklung werden Mitarbeiter gefördert und Führungskräfte weiter entwickelt. Ein systematisches und durchdachtes Informationsmanagement sorgt für die gegenseitige Information von Mitarbeitern und Führungskräften über aktuelle Leistungen, Probleme und Optimierungsideen.

Diese Basiswerkzeuge zu installieren, benötigt viel Überzeugungsarbeit, die richtige Vorgehensweise und vor allem Konsequenz im Handeln des Managements. Es braucht Zeit, bis diese Aufbauten auf dem Schiff so installiert sind, dass sie von allen an Bord sicher und wie selbstverständlich zum täglichen Arbeiten auf dem Schiff genutzt werden.

Wenn dies erreicht ist, kann die Stufe 3 gestaltet werden: das Trimmen des Schiffes zu einem Hochleistungsschiff mit Hilfe der Methodik des Verbesserungsmanagements. Die größte Herausforderung liegt nun darin, die Komplexität an Instrumenten, Ideen und an

Basiswerkzeugen so zu meistern, dass eine nachhaltige Unternehmensentwicklung möglich wird. Bei der Optimierung geht es darum, die bestehenden Instrumente so sinnvoll miteinander zu verzahnen, dass sie die Unternehmensziele direkt positiv beeinflussen. Die Kunst hierbei ist es, alle Führungskräfte in die Unternehmensoptimierung einzubinden und durch sie möglichst alle Mitarbeiter einzubeziehen. Durch ein unternehmensweites Verbesserungsmanagement, das Zielvereinbarungen, Teamarbeit, Ideenmanagement und das Arbeiten mit Kennzahlen und entsprechendem Controlling miteinander verbindet, werden die Verbesserungsaktivitäten auf die Unternehmensziele ausgerichtet und die Kontinuität der Aktivitäten sichergestellt.

Tabelle 3: Methoden des Verbesserungsmanagements in verschieden großen Unternehmen

Stufe 3: Verbesserungsmanagement		
2-Personen-Unternehmen	**20-Personen-Unternehmen**	**großes Unternehmen**
Abstimmung von Zielen, Strategie mit allen Mitarbeitern		Abstimmung von Zielen, Strategie und Projekten im Führungskreis und in Abteilungsbesprechungen
gemeinsames Planen und Umsetzen von Optimierungsmöglichkeiten	Planung und Umsetzung von Optimierungsmaßnahmen in Arbeitsteams	
Starten von unternehmensweiten Optimierungsprojekten		
Einbindung aller in die Unternehmensoptimierung		
Feedback zwischen Führung und Mitarbeitern über Probleme, Optimierungen und Erfolge/Misserfolge		
	Verknüpfung von Optimierungen, Zielvereinbarungen und Mitarbeiterentwicklung	Verknüpfung von Optimierungen, Zielvereinbarungen und Personalentwicklung

Ebenso wie in dem 20-Personen-Unternehmen wird auch im größeren Unternehmen in Projekten gearbeitet, aber die Kunst ist es nun, die wirklich wichtigen und hilfreichen Projekte in Bezug auf die Erreichung der Unternehmensziele auszuwählen und aufeinander abzustimmen. Hier sind die Mitarbeiter aktiv in die Veränderung und Gestaltung des Unternehmens einbezogen. Voraussetzung dazu ist allerdings das Schaffen von zeitlichen Ressourcen und die Bereitschaft, einen gewissen Koordinationsaufwand für die unterschiedlichen Aktivitäten in Kauf zu nehmen. Schafft man diese Voraussetzungen nicht, wird eine kontinuierliche Weiterentwicklung des Unternehmens nicht gelingen, sondern es wird stattdessen bei vereinzelten Maßnahmen und sporadischen Verbesserungsimpulsen bleiben.

Hieraus wird deutlich, dass einem größeren Unternehmen weit mehr Möglichkeiten zur Verfügung stehen, um die drei Stufen zur nachhaltigen Unternehmensentwicklung zu gestalten. Gleichzeitig werden Abstimmungsprozess und Koordination im großen Unternehmen komplexer und müssen daher gründlicher organisiert werden. Die größte Gefahr in einem größeren Unternehmen liegt in der angenommenen Anonymität der Mitarbeiter, d. h. dem Gefühl, keine Rolle im Unternehmen zu spielen, nichts ausrichten zu können und als Einzelner nur ein „Rädchen" im großen Getriebe zu sein. Anonymität führt zu Gleichgültigkeit und zum „Dienst nach Vorschrift". Nachhaltig erfolgreiche Unternehmensentwicklung funktioniert nur mit engagierten, motivierten Mitarbeitern, die Einflussmöglichkeiten haben und sich ernst genommen fühlen. Um dies zu erreichen, müssen größere Unternehmen bewusst der Anonymität entgegensteuern. So kann es hilfreich sein, dass der Werkleiter selbst einmal zu einer Mitarbeiterbesprechung erscheint, um die Sorgen und Anregungen der Mitarbeiter ernst zu nehmen und evtl. Hintergründe und Informationen zu Problemen und aktuellen Entwicklungen im Unternehmen zu vermitteln.

Informationsfluss im größeren Unternehmen

Wenn die Schwierigkeit in einem größeren Unternehmen im Sicherstellen des Informationsflusses in beide Richtungen besteht, wie kann dann gewährleistet werden, dass alle Mitarbeiter über die Unternehmensziele und -strategie informiert sind? Und wie können sie eigenes Know-how und wertvolle Erfahrungen so einbringen, dass diese sinnvoll in die Strategie und Unternehmensentwicklung integriert und umgesetzt werden können? Je größer das Unternehmen ist, desto wichtiger werden definierte Kommunikationswege. Im 2-Personen-Unternehmen erfolgt die Abstimmung direkt „face-to-face" zwischen den beiden beteiligten Personen. Im 20-Personen-Unternehmen ist schon eine kanalisierte Kommunikation erforderlich, allerdings bleiben die Informationen und Kommunikationswege noch überschaubar, und Vieles kann noch im direkten Kontakt zwischen „Tür und Angel" geregelt werden. In einem großen Unternehmen aber müssen solche Kommunkationswege und Abstimmungen regelrecht organisiert werden. Dazu gehören regelmäßige Team- und Abteilungsbesprechungen, aber auch Abstimmungsgespräche zwischen allen, die an einem Prozess bzw. Produkt beteiligt sind. Ebenso brauchen die Führungskräfte eine fest definierte Zeit, in der sie alle wichtigen Informationen austauschen und die nächsten Schritte gemeinsam planen und aufeinander abstimmen können.

Sehr häufig ist in größeren Unternehmen zu beobachten, dass es nicht gelingt, die wichtigen Informationen an die richtige Stelle zu bringen. Folgende Schwierigkeiten begegnen uns besonders im mittleren Management immer wieder:

1. Das mittlere Management wird gar nicht bzw. nur unzureichend informiert über Ziele, Strategie, neue Entwicklungen, Produkte, Aufgabenstellungen, Hintergründe, Kunden, etc.. Dementsprechend sind sie nicht eingebunden in wichtige Unternehmensentwicklungen und können nicht zur Optimierung des Unternehmens beitragen.

2. Das mittlere Management wird informiert, schafft es aber nicht, diese Informationen in angemessener und verständlicher Art und Weise an seine Mitarbeiter weiterzugeben. Die Mitarbeiter haben dadurch keine Chance, sich an der Unternehmensentwicklung zu beteiligen.

3. Das mittlere Management wird informiert, gibt diese Informationen aber nicht weiter, sondern nutzt sie ausschließlich für die eigenen Aktivitäten. Auch hier werden die Mitarbeiter nicht einbezogen und können damit nicht zur Unternehmensentwicklung beitragen.

4. Das mittlere Management wird informiert und gibt diese Informationen an die Mitarbeiter in Form von Kurzvorträgen weiter, die eine Diskussion nicht zulassen. Die Mitarbeiter sind dadurch zwar informiert, haben aber keine Möglichkeit, ihre Verbesserungsideen an das mittlere Management weiterzugeben. Durch diese „Einbahnstraßen-Kommunikation" fließt kein Feedback von den Mitarbeitern an das mittlere Management zurück. Dadurch werden Potenziale nicht genutzt.

Der beiderseitige Informationsfluss zwischen Mitarbeitern und Führungskräften muss über alle Ebenen und Prozesse hinweg einwandfrei funktionieren. An den genannten Beispielen wird deutlich, dass es viel Aufmerksamkeit und Sorgfalt braucht, will man den Informationsfluss im größeren Unternehmen sinnvoll und effektiv organisieren. Wird nicht genügend Zeit in diesen Informationsaustausch investiert, wird dieser notwendige Feedback-Mechanismus nicht stattfinden. Im größeren Unternehmen funktionieren die gegenseitige Rückmeldung und der Austausch nur über gestaffelte Hierarchiebeziehungen, die allerdings genauso intensiv gestaltet werden sollten wie in einem 20-Personen-Unternehmen. Letztendlich geht es darum, zwischen Mitarbeitern und Führungskräften eine Vertrauensbasis als Grundlage für effektives Arbeiten zu schaffen. Nur wenn das gelingt, haben Unternehmen die Chance, ihre Potenziale optimal zu nutzen und eine kontinuierliche Unternehmensoptimierung zu betreiben.

Zusammenfassung:

Unternehmen sind vergleichbar mit einem Schiff. Will man ein einfaches Schiff zu einem Hochleistungsschiff entwickeln, so müssen drei Stufen bewältigt werden:

Auf Stufe 1 muss ein stabiler, tragfähiger Schiffsrumpf gebaut werden. Im Unternehmen bedeutet das, ein *Vertrauensverhältnis* sowohl zwischen Mitarbeitern als auch zwischen Mitarbeitern und Führungskräften aufzubauen. Erst diese vertrauensvolle Zusammenarbeit gewährleistet konstruktive Mitarbeit und damit eine erfolgreiche Umsetzung von Veränderungs- und Verbesserungsmaßnahmen.

Auf Stufe 2 werden leistungsstarke Aufbauten auf das Schiff gebaut, um zuverlässig und leistungsstark segeln zu können. Im Unternehmen sind dies *Basiswerkzeuge der Führung*, die systematisch eingeführt und von den Führungskräften regelmäßig eingesetzt werden sollten. Hierzu gehört beispielsweise ein Zielvereinbarungssystem, das alle Mitarbeiter einschließt, konsequentes Arbeiten in selbständigen und eigenverantwortlichen Teams und ein transparenter und zügiger Informationsfluss. Ebenso sollte als Basiswerkzeug ein Kennzahlensystem aufgebaut werden.

Stufe 3 beinhaltet das Trimmen des Schiffes zu einem Hochleistungsschiff. Hierzu stellt das *Verbesserungsmanagement* ein System zur permanenten Optimierung des Unternehmens dar. Es wird zum Feinschliff des Unternehmens installiert und geht mit der Zeit in die Regelorganisation des Unternehmens ein. Es beinhaltet Maßnahmen wie eine gemeinsame Ziel- und Strategieabstimmung, das Arbeiten in Verbesserungsprojekten und ein konsequentes Controlling mit Hilfe von aussagefähigen Unternehmenskennzahlen.

So ist es möglich, einen Kutter zu einem Hochleistungsschiff zu trimmen bzw. eine systematische und kontinuierliche Unternehmensentwicklung vorzunehmen. Dabei kommt es darauf an, dass es positive Beziehungen untereinander gibt und sich die Mitarbeiter mit den Zielen, der Strategie und Arbeitsweise im Unternehmen identifizieren können. Sie wissen jederzeit, wo das Unternehmen steht und wo es hin will und arbeiten aktiv in Optimierungsprojekten mit, die zur Weiterentwicklung des Unternehmens beitragen.

Im Vergleich zu einem 2-Personen-Unternehmen gibt es in einem großen Unternehmen eine Vielzahl von Möglichkeiten, Methoden und Werkzeugen, um die drei Stufen zur Unternehmensentwicklung Schritt für Schritt aufzubauen. Die Kunst hierbei ist es, alle Führungskräfte in die Unternehmensoptimierung einzubinden und durch sie möglichst alle Mitarbeiter einzubeziehen. Abstimmungsprozesse, Informationsweitergabe und Koordination der Maßnahmen sind im großen Unternehmen wesentlich komplexer und müssen daher über gestaffelte Hierarchiebeziehungen gründlich organisiert werden. Wird nicht genügend Zeit in diesen Informationsaustausch investiert, wird dieser notwendige Feedback-Mechanismus nicht funktionieren.

4. Vertrauen als Basis jeder Unternehmensentwicklung – Den Schiffsrumpf zimmern

Der Rumpf eines Schiffes stellt seine Basis, d. h. den eigentlichen Körper des Schiffes dar. Er kann unterschiedlich geformt und aus verschiedenartigen Materialien gebaut sein. Ähnlich verhält es sich mit Unternehmen: Der Rumpf in unserer Schiffsmetapher ist Synonym für die Vertrauenskultur im Unternehmen. Auch sie kann sich in verschiedenen Formen und Ausprägungen zeigen, ebenso wie sie auf unterschiedlichen Geschichten und Erfahrungen beruht oder auf verschiedenen Wegen aufgebaut und gestaltet werden kann.

Um dem Schiffsrumpf eine weniger poetische Beschreibung als das Wort „Vertrauenskultur" zu geben: Gemeint ist der Umgang miteinander im Unternehmen, was die Beteiligten übereinander denken und wie offen, veränderungsbereit und verantwortungsvoll sie miteinander umgehen. Die Erfahrung zeigt, dass dieses „Zwischenmenschliche", konstituiert aus wirksamen psychologischen und soziologischen Faktoren der Beteiligten, die Veränderungs- und Optimierungsmöglichkeiten eines Unternehmens stark mitbestimmt.

Betrachten wir das Beispiel des Anlagenbauers mit 500 Mitarbeitern aus Kapitel 3. Indem es dem Management nicht gelingt, die Mitarbeiter über die Neuerungen und Veränderungen zu informieren und sie darin einzubeziehen, konzentrieren sich die Mitarbeiter lediglich auf ihr Tagesgeschäft und betrachten jede Veränderung äußerst kritisch und pessimistisch. Gleichzeitig sorgt der enorme Auftragsboom für einen hektischen und unkoordinierten Aktionismus, durch den entsprechend Einiges schief laufen kann. Hierdurch kommt es zu gewaltigen emotionalen Entladungen und gegenseitigen Schuldzuweisungen. Mit solch einem maroden Schiffsrumpf wird es schwierig werden, dauerhaft auf Erfolgskurs zu segeln und der Konkurrenz gegenüber die Nase vorn zu haben.

4.1 Vertrauen als Basis jeder Unternehmensentwicklung

Beim Aufbau einer Vertrauenskultur als stabilem Schiffsrumpf haben es Manager allerdings mit etwas anderem „Baumaterial" zu tun als beim Schiffsbau. Statt mit Holz, Aluminium und Kunststoff muss die Führungskraft mit Menschen arbeiten. Es geht darum, dass diese aus dem „richtigen Holz" geschnitzt sind, um bei der nachhaltigen Unternehmensentwicklung entsprechend mitzuwirken und ein effektives Verbesserungsmanagement zu erreichen. Warum gelten gerade die Menschen als Basis des Hochleistungsschiffes?

Große Veränderungsprojekte zeichnen sich dadurch aus, dass fast alles in Frage gestellt und geändert wird: Maschinen werden gerückt, Organigramme verändert, neue Abteilungen gegründet, anspruchsvolle Arbeitsaufgaben entstehen (vielleicht fallen auch einige weg), neue Verantwortlichkeiten, Strukturen, Techniken und Abläufe werden entwickelt. Letztendlich wird aber alles von Menschen beeinflusst. Es sind die Menschen, die Maschinen bedienen, die Abläufe gestalten, die Strukturen mit Leben füllen und Technologien nutzen. Damit ist es immer wieder der Faktor Mensch, der die Ideen und Konzepte zur erfolgreichen Umsetzung bringt – oder aber scheitern lässt.

Der Ansatzpunkt für wirklich dauerhafte Verbesserungen im Unternehmen ist daher das *verantwortliche Handeln* der Mitarbeiter. Gemeint ist zum einen die Übernahme von Verantwortung für die eigene Arbeit, für eigenes Engagement und für das Treffen von Entscheidungen mit allen darin liegenden Chancen und Risiken. Je nach Arbeitsaufgabe wird dieses Verantwortungsspektrum des Mitarbeiters verschieden groß sein.

Aber die Übernahme von Verantwortung des Mitarbeiters bezieht sich auch auf das Unternehmen. Entscheidungen sind daher hinsichtlich des Wohles des Unternehmens und seiner Mitarbeiter zu treffen (und nicht nur am persönlichen Vorteil ausgerichtet). Unternehmerisch zu denken und zu handeln ist gefordert und bedeutet, das eigene Handeln an den Zielen des Unternehmens auszurichten.

Übernahme von Verantwortung bei den Mitarbeitern zu entwickeln, sowohl für das Unternehmen wie für das eigene Handeln, ist ein wichtiger Ansatzpunkt zur Installierung eines Verbesserungsmanagements und zur Unternehmensentwicklung.

Der Mensch ist ein Gewohnheitstier. Es gehört zum psychologischen Erfahrungswissen, dass jeder Veränderungsprozess Zeit zum Lernen und viel Geduld erfordert. Denn Veränderungen werden erst dann mit ganzem Herzen umgesetzt, wenn sich Führungskräfte und Mitarbeiter mit den neuen Ideen identifizieren können und deren Umsetzung als positive Herausforderung sehen. Sie müssen den Veränderungen und Neuerungen sozusagen erst „über den Weg trauen".

Daher steht für uns am Beginn jeder Unternehmensentwicklung der *Aufbau von Vertrauen*. Nur im Rahmen einer vertrauensvollen Zusammenarbeit zwischen Führungskräften und Mitarbeitern, in der keiner dem anderen böswillige Absichten unterstellt und jeder Mitarbeiterbeitrag ernst genommen und anerkannt wird, kann Eigenverantwortung erwachsen. Vertrauen und Eigenverantwortung sind der Grundstein für selbstorganisiertes Arbeiten und schaffen die Voraussetzung dafür, die eigenen Arbeitsabläufe offen und ohne Angst vor Vorwürfen auf Störungen und Verschwendungen hin durchleuchten zu können.

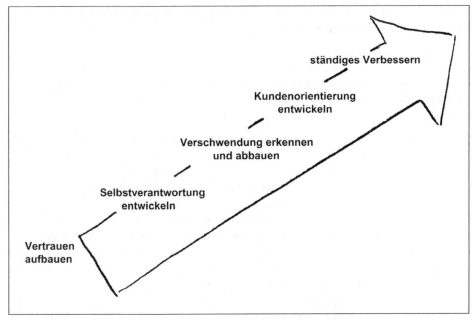

Abb. 4-1: Vertrauen als Basis zum Aufbau ständiger Verbesserung

Nur auf Basis von vertrauensvoller Zusammenarbeit kann ein Prozess permanenter Optimierung angestoßen werden. So entsteht eine konsequente Ausrichtung der Mitarbeiter an den Kunden- und Marktanforderungen und damit gelebte Unternehmensentwicklung. Während im Folgenden konkrete Verhaltensweisen der Führungskraft beschrieben werden, schildert Kapitel 7.1 die Verantwortung, Rolle und die Anforderungen an eine Führungskraft beim Aufbau einer stabilen Vertrauensbasis.

4.2 Vertrauen beginnt im Management

Um ein Hochleistungsschiff werden zu können, braucht es zur Umsetzung einerseits geeignete Vorgehensweisen, Methoden und Werkzeuge, andererseits aber auch bestimmte Grundeinstellungen in den Köpfen der Menschen, die verändern wollen. Der Bau eines stabilen Schiffsrumpfes, also der Aufbau einer verlässlichen Vertrauenskultur im Unternehmen wird nur gelingen, wenn das Management mit einer positiv-kritischen Grundhaltung an diesen Prozess herangeht.

Vorgehensweisen, einzelne Worte und Taten der Führungskräfte sind immer eng verknüpft mit der eigenen Person als Führungskraft und mit der Einstellung zur eigenen

Arbeit. Dabei geht es um die persönliche wie berufliche Haltung zu Selbstkritik, Veränderung und Weiterentwicklung generell.

Diese Grundeinstellungen, die besonders das Top-Management verinnerlichen sollte, sind nach unserer Erfahrung ein Schlüsselfaktor für ein erfolgreiches Verbesserungsmanagement und eine nachhaltige Unternehmensentwicklung. Folgende Grundeinstellungen sollten Führungskräfte, die etwas im Unternehmen verändern wollen, für sich beanspruchen:

1. **Grundeinstellung: Wir müssen etwas verändern!** Bei der Unternehmensleitung muss die Einsicht bestehen, die Dinge anders als bisher tun zu wollen. In den Führungsetagen sollte sich die Erkenntnis durchgesetzt haben, dass es nicht ausreicht, so weiterzumachen wie bisher. Gerade in Zeiten nachlassender Konjunktur, in denen Kosten eingespart und Ziele immer höher und ehrgeiziger gesteckt werden, haben die Unternehmen die Nase vorn, die sich nicht auf das Klagen und Lamentieren über ihre schwierige Situation beschränken, sondern die bereit sind, sich den Herausforderungen zu stellen und etwas daran zu ändern. Die Selbsterkenntnis, dass Vorgehensweisen, Strategien und die Organisation verändert werden müssen, um sich auch die nächsten Jahre erfolgreich am Markt behaupten zu können, ist daher eine Vorbedingung. Nur mit diesem spürbaren Willen zur Veränderung werden die Herangehensweisen und Methoden des Verbesserungsmanagements Früchte tragen.

2. **Grundeinstellung: Der Wahrheit ins Gesicht sehen wollen!** Vor jeder Veränderung sollte der Blick auf den derzeitigen Zustand gerichtet sein. Daher braucht es die Bereitschaft des Managements, sich auf eine sachliche und ehrliche Analyse einzulassen. Es geht darum, den Stärken und Schwächen des Unternehmens ins Gesicht zu sehen und nichts dabei zu beschönigen oder zu rechtfertigen. Es ist unabdingbar, für gemachte Fehler und den derzeitigen Zustand offen zu sein. Nur diese ungeschminkte Einsicht in die tatsächliche Ausgangslage des Unternehmens ermöglicht die richtigen und entscheidenden Schritte hin zum Besseren und zum Erfolg.

3. **Grundeinstellung: Bereit sein, zuerst sich selbst zu ändern!** Eine ehrliche und sachliche Analyse des Unternehmens mit den entsprechenden Schlussfolgerungen und Veränderungen hat nur dann Sinn, wenn die Bereitschaft des Managements besteht, sich selbst und die bisherige Vorgehensweise in Frage zu stellen. Die Denkweise: „Wasch mir den Pelz, aber mach mich nicht nass", führt hierbei nicht weiter. Nur die Bereitschaft, sich offen und ehrlich auf den Prüfstand zu stellen und auch unangenehme eigene Themen anzugehen, führt zu tieferen Erkenntnissen. Hierzu gehört der Wille, sich selbst als erstes zu ändern, wenn die Dinge grundlegend verändert werden sollen. Das bedeutet harte Arbeit, denn es schmerzt an manchen Punkten, von den alten Gewohnheiten Abschied zu nehmen. Nur Unternehmen, deren Leitung und deren Führungskräfte bereit sind, bei sich die ersten Veränderungen zu vollziehen, werden aus dem Verbesserungsmanagement den größtmöglichen Nutzen ziehen und ihr Unternehmen wirklich voranbringen können.

4. **Grundeinstellung: Nicht im eigenen Saft schmoren!** Eine große Hilfe bei der erfolgreichen Umsetzung eines Verbesserungsmanagements und damit nachhaltiger Unternehmensentwicklung ist die Bereitschaft, sich Unterstützung von außerhalb des Unternehmens zu holen. Solange im eigenen Saft geschmort wird, fehlen oft die Impulse und Anregungen, aber auch der Mut und die Durchhaltefähigkeit in den eigenen Reihen. Entscheidend ist, mit unabhängigem, sachlichem Blick die Situation zu betrachten und das wirklich Wichtige zuerst zu tun. Dies erfordert meist unabhängige Berater, bei denen die Gefahr der „Betriebsblindheit" nicht gegeben ist. Im Gegenteil: Nutzen Sie deren Know-how, das sie in zahlreichen anderen Unternehmen gewonnen haben. Deren Erfahrungen und das Wissen um Herangehensweisen anderer Unternehmen helfen, während der Weiterentwicklung des Unternehmens die schlimmsten und typischen Fehler zu vermeiden.

Mit diesen Grundeinstellungen verfügen die Manager über das richtige (Denk-) Werkzeug und die richtigen Voraussetzungen, um einen stabilen Rumpf bauen zu können: Vertrauen bei ihren Mitarbeitern zu entwickeln.

4.3   Merkmale einer guten Vertrauensbasis – wie es sein könnte...

Ein stabiler Schiffsrumpf besteht in Unternehmen aus Vertrauen sowohl zwischen den Mitarbeitern als auch zwischen Vorgesetzten und Mitarbeitern. Woran macht sich aber nun eine gute Vertrauenskultur fest?

Zwischen Mitarbeitern und Führungskräften bemerkt man das gegenseitige Vertrauen an einem *offenen und lockeren Umgang* miteinander. Besonders zwischen den Mitarbeitern herrschen herzliche Beziehungen, man interessiert sich füreinander und fragt gegenseitig nach beruflichen und persönlichen Dingen. Man hört den ein oder anderen Scherz, es wird gemeinsam gelacht und man merkt, dass die Mitarbeiter Spaß bei der Arbeit haben.

Die Zusammenarbeit der Mitarbeiter untereinander zeichnet sich dadurch aus, dass Informationen *schnell und ungefiltert* weitergegeben, Aufgaben und Probleme gemeinsam abgesprochen und geplant sowie Ergebnisse zusammengetragen werden.

Es herrscht kein Einzelkämpfertum, sondern jeder interessiert sich für die Arbeit, die Erfolge und Probleme des anderen. Die Mitarbeiter fragen in den gemeinsamen Besprechungen bei den anderen nach, wie es dort läuft. Dazu gehört gleichzeitig, dass sich auch jeder selbst in die Karten schauen lässt. In den gemeinsamen Besprechungen ist zu merken, dass jeder von sich aus die wichtigen Informationen weitergibt und nicht wartet, bis er darauf angesprochen wird.

Ebenso verhält es sich mit dem *eigenen Wissen*: Jeder Mitarbeiter gibt gerne und ohne Angst vor Machtverlust das eigene Wissen an die Kollegen weiter. So sieht man im Unternehmen immer wieder, dass Mitarbeiter sofort und ohne zu zögern bei Fragen zum Telefon greifen und sich an Kollegen wenden, die entsprechend ansprechbar sind und sich anbieten, gemeinsam an einer Problemstellung zu arbeiten. Gegenseitige Hilfestellung wird groß geschrieben, da es als beiderseitiges Geben und Nehmen verstanden wird.

Zu beobachten ist eine „gesunde" *Streitkultur*. Die Beteiligten haben es nicht nötig, hinter dem Rücken des anderen übereinander zu reden, sondern sprechen ihre Kritik dem anderen gegenüber offen an. Hin und wieder gibt es regelrechten „Zoff", aber es wird von allen Beteiligten, besonders aber vom Vorgesetzten darauf geachtet, dass die Kritik zwischen den Beteiligten möglichst sachlich besprochen wird. Dazu setzen sich die Beteiligten in einem Besprechungsraum zusammen, tauschen ihre Meinungen aus, fragen nach Hintergründen und formulieren Verhaltensweisen und Maßnahmen für die Zukunft. Der Vorgesetzte ist über diese Gespräche informiert und kommt bei Bedarf hinzu.

Der Vorgesetzte sollte immer wieder deutlich machen, dass Fehler dazu da sind, um aus ihnen zu lernen. Er fordert daher die Mitarbeiter zu offener Kritik auf und fragt selbst vertiefend bei einzelnen Aspekten nach. Er behandelt seine Mitarbeiter mit *Wertschätzung und Respekt*. In Stresssituationen oder wenn Fehler gemacht wurden, beherrscht er sich, um nicht mit unkontrollierten Gefühlsausbrüchen die Grenze zur Verletzbarkeit des anderen zu überschreiten. Dadurch wird er von seinen Mitarbeitern als jemand geschätzt, mit dem man ganz normal und ohne Angst über alles reden kann.

Die Mitarbeiter sehen ihren Vorgesetzten sowohl als *Partner* sowie als „Chef". Das bedeutet, dass sie ihm ohne Angst vor Repressalien auch sensible Inhalte anvertrauen, aber auch von ihm in seiner Funktion als Vorgesetzter Ratschläge und Entscheidungen einholen können.

Der Vorgesetzte selbst geht großzügig mit Lob und Kritik um. Jedem Mitarbeiter gibt er regelmäßig *Feedback* zu seiner Arbeit und seinem Verhalten. Er achtet darauf, dass auch in schlechten Zeiten, bei schlechter Leistung oder schlechter Auftragslage, sachlich und fair miteinander umgegangen wird. Er unterbindet jede Form von Schuldzuweisungen und bemüht sich um sachliche Lösungsfindung.

Aber er weiß, wie empfindlich der ein oder andere Mitarbeiter ist und wie gerne im Eifer des Gefechts Dinge gesagt werden, die der Sache nicht dienen, den Mitarbeiter aber sehr verletzen und demotivieren können. Er ist mit diesem Verhalten auch für die Mitarbeiter *Vorbild*, die diese Art an ihm schätzen und ihrerseits versuchen, sich fair und sachlich gegenüber ihren Vorgesetzten und Kollegen zu verhalten.

Insgesamt zeigt sich die Qualität der Vertrauenskultur daran, dass die Mitarbeiter motiviert arbeiten und jeder bereit ist, sich über das normale Maß zu engagieren. Von „Dienst nach Vorschrift" kann keine Rede sein. Die Mitarbeiter fühlen sich in dem Unternehmen wohl, identifizieren sich mit dem vorherrschenden Arbeitsethos und vertrauen im Großen und Ganzen der Unternehmensleitung.

4.4   Vertrauensbildende Maßnahmen

Der Aufbau vom Vertrauen fängt bei der Grundeinstellung des Vorgesetzten an und schlägt sich in ganz konkreten Aktivitäten nieder. Einige der wichtigsten Maßnahmen werden nachfolgend vorgestellt.

Regelmäßige Mitarbeitergespräche

Dies können Einzel-, Team- und Abteilungsgespräche sein, die die Führungskraft regelmäßig und möglichst nach einem festen Turnus führt. In diesen Gesprächen wird sich in der Regel über vergangene Leistungen und Verhaltensweisen der Mitarbeiter bzw. des Teams oder der Abteilung sowie über die Zusammenarbeit zwischen Führungskraft und Mitarbeitern ausgetauscht und zukünftige Leistungsanforderungen und die Zusammenarbeit besprochen.

Lob und Kritik haben in solchen Gesprächen ihren Platz. Ebenso sollten die Mitarbeiter ihre Sichtweise und ihre Wünsche für die Zukunft darstellen können. Häufig werden in diesen Gesprächen auch erforderliche Qualifizierungsmaßnahmen geplant. Mitarbeitergespräche stellen die Plattform dar, auf der Missstände geäußert werden können. Sie bieten damit die Chance, für die Zukunft bessere Verhaltensweisen zu erarbeiten.

Gezielt informieren

Achten Sie als Führungskraft darauf, dass Sie Ihre Mitarbeiter gezielt und regelmäßig informieren. Hierzu bedarf es einer Planung, wann welche Informationen an welche Mitarbeiter gelangen, um eine unkoordinierte Informationsstreuung zu vermeiden. Vielmehr sind Informationen sinnvoll in den richtigen Kontext einzubetten und an die betroffenen Mitarbeiter weiterzugeben. Dies sollte immer in Team- und Abteilungsbesprechungen geschehen, um möglichst alle zu erreichen, kann im Bedarfsfall aber auch über Einzelne als Informationsmultiplikatoren gesteuert werden.

Die Situation der Abteilung und des Unternehmens mit Hilfe betriebswirtschaftlicher Zahlen (Umsatz, Kosten, Gewinn) sowie bezüglich Personalien und Umstrukturierungen offenzulegen, braucht auf der Seite des Managements Mut, stärkt aber das Vertrauen und die Identifikation der Mitarbeiter mit dem Unternehmen und sollte daher regelmäßig durchgeführt werden.

Zeit für Reflexion und Planung einräumen

Informationen wollen verarbeitet und sinnvoll genutzt werden. Daher ist es notwendig, mit den Mitarbeitern Zeiten einzuräumen, in denen diese Informationen (Zahlen, Daten, Fakten) gemeinsam analysiert werden, um im Anschluss die nächsten wesentlichen Aktivitäten zu starten. Für viele Mitarbeiter ist es noch ungewohnt, dass dies der Chef mit ihnen gemeinsam machen will – schließlich soll er doch sagen, wo es lang geht! Solche gemeinsamen Reflexionen und Planungen zeigen den Mitarbeitern aber, dass der Vorgesetzte ihnen etwas zutraut und er sie in die Gestaltung neuer Konzepte einbinden will. Auf diese Weise wachsen Akzeptanz und Verständnis für die notwendigen Veränderungen, und aus dieser Einsicht entstehen Eigenverantwortung und Engagement.

Möglichkeit zum Feedback geben

Die jeweilige Stimmungslage der Mitarbeiter erreicht die Führungskraft oft gar nicht. Daher ist es besonders wichtig, Möglichkeiten zum Feedback in beide Richtungen aktiv zu schaffen. Diese Feedbackmöglichkeit sollte jeder Einzelne bekommen (beispielsweise in den regelmäßigen Mitarbeitergesprächen), aber auch das Team (in den Teamsitzungen) oder die gesamte Abteilung (in den Abteilungsbesprechungen). Dabei sollte sich das Feedback sowohl auf die fachlichen Inhalte als auch auf die Zusammenarbeit und Arbeitsweise der Beteiligten beziehen. Wenn die Mitarbeiter dazu aufgefordert werden, aus ihrer Arbeit zu berichten, werden das gegenseitige Kennen lernen der Arbeitsbereiche und damit die Zusammenarbeit gefördert.

Führen „by walking around"

Gespräche, Zusammenarbeit und Verständnis füreinander entstehen zwischen Führungskräften und Mitarbeitern durch die Häufigkeit und die Qualität des Kontakts, den sie haben. Die Führungskraft sollte Sorge tragen, potenziell ansprechbar zu sein, indem sie sich beispielsweise jeden Tag mindestens einmal bei den eigenen Mitarbeitern sehen lässt, in der Kantine isst, dieselben Wege wie die Mitarbeiter geht und sich bewusst Zeiten für diese Kontakte reserviert, aus denen sich etwaige „Seiten- oder Nebengespräche" ergeben können, deren Erkenntnisgewinn nicht zu unterschätzen ist.

Bei einer großen Anzahl von Führungskräften ist es sinnvoll, mit einem Plan zu arbeiten, der Kontakte strukturiert erfasst, verbunden mit dem Ziel, beispielsweise mindestens einmal in der Woche in jeder Abteilung gewesen zu sein. Diese demonstrierte Ansprechbarkeit und Suche nach Kontakt und Nähe zu den Mitarbeitern bietet die Chance, Vertrauen aufzubauen und lässt Zusammengehörigkeit entstehen. Dazu gehört natürlich, dass die Führungskraft die ihr anvertrauten Sorgen und Ideen der Mitarbeiter ernst nimmt und darauf reagiert.

Teamaktivitäten fördern

Fassen Sie immer wieder Mitarbeiter zu Arbeitsteams zusammen, die gemeinsam ein bestimmtes Projekt bearbeiten. Als Führungskraft ist es sinnvoll, sich selbst häufiger in diesen Teams sehen zu lassen, den Stand des Projektes abzufragen, eigene Ideen einzubringen und das Team mit wichtigen Informationen zu versorgen. Durch das Gefühl, dass die Führungskraft die Projektaktivitäten ernst nimmt sowie durch Anerkennung und konstruktive Kritik entstehen zwischen den Beteiligten Vertrauen und Identifikation.

Zeit geben zum Streiten

Konstruktives Streiten will gelernt sein. Dazu braucht es Zeit, eine ruhige und geschützte Umgebung und einen sachlichen Gesprächspartner. Lassen Sie als Führungskraft Konfrontation zu und wecken Sie damit kritisches Nachdenken und neue Ideen. Schützen Sie aber die Mitarbeiter, indem Sie darauf achten, dass Kritik immer auf die Sache bezogen und mit Lösungsvorschlägen versehen geäußert wird. Räumen Sie ausreichend Zeit zum Diskutieren und zur Lösungssuche ein. Hierdurch entstehen Vertrauen und eine kreative Kritik- und Streitkultur, die neue Impulse und Ideen ermöglichen.

Vermeiden von Dauerbelastung

Ständige Hektik und starke Belastung führen dazu, dass Mitarbeiter sich ausgenutzt fühlen und über die Zeit regelrecht „ausbrennen". Dies führt langfristig zu Demotivation und Frustration. Belastungszeiten dürfen sein, wenn es auch entsprechende Ausgleiche gibt. Im Vertrauen darauf, dass die Führungskraft sie dauerhaft vor dem „burn-out" schützen wird, sind Mitarbeiter zu hohem Engagement bereit. Bauen Sie als Führungskraft dieses Vertrauen und Engagement auf, indem Sie nach hektischen und stressreichen Arbeitsperioden aktiv für ruhigere Zeiten mit geringerer Aufgabenflut sorgen. Die Mitarbeiter werden es Ihnen mit Loyalität und Engagement danken.

Private Aktivitäten initiieren

Kontakt und Vertrauen entsteht auch über private Aktivitäten, ohne dabei übertreiben zu müssen. Eine gemeinsame Teamaktivität – ob eine Fahrradtour, ein Ausflug, ein Kegelabend, ein Spiele- oder Kneipenabend – verbindet die Beteiligten, gibt Möglichkeiten, sich besser kennen zu lernen und schafft Vertrauen. Seien Sie als Vorgesetzter Motor dieser Aktivitäten und zeigen Sie dadurch, dass Ihnen der Kontakt zu den Mitarbeitern wichtig ist und Sie gerne dafür ein wenig Freizeit opfern.

Schauen wir uns noch einmal das 20-Personen-Unternehmen aus der Versicherungsbranche aus Kapitel 3 an: Dreimal im Jahr führt der Geschäftsführer mit jedem Mitarbeiter ein Gespräch. Hier geht es um die Überprüfung und ggf. Neuformulierung der Zielvereinbarung. Der Geschäftsführer beurteilt genauso wie der Mitarbeiter dessen Leistung und Arbeitsverhalten. Er fragt gezielt nach Unzufriedenheit und Kritik und notiert sich die genannten Punkte. Gemeinsam besprechen sie mögliche Lösungen und Veränderungen und planen die Ziele des nächsten halben Jahres.

Zusätzlich gibt es monatlich eine Besprechung aller Mitarbeiter, in der die erreichten Erfolge und Misserfolge und die zukünftigen Ziele und Strategien besprochen werden. Die Geschäftsführung informiert zunächst alle Mitarbeiter über die betriebswirtschaftliche Situation des Unternehmens. Anschließend berichten alle Projektleiter über den aktuellen Stand ihrer Projekte. Gemeinsam wird die Erreichung der geplanten Ziele überprüft, und es werden daraus Konsequenzen abgeleitet. Hier entsteht Zeit und Raum für neue Ideen und Veränderungen, die solange diskutiert werden, bis ein Konsens gefunden wird. Ebenso werden in dieser Runde die vorhandenen Kapazitäten abgestimmt. Bei Über- bzw. Unterlastung der Mitarbeiter wird nach Aufgabenverschiebungen gesucht, die wieder eine Balance herstellen.

Nach den monatlichen Strategiebesprechungen ist allen Mitarbeitern klar, wo das Unternehmen heute steht, wohin die Reise gehen wird und was ihr eigener Beitrag dazu sein kann. In kleineren Projektteams werden die Aufgaben abgearbeitet. Der Geschäftsführer ist in diese Projektteams eingebunden, indem er an den Sitzungen ganz oder teilweise teilnimmt, dort Akzente setzt und im Gegenzug Rückmeldung und Informationen von den Mitarbeitern erhält.

Der Geschäftsführer ist regelmäßig vor Ort im Büro, um Fragen zu klären, Entscheidungen zu treffen und für die Mitarbeiter ansprechbar zu sein. Zu den Außendienstlern hält er in erster Linie telefonisch Kontakt. Alle drei Monate treffen sich die Außendienstler mit der Geschäftsführung, um spezifische Themen abzustimmen. Zusätzliche Kontakte zu den Außendienstlern entstehen über gemeinsame Projektaktivitäten.

Einmal im Jahr unternimmt das gesamte Team einen Ausflug. Das kann eine Städtetour, eine Wanderung, eine Skireise oder eine Fahrradtour sein und sorgt für Gesprächsstoff in den nächsten Wochen. Nach den monatlichen Strategiebesprechungen setzten sich häufig noch Mitarbeiter und Geschäftsführer im privaten Rahmen zusammen. Hierdurch entstehen Kontakte auch außerhalb des beruflichen Rahmens, und diese schaffen Nähe und Vertrauen.

Zusammenfassung:

Vertrauen und eigenverantwortliches Arbeiten stellen den Grundstein für eine systematische Unternehmensentwicklung unter Einbezug aller Mitarbeiter dar. Damit ist der Umgang miteinander gemeint, die gezeigten Einstellungen und Verhaltensweisen der Beteiligten zueinander und der Arbeit gegenüber. Da es die Menschen sind, die Maschinen bedienen, die Abläufe gestalten, die Strukturen mit Leben füllen und Technologien nutzen, ist es wesentlich für den Unternehmenserfolg, dass sie Verantwortung für die eigene Arbeit, für eigenes Engagement und für das Treffen von Entscheidungen mit allen darin liegenden Chancen und Risiken übernehmen.

Diese Eigenverantwortung kann nur im Rahmen einer vertrauensvollen Zusammenarbeit zwischen Führungskräften und Mitarbeitern entstehen, in der keiner dem anderen böswillige Absichten unterstellt und jeder Mitarbeiterbeitrag ernst genommen und anerkannt wird.

Dazu braucht es aber zunächst die Offenheit und Bereitschaft zur Veränderung und zum Lernen bei den verantwortlichen Führungskräften. Wenn diese an ihrem eigenen Verhalten arbeiten und dafür sorgen, dass sie glaubwürdig und zuverlässig sind, dass sie offene Kommunikation und Information vorleben und Wissensweitergabe für selbstverständlich halten, werden sie eine positive Kultur im Unternehmen schaffen.

Dann werden auch die erforderlichen Maßnahmen zum Aufbau von Vertrauen glaubwürdig und effektiv sein – wie regelmäßige Präsenz und Ansprechbarkeit der Führungsperson, Förderung einer offenen und direkten Kommunikation zwischen allen Beteiligten, Zusammenarbeiten in Teams oder die Initiierung außerberuflicher Aktivitäten.

5. Das Handwerkszeug des Managers – vom Mastbauen und Segel setzen

Ein Schiff zielsicher in die richtige Richtung zu steuern, bedeutet, die notwendigen Instrumente und eine arbeitsfähige Crew an Bord zu haben. Ebenso brauchen Unternehmen die richtigen Führungsinstrumente, um mit den Mitarbeitern gemeinsam das gesteckte Ziel zu erreichen. Hierzu gehört ein aussagekräftiges Analyseinstrument zur Bestimmung des Standortes und der Zielrichtung ebenso wie Zielvereinbarungen und ein transparentes Kennzahlensystem zur Festlegung und Überprüfung des Kurses. Letztendlich aber sind es die Führungskräfte und Mitarbeiter, die das Unternehmen in die richtige Richtung lenken müssen. Daher widmet sich dieses Kapitel der Anwendung von Instrumenten, die die Führungskraft im täglichen Führen seiner Abteilung und seiner Mitarbeiter braucht.

5.1 Führen mit Zielen und Kennzahlen

5.1.1 Führen mit Zielen

Der Aufbau eines schlagkräftigen und effizienten Verbesserungsmanagements erfordert eine klare Zielsetzung. Deshalb ist die Installation eines durchgängigen Zielvereinbarungssystems eine entscheidende Voraussetzung, um die Verbesserungsaktivitäten in einem Unternehmen erfolgreich in Gang setzen zu können. Zielvereinbarungen sind Vereinbarungen zwischen einer Führungskraft und einem Mitarbeiter bzw. einer Gruppe über Ziele, die in einem definiertem Zeitraum erreicht werden sollen. Die Ziele müssen erreichbar, beeinflussbar und messbar sein und sollten herausfordernden Charakter haben. Zielvereinbarungen ermöglichen und verbessern das eigenverantwortliche Handeln der Mitarbeiter. Die Zielvereinbarungen basieren auf den Zielen des Unternehmens und sollten durchgängig von der Unternehmensführung bis zur Ebene der ausführenden Mitarbeiter mit allen Mitarbeitern getroffen werden. Die Zielvereinbarungen bilden somit eine Art Zielvereinbarungspyramide. Aus den Unternehmenszielen werden Bereichsziele abgeleitet, aus diesen wiederum Abteilungsziele und aus den Abteilungszielen Ziele für die Mitarbeiter.

Führen mit Zielen bedeutet, Zielvereinbarungen mit den Mitarbeitern zu schließen und regelmäßig den Stand der Zielerreichung zu überprüfen. Das Vereinbaren von Zielen schafft im gesamten Unternehmen eine gemeinsame Orientierung an klaren, verständlichen und akzeptierten Zielen. Der Aufbau eines Zielvereinbarungssystems besitzt den Vorteil, dass im gesamten Unternehmen eine koordinierte Zielabstimmung und Planung herrschen. Zielkonflikte können so frühzeitig erkannt und behoben sowie Entscheidungen, die zu treffen sind, besser abgestimmt werden. Auch können Abweichungen von den vereinbarten Zielen frühzeitig erkannt und rechtzeitig Korrekturmaßnahmen eingeleitet werden.

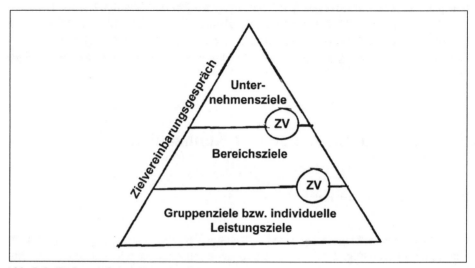

Abb. 5-1: Zielvereinbarungspyramide

Richtig und konsequent realisiert, führt ein Zielvereinbarungssystem zu einer Steigerung der Leistungsmotivation und zu einer stärkeren Identifikation der Mitarbeiter mit dem Unternehmen, weil damit eine gemeinsame Ausrichtung auf die wesentlichen Themen und Probleme im Unternehmen gewährleistet wird. Werden die Mitarbeiter in den Prozess der Zielvereinbarung als Team einbezogen und die Ziele gemeinsam abgestimmt, führt dies in der Regel zu einer Verbesserung des Teamgeistes.

Entscheidend für den Erfolg ist das regelmäßige Überprüfen der Zielerreichung. Die Führungskraft ist hierbei der Coach ihrer Mitarbeiter, die durch Feedback, Beratung und Hilfestellung dafür Sorge trägt, dass ihre Mitarbeiter in der Lage sind, die vereinbarten Ziele zu erreichen. Damit wird das Führen mit Zielen zu einem Aufgabenschwerpunkt der Führungstätigkeit. Das Vereinbaren von Zielen umfasst quantitative Ziele, deren Ergebnisse zahlenmäßig erfassbar und messbar sind sowie qualitative Ziele, die vor allem auf die Verbesserung des Verhaltens zielen. Üblicherweise liegt der Schwerpunkt in den Unternehmen bei den quantitativen Zielen. Leistung, Budgeteinhaltung, Produktivität oder das Erreichen bestimmter Qualitätskennziffern sind die üblichen Größen, die durch Ziele beschrieben werden und deren Datenbasis in der Regel vom Controlling des Unternehmens bereitgestellt werden. In vielen Unternehmen gibt es Ziele bezogen auf diese Kenngrößen. Aber oft werden die Ziele nicht vereinbart, sondern vorgegeben. In der nachstehenden Übersicht wird der Unterschied zwischen Zielvorgaben und Zielvereinbarungen veranschaulicht.

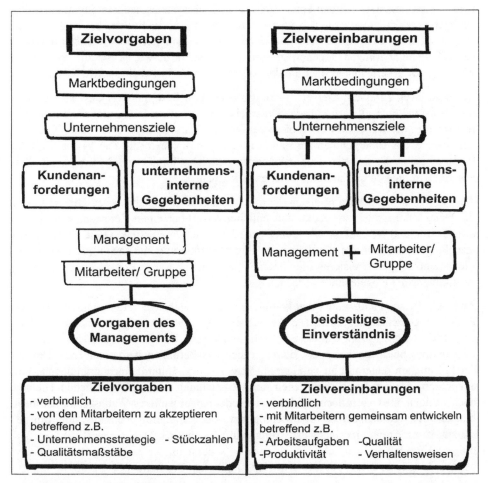

Abb. 5-2: Zielvorgaben und Zielvereinbarungen

Bei der Zielvorgabe wird dem Mitarbeiter ein Ziel gesetzt, das seine Arbeitsaufgabe beschreibt. Über die Zielvorgabe wird selten weiterdiskutiert, sondern sie ist von den Mitarbeitern als verbindlich zu akzeptieren. Zielvereinbarungen dagegen werden zwischen Führung und Mitarbeiter nach einem ausführlichen Diskussionsprozess im gegenseitigen Einverständnis getroffen. Zielvorgaben betreffen beispielsweise strategische Grundsatzentscheidungen, die sich aus dem Marktgeschehen ergeben, während Zielvereinbarungen interne Veränderungsprozesse im Unternehmen oder auch konkrete Zielsetzungen zur Optimierung von bestimmten Leistungsfaktoren betreffen, die von dem Mitarbeiter, mit dem die Zielvereinbarung abgeschlossen wird, direkt gestaltet und beeinflusst werden können. Das bedeutet, dass es in einem Unternehmen sowohl Zielvorgaben als auch Zielvereinbarungen geben sollte, um das Arbeitshandeln der Mitarbeiter zu steuern. Der Aufbau eines Zielvereinbarungssystems bedeutet nicht, zukünftig auf Zielvorgaben zu verzichten. Selbstverständlich werden auch weiterhin Zielvorgaben formuliert, wenn es beispielsweise um Unternehmensstrategien oder Qualitätsrichtlinien geht. Zielvereinbarungen dagegen greifen vor allem dort, wo es um die Weiterentwicklung des Unternehmens oder um das Ausloten von Verbesserungspotenzialen geht.

Der beste Weg zu einem Zielvereinbarungssystem besteht darin, dass Geschäftsführung oder Vorstand eine „Vision" für das Unternehmen erarbeiten. Diese umfasst einen Zeitraum von in der Regel drei bis fünf Jahren und gibt an, für welche Produkte, Qualität, Service, etc. das Unternehmen am Ende auf dem Markt stehen soll. Die Vision zeigt die Richtung an, in die sich das Unternehmen entwickeln soll und ermöglicht es somit allen Mitarbeitern, sich deren Zukunft vorstellen zu können.

Aus der Vision werden im nächsten Schritt Unternehmensziele abgeleitet. Die Gültigkeit der Unternehmensziele erstreckt sich üblicherweise über einen Zeitraum von ein bis zwei Jahren und ist konkret mit Zahlen unterlegt. Die Unternehmensziele schaffen den Handlungsrahmen für alle Beschäftigten, geben Orientierung und setzen Prioritäten. Die Zielvereinbarungen realisieren die Unternehmensziele und verhelfen zu einer konkreten Abstimmung der einzuleitenden Maßnahmen.

An einem Beispiel sollen die recht komplexen Zusammenhänge veranschaulicht werden. Ein Unternehmen stellt Haushaltsartikel her. Es hat ca. 800 Mitarbeiter und erwirtschaftet jährlich einen Umsatz von etwa 130 Millionen Euro. Der Gewinn des Unternehmens liegt bei bescheidenen 4 Prozent (EBIT = Earnings Before Interests and Tax). Um die Ertragssituation dauerhaft zu verbessern, muss sich das Unternehmen grundlegend neu ausrichten. Als ein im Wesentlichen auf Deutschland ausgerichteter Produzent von hochwertigen, aber auch hochpreislastigen Produkten ist weiteres Wachstum nicht mehr möglich. Die Arbeitsabläufe im Unternehmen sind von starren Abteilungsgrenzen bestimmt, deren Folge eine langsame Auftragsabwicklung ist. Daher dauert die Bearbeitung von Reklamationen sehr lange – und es scheint immer mehr Reklamationen zu geben. Zudem beansprucht die Entwicklung neuer Produkte bis zu deren Markteinführung zu viel Zeit. Die Liefertreue hat sich zwar verbessert, reicht aber nicht aus, um den gestiegenen Anforderungen der Kunden nach noch zeitnäherer Belieferung gerecht werden zu können.

In dieser Situation beschließt die Unternehmensführung, sich neu auszurichten und die bestehenden Probleme konsequent zu lösen. Die Führungsmannschaft analysiert in einem zweitägigen Workshop die bestehenden Probleme und sucht Antworten auf die Frage nach der künftigen Ausrichtung des Unternehmens. Am Ende der Tagung steht als Ergebnis der Entwurf einer Vision des Unternehmens in fünf Jahren. Kernpunkte dieses Zukunftsentwurfs sind:

- Das Unternehmen ist in allen Ländern Europas vertreten und gehört jeweils zu den drei umsatzstärksten Anbietern in seinem Marktsegment.

- Das Unternehmen gewinnt durch Zukäufe in den wichtigsten Märkten eine strategische Basis, von der aus dieser Markt gewonnen werden kann.

- Der Umsatz soll auf 250 Millionen Euro gesteigert und dabei eine Rendite von mindestens 10 Prozent erreicht werden.

- Es erfolgt eine Konzentration auf hochwertige Artikel, für die neue Marktsegmente erschlossen werden.

- Die Lieferbereitschaft gehört zu den besten am Markt.

Diese Vision wird in einer Reihe weiterer Workshops konkretisiert und in klar definierte Unternehmensziele überführt. Unter anderem werden folgende Ziele für die nächsten beiden Jahren angestrebt:

- In Italien wird ein Unternehmen übernommen, um den italienischen Markt erschließen zu können. Dieses Unternehmen soll über eine herausragende Designkompetenz verfügen und möglichst komplementäre Produkte zur bestehenden Produktpalette herstellen.

- Marktstudien werden darüber entscheiden, welche Produktgruppe mit hochwertigen Produkten ausgebaut wird.

- Die Lieferbereitschaft wird durch konsequente Prozessorientierung in der gesamten Kette der Auftragsbearbeitung von derzeit 85 Prozent auf 95 Prozent gesteigert.

- Unternehmensweit ist ein Zielvereinbarungssystem realisiert, in das alle Führungskräfte und die wichtigsten Experten einbezogen sind.

In den folgenden Monaten werden mit allen Führungskräften und ausgewählten Experten in den Schlüsselpositionen des Unternehmens Zielvereinbarungen abgeschlossen. Es werden Produktgruppen gebildet, in denen der Produktgruppenleiter die Gesamtverantwortung für die Auftragsabwicklung vom Auftragseingang bis zum Versand der Produkte an den Kunden übernimmt. Nach der Entscheidung der Unternehmensleitung, welche Produktgruppe für die hochwertige Produktlinie zuständig ist, wird mit dem Verantwortlichen dieser Produktgruppe eine Zielvereinbarung für das folgende Jahr abgeschlossen. Sie enthält folgende Ziele:

- Die neue Produktlinie ist bis zur nächsten Haushaltswarenmesse zur Serienreife entwickelt.

–   Die zu erwartende Produktionssteigerung in der Produktgruppe ist zu 25 Prozent
    realisiert.

–   Die Durchlaufzeit für die neue Produktlinie beträgt sechs Wochen; die Durchlauf-
    zeit der bisherigen Produkte wird von zwölf Wochen auf acht Wochen reduziert.

–   Die Lieferbereitschaft für alle Artikel der Produktgruppe beträgt 95 Prozent.

Der Produktgruppenleiter bespricht mit seinen Mitarbeitern diese Ziele. Dabei kommt es
ihm vor allem darauf an, dass sie verstehen, warum das Erreichen dieser Ziele für die
Zukunft des Unternehmens von entscheidender Bedeutung ist. Nach einer ausführlichen
Diskussion über die Ziele und ihre Konsequenzen werden gemeinsam die Wege und vor
allem die Voraussetzungen erarbeitet, auf denen die hochgesteckten Ziele erreicht werden können. So muss eine Anlage ersetzt werden, die schon längere Zeit einen Engpass
darstellt. Mitarbeiter brauchen größere Gestaltungsfreiräume, um die zur Verfügung
stehenden Betriebsmittel besser nutzen zu können. Auch benötigen sie permanente Informationen über den aktuellen Stand der Durchlaufzeiten und der Liefersituation.

Die Mitarbeiter machen sich die Ziele ihres Produktgruppenleiters zu eigen, weil sie
verstehen, wie wichtig für den Erfolg des Unternehmens und damit für die Sicherung der
eigenen Arbeitsplätze das Erreichen kurzer Durchlaufzeiten und das Einhalten der zuge-
sagten Liefertermine sind. Damit die Gruppe über ihre jeweils aktuelle Durchlaufzeit
informiert ist, werden vom Meister täglich an einer für alle einsehbaren Tafel die aktuelle Durchlaufzeit und Lieferbereitschaft ausgehängt. Die Führungskräfte stellen die
benötigten Betriebsmittel zur Verfügung, aber die Gruppe wird sich so zu organisieren
haben, dass die Betriebsmittel zunehmend besser genutzt werden. Die tägliche Information über den Stand der Durchlaufzeit hilft ihnen zu erkennen, ob sie ihr Ziel erreicht
haben oder nicht. Wird das Ziel nicht erreicht, bemüht sich die Gruppe darum, weitere
Verbesserungsmöglichkeiten zu finden und umzusetzen.

Das Beispiel zeigt, wie Ziele entwickelt werden können, und wie mit Zielvereinbarungen
gearbeitet werden kann. Es wird aber auch der Zusammenhang von Zielvereinbarungen,
Kennzahlen und dem Verbesserungsmanagement deutlich. Um die Ziele erreichen zu
können, sind Verbesserungen erforderlich. Die Kennzahlen helfen den Führungskräften
und Mitarbeitern zu erkennen, ob durch die eingeleiteten Verbesserungsmaßnahmen das
angestrebte Ziel erreicht worden ist oder ob darüber hinaus noch weitere Ideen gefunden
und realisiert werden müssen, um das angestrebte Ziel zu schaffen.

5.1.2   Führen mit Kennzahlen

Kennzahlen sind für das Führen mit Zielen von zentraler Bedeutung. Unter Kennzahlen
werden Zahlenangaben über betriebswirtschaftlich relevante Sachverhalte des Unternehmens verstanden, die gemessen und nachgeprüft werden können und Auskunft über
die Situation des Unternehmens geben. Kennzahlen können sich auf die finanzielle Si-

tuation des Unternehmens beziehen, auf betriebliche Abläufe, die Qualität von Produkten und Dienstleistungen, auf Mitarbeiter, Kunden und Lieferanten.

Kennzahlen ermöglichen das Erfassen von Ist-Zuständen, das Beschreiben von Soll-Zuständen und den Vergleich zwischen Ist- und Soll-Situation an jedem gewünschten Zeitpunkt. Kennzahlen bilden die Basis für das innerbetriebliche Controlling, aber auch für Vergleiche mit anderen Unternehmen (Benchmarking). Ein gut funktionierendes Zielvereinbarungssystem setzt ein leistungsfähiges Kennzahlensystem voraus, weil das Überprüfen des Erfolgs von Zielvereinbarungen nur dann möglich ist, wenn die Ziele anhand von Kennzahlen überprüft werden können. Deshalb gehört zu jeder Zielvereinbarung das Definieren der geeigneten Kennzahlen, anhand derer das Erreichen des Ziels gemessen werden kann. Entscheidend für die Praktikabilität von Kennzahlen ist die Aussagefähigkeit der Kennzahl. Je eher die Kennzahl ein geeigneter Indikator für die Leistungsfähigkeit des Unternehmens, des Bereichs oder der Mitarbeiter ist, desto brauchbarer ist sie. Deshalb ist es so wichtig, die Kennzahlen in einem Unternehmen „von oben nach unten" herunterzubrechen. Diese Zusammenhänge werden in der nachstehenden Abbildung deutlich.

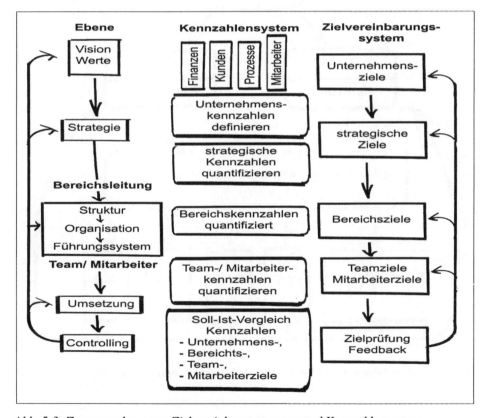

Abb. 5-3: Zusammenhang von Zielvereinbarungssystem und Kennzahlensystem

Die Unternehmenskennzahlen sind in der Regel sehr stark verdichtete Kennzahlen und gelten übergreifend für das gesamte Unternehmen. Die Bereichskennzahlen sind aus den Unternehmenskennzahlen abgeleitet und erfassen auch die für den Bereich charakteristischen Aspekte. Die Kennzahlen auf Team- bzw. Mitarbeiterebene sind aus den Bereichskennzahlen entwickelt und idealerweise so konkret und anschaulich, dass die Mitarbeiter direkt erkennen können, ob sie ihr Ziel erfüllen oder nicht. Folgende Abbildung zeigt den beschriebenen Zusammenhang zwischen Zielvereinbarung, Kennzahlen und Verbesserungsmanagement.

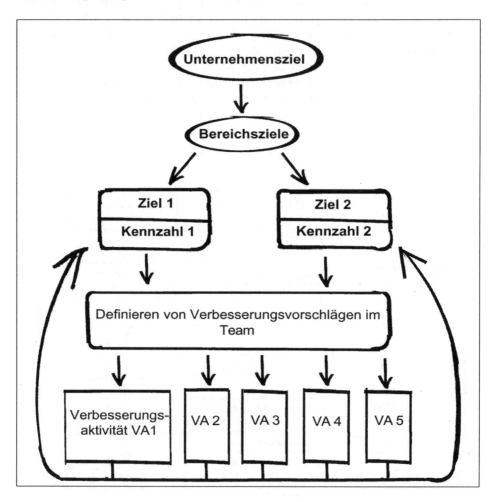

Abb. 5-4: Zielvereinbarung und Kennzahlen im Verbesserungsmanagement

Die Ziele geben den Verbesserungsaktivitäten ihre Richtung; sie sorgen dafür, dass die Energie der Mitarbeiter kanalisiert für Verbesserungen eingesetzt wird. Die Kennzahlen sind erforderlich, um zu sehen, ob die eingeleiteten Maßnahmen tatsächlich zu Verbesserungen im Sinne der angestrebten Ziele geführt haben. Insofern ist ein systematisches Verbesserungsmanagement ohne Zielvereinbarungs- und Kennzahlensystem nicht realisierbar.

In vielen Unternehmen wird seit Jahren mit der „Balanced Scorecard" gearbeitet. Wegen ihrer relativen Einfachheit und Praxisrelevanz ist dieses Instrument zum populärsten Managementkonzept geworden und findet zunehmend Verbreitung in den Unternehmen. Die Balanced Scorecard ist ein Kennzahlensystem und darüber hinaus ein strategisches Managementsystem, das vier Perspektiven berücksichtigt:

–   Die *Finanzperspektive* stellt den Ausgangspunkt der Balanced Scorecard dar.

–   Die *Kundenperspektive* stellt die Steigerung des Kundennutzens in den Vordergrund.

–   Die *Prozessperspektive* untersucht, wie die internen Unternehmensprozesse gestaltet werden müssen, um die Finanzziele und die kundenbezogenen Ziele zu erreichen.

–   Die *Entwicklungsperspektive* beantwortet die Frage, in welche Richtung sich das Unternehmen entwickeln muss, um seine künftigen Ziele zu erreichen.

Hinter der Methode der Balanced Scorecard steht eine bestimmte Vorgehensweise, die mit der Betrachtung bzw. Entwicklung der mittel- bis langfristigen Unternehmensziele und der strategischen Ziele des Unternehmens beginnt. Für die vier oben genannten Perspektiven werden Ziele entwickelt und Kennzahlen definiert, die es erlauben, den Grad der Zielerreichung kontinuierlich zu messen. Schließlich werden Maßnahmen zum Erreichen der beschriebenen Ziele festgelegt.

Die Balanced Scorecard bietet den Vorteil, ein in sich geschlossenes Kennzahlensystem zur Verfügung zu stellen, in dem die Kennzahlen nach dem Ursache-Wirkungs-Prinzip miteinander verbunden sind. Es führt zu einer einheitlichen und abgestimmten Unternehmensstrategie und bildet die Basis für das Zielvereinbarungssystem. Auf der in diesem Buch beschriebenen zweiten Ebene der Basiswerkzeuge bietet die Balanced Scorecard eine sehr gute Systematik und Vorgehensweise, um ein Zielvereinbarungs- und Kennzahlensystem zu entwickeln. Entscheidend für den Aufbau eines gut funktionierenden Zielvereinbarungs- und Kennzahlensystems sind folgende Aspekte:

–   Es wird im Unternehmen durchgängig mit Zielvereinbarungen gearbeitet.

–   Die Zielvereinbarungen sind aus den Unternehmenszielen abgeleitet.

–   Die Kennzahlen stehen miteinander innerhalb des Kennzahlensystems in einem engen Zusammenhang.

–   Die Kennzahlen sind auf eine überschaubare Anzahl beschränkt und decken gleichzeitig alle für das Unternehmen wesentlichen Aspekte ab.

– Alle Führungskräfte arbeiten konsequent mit Zielen und Kennzahlen.

– Die Ziele geben den Mitarbeitern eine gute Orientierung für die Zukunft und repräsentieren die weitere Entwicklung des Unternehmens.

– Die Ziele geben die wichtigsten Impulse für die Entwicklung des Unternehmens.

Auch die übrigen im Folgenden beschriebenen Werkzeuge sind wichtig für ein erfolgreiches Unternehmen. Aber ohne das Fundament eines leistungsstarken Zielvereinbarungs- und Kennzahlensystems können sie ihre Wirksamkeit kaum entfalten.

5.2   Potenziale im Unternehmen entdecken

Bei dem Navigieren eines Schiffes reicht es nicht allein aus zu wissen, wohin man will. Genau so wichtig ist es, den momentanen Standort zu kennen. Selbst der beste Navigator kann sein Ziel weder berechnen noch erreichen, wenn er nicht seinen Ausgangspunkt kennt. Ganz ähnlich verhält es sich mit der Entwicklung des Unternehmens. Hier lautet die grundsätzliche Frage: Wo stehen wir, und wo wollen wir hin? Wo genau müssen wir ansetzen, um Struktur und Abläufe zu verbessern? Um solche Fragen beantworten zu können ist es nicht nur wichtig, ein Ziel vor Augen zu haben, sondern auch, die Ausgangsbedingungen zu kennen.

5.2.1   Die Analyse

Die Analyse der aktuellen Situation kann mit verschiedenen Verfahren vorgenommen werden. Diese unterscheiden sich hinsichtlich Methode, Schwerpunkt und Aufwand. Um ein optimales Ergebnis zu erzielen, sollten aber zwei Grundanforderungen erfüllt sein:

1. Grundforderung: Die Ist-Analyse umfasst alle Bereiche des Unternehmens. Damit soll verhindert werden, dass nur bestimmte Ausschnitte – beispielsweise Prozesse oder die Vermarktung – betrachtet werden. Eine Weiterentwicklung des Unternehmens ist nur dann erfolgreich, wenn das Unternehmen als Ganzes betrachtet wird. Ansonsten bestünde die Gefahr, dass man beispielsweise mit Stolz seine exzellenten Prozesse und hervorragenden Produkte betrachtet, diese aber keine Abnehmer finden.

2. Grundforderung: ein realistisches Bild der Situation gewinnen und sich dabei den ungeschminkten und manchmal schmerzlichen Tatsachen stellen. Dies ist jedoch nur möglich, wenn die Analyse in einer konstruktiven und vertrauensvollen Atmosphäre durchgeführt wird. Dabei gehen die Beteiligten offen mit Fehlern um, weil sie nicht befürchten müssen, „an den Pranger" gestellt zu werden. Wer dagegen fürchten muss, für seine Fehler bestraft zu werden, wird diese zu vertuschen suchen, womit ein möglicherweise wichtiges Verbesserungspotenzial ungenutzt bliebe.

Sind diese Voraussetzungen gegeben, ist es möglich, systematisch Stärken und Schwächen zu identifizieren und auf dieser Grundlage ein schlagkräftiges Verbesserungsmanagement zu starten.

5.2.2   Das Instrument der Potenzialanalyse

Die Potenzialanalyse ist eine Möglichkeit, ein Stärken- und Schwächenprofil zu erstellen. Dabei werden die verschiedenen Bereiche des Unternehmens durch den Führungskreis eingeschätzt. Auch der Betriebsrat kann an dieser Einschätzung teilnehmen. Die Potenzialanalyse basiert auf einer *ganzheitlichen* Unternehmensbetrachtung. Sie richtet sich sowohl nach innen, also auf die Struktur und die Abläufe, als auch nach außen, also auf den Markt und die Kunden. Neben der Analyse innerhalb des Unternehmens wird darüber hinaus noch mit den Wettbewerbern des Unternehmens verglichen. Die Potenzialanalyse ist in ein Geflecht von Grundfragen eingebunden:

–   „Wo stehen wir?" fragt nach Stärken und Schwächen.

–   „Was wollen wir?" fragt nach Vision und Zielen.

–   „Wo stecken unsere Möglichkeiten?" fragt nach Potenzialen.

–   „Was machen wir?" fragt nach Handlungsbedarfen.

Durch die Bewertung der einzelnen Bereiche des Unternehmens entsteht ein umfassendes Stärken- und Schwächenmuster. Vergleicht man dieses mit den Möglichkeiten, die das Unternehmen für sich umzusetzen hat, ergeben sich die Potenziale. Aus diesen werden dann Handlungsfelder definiert und Aktivitäten abgeleitet. Für welche Handlungsfelder sich die Beteiligten entscheiden, hängt maßgeblich von den Visionen und Zielen des Unternehmens ab. Diese können vorgegeben sein oder werden auf der Basis der Ergebnisse der Potenzialanalyse entwickelt.

5.2.3   Die Vorgehensweise

Ein Beispiel für die Vorgehensweise bei der Potenzialanalyse: Der Produzent von Haushaltsartikeln (s. Kapitel 5.1.) möchte eine Neuorientierung auf der Grundlage einer umfassenden Ist-Analyse vollziehen. Diese soll mit Hilfe der Potenzialanalyse durchgeführt werden. Es sollen im Rahmen eines Workshops mit einem externen Berater die Potenziale des Unternehmens analysiert werden. Dieser Workshop gliedert sich in eine Bewertungsphase, in der das Unternehmen eingestuft wird, und in eine Auswertungsphase, in der über die Ergebnisse diskutiert wird. Die Geschäftsführung verspricht sich davon Hinweise auf eine neue Vision und daraus abgeleitete Unternehmensziele.

Zu Beginn des Workshops wird der Aufbau der Potenzialanalyse beschrieben. Die Betrachtung des Unternehmens vollzieht sich in zwei Schritten. Im ersten Schritt werden vier übergeordnete Gestaltungsfelder im Unternehmen unterschieden: *Produkte und Service, Prozesse, Mitarbeiter sowie Führung.* Diese Gestaltungsfelder bieten eine erste Orientierung, wo die Hebel zur Weiterentwicklung des Unternehmens angesetzt werden können.

Abb. 5-5: Gestaltungsfelder und Elemente der Potenzialanalyse

Im zweiten Schritt werden die jeweiligen Gestaltungsfelder tiefergehend analysiert und in 28 Elemente weiter differenziert. Diese sind den Gestaltungsfeldern untergeordnet und repräsentieren deren wichtigste Aspekte. Die Elemente sind die eigentlichen Anhaltspunkte, aus denen die Aktivitäten vor Ort abgeleitet werden.

Bevor mit der Analyse begonnen wird, wird eine Einstufung der Elemente vorgenommen. Jedes der Elemente wird in vier Leistungsstufen beschrieben. Niedrigste Stufe ist die Stufe 1, bei der bestimmte Voraussetzungen nicht erfüllt sind oder das Unternehmen im Vergleich zur Konkurrenz schlechter positioniert ist. In der Stufe 2 sind Zustände beschrieben, bei denen bestimmte Ansatzpunkte des Elementes vorhanden sind oder das Unternehmen auf der Höhe der Konkurrenz agiert. Ordnet sich ein Unternehmen in die Stufe 3 ein, müssen die formulierten Anforderungen des jeweiligen Elementes gut erfüllt sein, bzw. das Unternehmen muss sich vom Durchschnitt der Konkurrenz abheben. In Stufe 4 wird letztlich ein Ideal beschrieben, bei dem das Unternehmen die Anforderungen optimal umgesetzt hat und/oder zur Weltspitze gehört.

Stufe 4 beschreibt einen Idealzustand, an dessen Maßstab das Unternehmen gemessen wird, auch wenn die Unternehmen mit den unterschiedlichsten Rahmenbedingungen konfrontiert sind. So sind die Rahmenbedingungen für einen Hersteller von Massenwaren mit Fließbandproduktion andere als die für einen kleinen, spezialisierten Nischenanbieter mit auftragsbezogener Einzelfertigung. Die Unterschiede reichen von der Stellung am Markt bis zu unterschiedlichen technischen Voraussetzungen. So wäre für den Massenproduzenten eine Strategie der vorbeugenden Instandhaltung sicher ein wichtiger Schritt zur Kostensenkung, könnte aber bei dem Nischenanbieter genau das Gegenteil bewirken.

An dieser Stelle unterscheidet sich die Potenzialanalyse von anderen Analyseinstrumenten, bei denen die Bewertung nach feststehenden Kriterien vollzogen wird. Die Potenzialanalyse ist bewusst so aufgebaut, dass sie auf alle Unternehmen angewendet werden kann. Erfahrungen bei der Analyse von Unternehmen zeigen, dass die Anwendung von feststehenden Kriterien auf das Problem unterschiedlicher Gegebenheiten vor Ort stößt. Hier setzt die Potenzialanalyse mit ihren Stufenbeschreibungen an. Zwar müssen die einzelnen Stufen in den Unternehmenskontext übersetzt werden, dafür stehen aber die Verhältnisse des jeweiligen Unternehmens im Vordergrund. Damit wird bei der weiteren Vorgehensweise sichergestellt, dass nicht vermeintliche Patentrezepte von außen „übergestülpt" werden. Vielmehr werden sich die Aktivitäten an den Bedürfnissen des Unternehmens orientieren.

Einen weiteren wichtigen Vorteil stellt der durch die Übersetzungsarbeit in den eigenen Kontext in Gang gesetzte Denkprozess dar. Dadurch werden die Beteiligten für die Situation des Unternehmens sensibilisiert. Durch diesen vorgeschalteten Übersetzungsprozess bei der Analyse der Ist-Situation wird vielfach schon darüber nachgedacht, an welchen Stellen man besser werden könnte. Als besonders fruchtbar zeigt sich hier auch die vergleichende Perspektive zur Konkurrenz. Man erfährt von Problemlösungen der Konkurrenz, die wichtige Impulse für die eigene Arbeit geben können. Durch diesen indirekten Benchmarking-Aspekt wird die Marktperspektive verstärkt in die Überlegungen einbezogen. Auch die Beschäftigung mit der Frage, was das Ideal der vierten Stufe konkret für das eigene Unternehmen bedeuten könnte, kann für die Ausrichtung des Verbesserungsprozesses von hoher Bedeutung sein.

Nach dem Aufbau der Potenzialanalyse beginnt die Bewertungsphase, in der der Führungskreis das Unternehmen einstuft. Den Anfang macht das Gestaltungsfeld „Produkt und Service" und mit dessen erstem Element „Innovation". Es werden die Stufenbeschreibungen des Elementes Innovation präsentiert, über dessen Bedeutung für das Unternehmen diskutiert wird. Der Führungskreis muss nun entscheiden, welche dieser Stufenbeschreibungen auf das Unternehmen zutreffen.

Stufe 1: Es gibt keine eigenen Innovationen. Von Wettbewerbern am Markt eingeführte Neuerungen werden kopiert und übernommen.

Stufe 2: Es gibt vereinzelte innovative Produkte und Serviceleistungen.

Stufe 3: Neben der Weiterentwicklung alter Produktideen werden kontinuierlich neuartige Produktideen verwirklicht.

Stufe 4: Das Unternehmen hat die Innovationsführerschaft inne.

Abb. 5-6: Das Element Innovation

Schon bei diesem ersten Element kommt es zu lebhaften Diskussionen. Es gibt unterschiedliche Meinungen zu der Frage, ob das Unternehmen in der Vergangenheit vereinzelt oder kontinuierlich Innovationen auf den Markt gebracht hat oder nicht. Führungskräfte aus der Produktion sind der Meinung, dass sich das Unternehmen mindestens auf Stufe 3 befindet oder sogar die Innovationsführerschaft inne hat. Führungskräfte aus dem Vertrieb bestreiten dies vehement und sehen das Unternehmen in dieser Hinsicht auf Stufe 2 angesiedelt. Auf Grund des unterschiedlichen Rankings werden die neu entwickelten Produkte des letzten Jahres diskutiert und festgestellt, dass keines der aktuellen Produkte älter als drei Jahre ist. Einer der Geschäftsführer berichtet von einer interessanten Kennzahl, nach der Produkte, die jünger als ein Jahr sind, über die Hälfte des Umsatzes des Unternehmens ausmachen. Er kennt aber auch einen Wettbewerber, bei dem der Wert der gleichen Kennzahl aber noch deutlich höher liegt. Am Ende sind sich die meisten darüber einig, dass sich das Unternehmen hinsichtlich des Elements „Innovation" auf Stufe 3 befindet.

Danach wird der Reihenfolge nach das Element „Produktqualität" auf den Prüfstand gestellt. Auch hier entzünden sich lebhafte Diskussionen und obwohl viel über Reklamationsquoten und Kundenunzufriedenheit geredet wird, kann man sich auf keinen gemeinsamen Standpunkt einigen. Daher wird die niedrigste Bewertung aufgegriffen, in diesem Fall Stufe 2. So ordnet der Führungskreis das Unternehmen Element für Element in die jeweiligen Stufen ein. Größere Divergenzen ergeben sich noch einmal bei dem zweiten Element des Gestaltungsfeldes Prozesse, dem „Supply Chain Management".

Hier stellt sich das Problem, dass es keine Möglichkeit gibt, den Gedanken der Lieferantenentwicklung auf alle Lieferanten zu übertragen. So ist ein Hauptlieferant alleiniger Anbieter des Kunststoffes, der für eine Vielzahl der gefertigten Produkte im Unternehmen verwendet wird. Dieser Lieferant aber lehnt jede Art der Entwicklung ab und kann auf Grund seiner Marktmacht auch nicht dazu bewegt werden. An diesem Punkt ist entscheidend, wie weit man sich an diese bestehende Rahmenbedingung angepasst hat. Ausschlaggebend ist, dass alles getan wurde, um die Lieferantenbewertung und –entwicklung zu optimieren. Auch wenn durch diese marktliche Rahmenbedingung die Prozesskette nicht optimal geschlossen ist, kann man trotzdem von einer guten Einbindung in die Unternehmensstrategie sprechen. Dennoch erzielt das Unternehmen durch Defizite bei der Liefertermintreue im Ranking auf dieser Skala nur die Stufe 1,5.

Nachdem der Führungskreis das Unternehmen hinsichtlich aller 28 Elemente bewertet und eingestuft hat, folgt die Auswertungsphase. Die Ergebnisse der Einstufung wurden übersichtlich anhand von Diagrammen aufbereitet. Im Gesamtzusammenhang zeigt sich jetzt ein Stärken- und Schwächenmuster, welches die Ist-Situation des Unternehmens darstellt. Es zeigt sich, dass bei den Gestaltungsfeldern „Mitarbeiter und Führung" mit einigen Ausnahmen gute Ergebnisse erzielt wurden. Beim Gestaltungsfeld „Produkt und Service" gab es dagegen unterschiedliche Ergebnisse. Nachdem in letzter Zeit die Reklamationen anstiegen und die schlechte Liefertreue immer noch für Unzufriedenheit bei den Kunden sorgte, erzielt das Unternehmen in den Elementen Produktqualität und Kundenzufriedenheit nur niedrige Werte. Ebenso hat sich gezeigt, dass die Vermarktungsstrategie neu erarbeitet werden muss. Besonders kritisch fällt die Bewertung hinsichtlich des Elements „Prozesse" aus. Vor allem bei den Elementen, welche die Prozessorientierung abbilden – Supply Chain Management, Organisationsstruktur und Flexibilität – schneidet das Unternehmen schlecht ab.

Im Anschluss werden die Ergebnisse ausführlich diskutiert und festgelegt, an welchen Handlungsfeldern gearbeitet werden muss, um die aufgedeckten Schwächen abzustellen, um die Ertragslage wieder zu verbessern. Es werden die verschiedenen Handlungsfelder zusammengetragen und deren Relevanz diskutiert. Anschließend werden diese Handlungsfelder nach der Dringlichkeit der Probleme geordnet. Als besonders dringende Probleme werden die mangelnde Prozessorientierung und die veraltete Vermarktungsstrategie erkannt. Wenn in diesen Feldern in der nächsten Zukunft nicht gehandelt wird, könnte die Stellung am Markt in Zukunft ernsthaft gefährdet sein. Aus dieser Prioritätenliste werden nun die zukünftige Vision und die neuen Ziele für das Unternehmen abgeleitet.

So spiegelt die Potenzialanalyse nicht nur die Ist-Situation wieder, sondern ist auch eine wichtige Basis, um die Soll-Situation zu bestimmen. Die Potenzialanalyse gibt so bedeutsame Hinweise, an welchen Stellen mit einem Verbesserungsmanagement angesetzt werden soll.

5.3   Führungskräfte fit machen

Ein schlagkräftiges Verbesserungsmanagement aufzubauen und damit nachhaltige Unternehmensentwicklung zu erreichen, benötigt Führungskräfte, die die erforderlichen Kompetenzen mitbringen. Viele Unternehmen tun sich schwer, diese Kompetenzen überhaupt zu definieren und sie dann Schritt für Schritt bei ihren Führungskräften aufzubauen. Denn wo soll man bei der Fülle an erforderlichen Kompetenzen anfangen?

Richtungsweisend für jede Personalentwicklung sind die bestehende Vision und die abgeleiteten strategischen Ziele des Unternehmens. Sind diese klar und konkret formuliert, kann konkretisiert werden, welche Personen mit welcher Qualifikation zum Erreichen der Ziele benötigt werden. Hieraus entsteht der notwendige Personal- und Qualifizierungsbedarf bei den Mitarbeitern. Für die Führungskräfte ist parallel ein klares Anforderungsprofil zu formulieren. Es sollte folgende Dimensionen enthalten:

1. **Fachliche Kompetenzen:** Kenntnisse des eigenen Arbeitsbereiches, Unternehmerisches Handeln, betriebswirtschaftliche Kenntnisse, arbeitsorganisatorisches Wissen und Handeln, Kenntnisse von Markt und Kunden.

2. **Führungs-Kompetenzen:** Führen von Teams, Arbeiten mit Zielen, Mitarbeiterförderung, Feedback-Verhalten, Informationsmanagement, Motivation, Problemlöse- und Entscheidungsverhalten, strategisches Handeln.

3. **Soziale Kompetenzen:** Vertrauen und Verlässlichkeit, Kontaktfähigkeit, Kommunikationsverhalten, Konfliktfähigkeit, Teamfähigkeit.

4. **Methoden-Kompetenzen:** Arbeitsorganisation, Übertragung von Verantwortung, Zeitmanagement, Projektmanagement, Moderation und Präsentation, Verhandeln.

5. **Persönliche Kompetenzen:** Selbstorganisation, Belastbarkeit, Überzeugungskraft, Begeisterungsfähigkeit, Lern- und Veränderungsbereitschaft, Leistungsbereitschaft, Eigeninitiative, Innovationskraft.

Aus diesen Kompetenzen ist ein klares und konkret definiertes Anforderungsprofil zu erstellen, anhand dessen jede Führungskraft beurteilt wird. Es könnte für die Dimension „Soziale Kompetenzen" im Ergebnis folgendermaßen aussehen

3. Soziale Kompetenzen	niedrig ausgeprägt			hoch ausgeprägt	
	1	2	3	4	5
Vertrauen und Verlässlichkeit Geht mit Informationen und Mitarbeitern aufrichtig und vertrauensvoll um und hält Vereinbarungen ein. Nimmt emotionale Belange sensibel wahr und vertritt sie konsequent.	O	●	O	O	O
Kontaktverhalten Sucht Kontakt und ist gegenüber persönlichen Meinungen und Interessen anderer aufgeschlossen.	O	O	O	●	O
Offenes Kommunikation- und Informationsverhalten Kann im Dialog kommunizieren, d.h. zuhören, eigene Standpunkte vermitteln und Informationen schnell und verständlich weitergeben.	O	O	●	O	O
Aktiver, konstruktiver Umgang mit Konflikten Spricht Konflikte auch bei Widerstand sachlich und souverän an, akzeptiert andere Meinungen und ist bereit, in Konfliktsituationen zu einer Lösung beizutragen.	O	O	●	O	O
Teamfähigkeit Hält sich an vereinbarte Spielregeln und Abmachungen und sorgt für ein gemeinsam getragenes Teamergebnis	O	●	O	O	O

Abb. 5-7: Anforderungsprofil „Soziale Kompetenzen"

Es entsteht für jede Führungskraft ein Anforderungsprofil bezüglich der fünf genannten Kompetenzbereiche. Hieraus sind sowohl Stärken als auch Handlungsbedarfe bei jeder einzelnen Führungskraft zu erkennen. Zusätzlich sind Informationen über die Schwerpunkte des Führungsverhaltens im Unternehmen über alle Führungskräfte hinweg zu erstellen. Aus dieser Analyse heraus wird ein systematisches Führungskräfte-Kompetenz-Entwicklungsprogramm erstellt. Es sollte drei Bausteine enthalten:

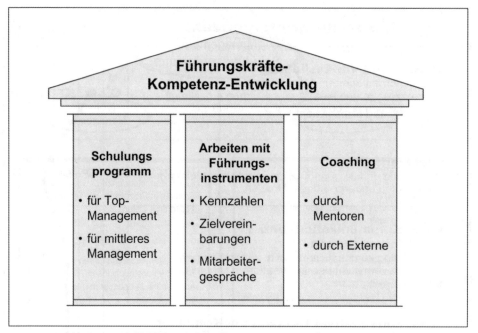

Abb. 5-8: Programm zur Führungskräfte-Kompetenz-Entwicklung

5.3.1 Schulungsprogramm

Das Schulungsprogramm für Führungskräfte sollte individuell auf den Bedarf der Teilnehmer zugeschnitten sein. Grundsätzlich dient es dazu, die Beteiligten auf Veränderungsprozesse vorzubereiten und ihnen dazu die notwendigen Hintergrundinformationen zu geben. Ziel ist es, dass die Führungskräfte sich mit ihren neuen Anforderungen auseinandersetzen und neue Verhaltensweisen einüben.

Empfehlenswert ist es, Top-Management (Geschäftsführer und Bereichsleiter) und mittleres Management (Abteilungsleiter, Meister, Gruppenleiter) getrennt voneinander zu schulen, um auf die individuellen Bedürfnisse eingehen und den entsprechenden Praxisbezug herstellen zu können. Die Erfahrung hat gezeigt, dass Führungskräfte dann besonders von einer Schulung profitieren, wenn es gelingt, die Seminarinhalte mit der eigenen Arbeit bereits im Seminar zu verknüpfen. Daher bietet es sich an, mehrere Seminare als eine komplette „Schulungsreihe" für dieselbe Teilnehmergruppe hintereinander im Abstand von etwa vier Wochen durchzuführen, um die in der Zwischenzeit im beruflichen Alltag gemachten Erfahrungen in Seminar wieder gemeinsam zu reflektieren. Folgende Seminarbausteine bieten sich für eine Seminarreihe für Führungskräfte an:

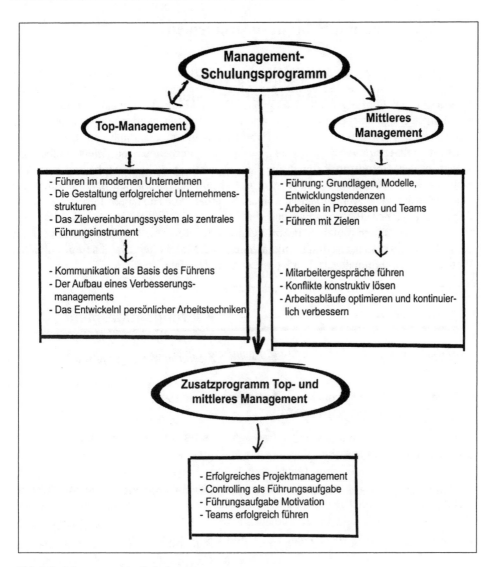

Abb.5-9: Management - Schulungsprogramm

5.3.2 Arbeiten mit Führungsinstrumenten

Schulungen werden erst dann Erfolge in der betrieblichen Praxis zeigen, wenn es gelingt, das Erlernte in den beruflichen Alltag zu integrieren. Daher gehört zu einem Programm zur Führungskräfte-Kompetenz-Entwicklung dazu, dass parallel zu den Schulungen entsprechende Führungsinstrumente aufgebaut werden. Beispielsweise wird das Thema „Arbeiten mit Zielen" als Führungskompetenz erst dann von der Führungskraft sinnvoll erlernt werden können, wenn im Unternehmen ein Zielvereinbarungssystem besteht, in dessen Rahmen die Führungskraft ihre Zielvereinbarungsgespräche einbetten kann. Genau so verhält es sich mit Mitarbeitergesprächen: Die Führungskraft wird sicherlich viele Anregungen aus einem Seminar zum Thema „Mitarbeitergespräche führen" mitnehmen. Richtig anwenden wird sie das Erlernte aber besonders dann, wenn es zum unternehmensweiten Standard gehört, mit Hilfe von vorstrukturierten Formularen die Mitarbeiterbeurteilung vorzunehmen und Mitarbeitergespräche einschließlich Protokollierung regelmäßig, d. h. mindestens einmal im Jahr, zu führen.

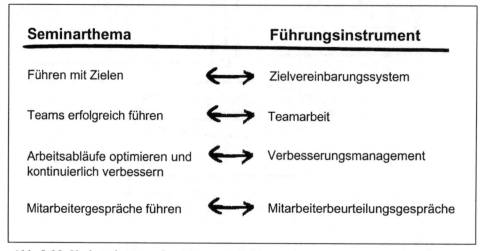

Abb. 5-10: Verknüpfung von Seminaren mit Führungsinstrumenten

Mit der Erstellung des Programms zur Führungskräfte-Kompetenz-Entwicklung ist also auch zu überlegen, welche Führunginstrumente noch aufgebaut werden müssen. Nur dann haben die Führungskräfte das notwendige Rüstzeug an der Hand, um effektiv und sinnvoll führen zu können.

5.3.3 Coaching

Der dritte Baustein des Führungskräfte-Kompetenz-Enwicklungs-Programms besteht aus Coachingmaßnahmen, die individuell nach Bedarf durchgeführt werden. Ziel des Coachings ist es, Führungsverhalten zu optimieren und die Führungskraft beruflich und persönlich weiter zu entwickeln. Dabei sollte sich die Führungskraft freiwillig in den Coachingprozess begeben, um daraus einen möglichst großen Nutzen ziehen zu können. In der Praxis haben sich zwei Formen des Coachings bewährt:

1. **Das interne Coaching durch einen Mentor.** Solche Mentorschaften spielen eine Rolle in der Begleitung von Nachwuchsführungskräften in ihren ersten Jahren als Führungskraft oder zur Vorbereitung auf eine Führungsaufgabe. Der Mentor ist in der Regel ein älterer Kollege, der sowohl das Unternehmen als auch die Aufgaben einer Führungskraft aus eigener langjähriger Erfahrung gut kennt. Die Führungskraft und ihr Mentor treffen sich regelmäßig über einen längeren Zeitraum, um aktuelle Problemstellungen, Fragen oder Weiterentwicklungsmöglichkeiten der Führungskraft zu besprechen.

2. **Das externe Coaching durch einen professionellen Coach.** Da es sich um einen zeitlich begrenzten Beratungsprozess handelt, sollte das Coaching in Form einer begrenzten und definierten Anzahl von Sitzungen stattfinden. Der Veränderungsprozess beim Gecoachten findet dabei zwischen den Sitzungen statt. Das Coaching sollte durch einen unabhängigen und neutralen Coach erfolgen, der mit verschiedenen Interventionstechniken die Führungskraft bei ihrer Weiterentwicklung durch gemeinsame Reflexion, Feedback, Anregungen und Ideen unterstützt. Letztendlich versucht der Coach immer, vorhandenes Potenzial zu identifizieren und nutzbar zu machen und zielt darauf ab, einen Selbstmanagementprozess in Gang zu setzen durch Hilfe zur Selbsthilfe. Dies ist deshalb so wichtig, um der Führungskraft Methoden und Vorgehensweisen zur Verfügung zu stellen, die sie auch nach den Coachingsitzungen bei neuen Problemstellungen anwenden kann.

Erfolg werden solche Coachingmaßnahmen haben, wenn sie zum einen von der betreffenden Führungskraft erwünscht und zum anderen individuell auf deren Bedürfnisse zugeschnitten sind. Die größte Herausforderung bei einer professionellen und effektiven Führungskräfte-Kompetenz-Entwicklung besteht darin, die *Bereitschaft* der Führungskräfte zur eigenen Weiterentwicklung zu wecken. Bereitschaft braucht zunächst Einsicht in eigene Stärken und Schwächen. Zusätzlich müssen die Maßnahmen aus den drei Säulen *Schulung, Führungsinstrumente und Coaching* so zusammengestellt und aufeinander abgestimmt werden, dass die Führungskraft bestmöglich daraus profitieren kann. Dabei steht nicht das vermittelte theoretische Wissen im Vordergrund, sondern die Handlungskompetenz, also das konkrete Verhalten der Führungsperson im beruflichen Alltag.

5.3.4 Arbeiten im Führungsteam

Will man für das Unternehmen eine konsequente und nachhaltige Weiterentwicklung mit einem funktionierenden erfolgreichen Verbesserungsmanagement, braucht es eine Mannschaft an Führungskräften, die alle gemeinsam in die gleiche Richtung marschieren. Da es sich hierbei um einen komplexen Veränderungsprozess handelt, ist es notwendig, dass sich die Führungskräfte regelmäßig über ihre Zielrichtung und ihre Vorgehensweise verständigen und abstimmen.

Das Führungsteam, bestehend aus den Führungskräften einer Hierarchieebene mit ihrem gemeinsamen Vorgesetzten, ist dazu die entsprechende Runde. In regelmäßigen Treffen des Führungsteams wird der Einsatz der *Führungsinstrumente* abgestimmt und werden die nächsten Schritte und *Vorgehenweisen* geplant. Schwierigkeiten in der Umsetzung werden hinterfragt und Ratschläge und Tipps aus den Erfahrungen der Führungskollegen eingeholt. Führen mit Zielvereinbarungen, Kennzahlen, Mitarbeiter-Beurteilungen, Kritikgespräche und Teamarbeit können beispielsweise Thema dieser Besprechungen sein.

Gleichzeitig wird die Runde genutzt, um die *Strategie zur Unternehmensentwicklung* und das eigene *Führungsverhalten* aufeinander abzustimmen: Inwieweit muss sich Führungsverhalten bei Teamarbeit ändern? Auf welche Schwierigkeiten ist beim Führen eines Zielvereinbarungsgesprächs zu achten? Wie kann ich einwirken, um Konflikte unter Mitarbeitern zu lösen? Das können Themen im Führungsteam sein.

Es geht im Führungsteam neben den ganz konkreten Fragen auch darum, dass die Führungskräfte ihre Mitarbeiter nach *gemeinsamen Werten und Normen* führen. Dies bedeutet, dass alle ein möglichst konsistentes Führungsverhalten den Mitarbeitern gegenüber zeigen. Es ist vorteilhaft, in regelmäßigen Abständen das Führungsverhalten zu reflektieren und sich gegenseitig im Führungsteam Feedback zu geben. Nur so können widersprüchliche Einstellungen, Haltungen und Wertorientierungen diskutiert und angeglichen werden.

Nach unserer Erfahrung stellen die Führungsteam-Treffen eine gute Plattform dar, um eine einheitliche und konsistente Führungskultur zu entwickeln. Die Führungsteam-Treffen können darüber hinaus für die gemeinsame Strategieentwicklung und einen Informationsaustausch genutzt werden und leisten damit einen großen Beitrag, damit Führungskräfte in die Veränderungen des Unternehmens eingebunden sind.

Es ergänzen sich die Führungskräfte-Kompetenz-Entwicklung mit ihren Bausteinen Schulung, Führungsinstrumente und Coaching mit den regelmäßigen Führungsteam-Treffen im beruflichen Alltag, sodass Führungskräfte mit diesem Programm eine Chance haben, ihr Führungsverhalten zu verändern und der künftigen Ausrichtung des Unternehmens anzupassen.

5.4 Arbeiten im Team

Kein Schiff kann ohne Besatzung segeln, und so gehört zu einem erfolgreichen Schiff eine leistungsstarke Mannschaft, die Hand in Hand arbeitet und damit das Schiff auf Erfolgskurs bringt. Ebenso verhält es sich in Unternehmen: Die Zeiten des Einzelkämpfers sind vorbei, und es ist bekannt, dass das Potenzial vieler Unternehmen weniger in der Technik als in den Mitarbeitern steckt.

Um aus einzelnen Mitarbeitern eine schlagkräftige Mannschaft zu formen, braucht es die Zusammenarbeit im Team. Dasselbe gilt für eine systematische Unternehmensentwicklung. Zum Erfolg des Unternehmens gehört, dass Mitarbeiter miteinander die anstehenden Probleme lösen und damit dazu beitragen, die gesamten Prozesse im Unternehmen effektiv zu verbessern. Übergreifende Themen können nur durch Zusammenarbeit aller Beteiligten befriedigend bearbeitet werden. Unternehmensziele sind nicht durch Einzelne zu erreichen, sondern nur durch das Zusammenspiel aller Mitarbeiter.

In unserer Metapher wird das Schiff auch nur dann auf Erfolgskurs zu bringen sein, wenn die Abstimmung innerhalb der Mannschaft funktioniert und sich die einzelnen Mitglieder gegenseitig ergänzen, unterstützen und einfachere Problemstellungen selbstständig zu lösen im Stande sind. Teamarbeit als eine moderne Form der Arbeitsorganisation will erreichen, dass die Schiffsmannschaft eigenständig und verantwortungsvoll agiert. Die Chancen, die in einer größeren Eigenverantwortung stecken, zu entdecken und sinnvoll zu nutzen, ist ein Lernprozess, der seine Zeit braucht. Dennoch stellt das Arbeiten in Teams eine unverzichtbare Basis für den dauerhaften Unternehmenserfolg dar.

5.4.1 Prinzipien der Teamarbeit

Bei der Bildung und Aktivierung von Teams entstehen so genannte Synergieeffekte, indem die Mitarbeiter bewusst ihre verschiedenen Fähigkeiten nutzen und einsetzen. Die Qualität der Arbeitsergebnisse eines eingespielten Teams als Ganzes ist mehr als die Summe ihrer Teile. Die durch dynamische Prozesse erzeugte Übersummativität eines Teams führt häufig zu Ergebnissen auf einem Niveau, das durch eine isolierte Vorgehensweise jeweils einzelner Mitarbeiter nicht erreicht worden wäre.

Diese Synergien werden gerade bei der Initiierung und Umsetzung neuer Verbesserungsideen gebraucht. Ideenvielfalt und kreatives Problemlösen sind gefragt und zwar von den Personen, die tagtäglich als Experten mit den operativen Aufgaben zu tun haben. Teams sind aber dann besonders erfolgreich, wenn sie gelernt haben, effektiv und zielorientiert miteinander zu arbeiten. Mitarbeiter lediglich räumlich zusammenzusetzen und sie als Team zu bezeichnen, reicht dazu nicht aus. Teamarbeit will gelernt sein und dazu gilt es, einige Grundsätze zu berücksichtigen.

■ Arbeiten in Eigenverantwortung

Ein Team hat zum Ziel, seinen Aufgabenbereich möglichst selbständig erfolgreich zu bewältigen. Dies wird nur gelingen, wenn alle Teammitglieder für ihre Aufgaben und Ziele Verantwortung übernehmen, sich also verantwortlich zeigen für ihre Leistung, für die Qualität ihrer Arbeit und auch für die Arbeitsabläufe innerhalb des Teams.

Aus dieser Verantwortung heraus ist es Anliegen des Teams, die eigenen Abläufe, die Leistung und die Qualität permanent zu optimieren. Dazu muss über den Tellerrand des einzelnen Mitarbeiters geschaut und die Gesamtaufgabe des Teams ins Visier genommen werden. Erst so werden Störungen und Engpässe im Gesamtablauf sichtbar, die wiederum nur durch das Team, nicht durch Einzelne, abgestellt werden können.

Eigenverantwortung zu zeigen bedeutet, sich mit dem eigenen Produkt bzw. der Dienstleistung zu identifizieren und das möglichst Beste herausholen zu wollen. Ein Stück „unternehmerisches Denken" entsteht in eigenverantwortlich arbeitenden Teams.

Eigenverantwortung zeigt sich letztendlich darin, dass die Teams nicht abwarten, was mit ihrem Produkt und ihren Abläufen passiert, sondern dass sie sich einmischen in die Gestaltung ihrer Arbeit. Dazu gehören das Aufzeigen von Problemen und das Erarbeiten und Umsetzen von Verbesserungen.

Aber was hat der einzelne Mitarbeiter von mehr Eigenverantwortung?

– Die Erfolge, die er mit seinem Team erarbeitet, kann er sich selbst und seinen Teamkollegen zuschreiben. Die Wirkung von Eigenleistung auf den Erfolg ist direkt sichtbar.

– Der Blick auf das gesamte Aufgabengebiet des Teams bietet neue Erkenntnisse und interessante neue Perspektiven und Einblicke, die aus der eigenen Routine befreien.

– Aus Eigenverantwortung der Aufgabe und dem Team gegenüber dem Kollegen zu helfen, bedeutet, selbst in Notsituationen nicht alleine gelassen zu werden.

– Die Zusammenarbeit mit anderen schafft Gemeinsamkeit und Zusammengehörigkeit, ein „Wir-sind-gemeinsam-stark"-Gefühl, das alleine nicht zu erreichen ist. Das schafft Identität, Motivation und Engagement.

Eigenverantwortliches Denken und Handeln bei neuen Teams entstehen zu lassen, ist ein langwieriger Lernprozess. Viele scheuen die Verantwortung und möchten lieber nach Anweisungen arbeiten. Andere aber dürsten regelrecht danach, ihre Arbeit aktiv mit zu gestalten und blühen dementsprechend in eigenverantwortlich arbeitenden Teams auf.

Diese Mitarbeiter zu fördern und zu fordern und die anderen davon zu überzeugen, dass auch sie etwas davon haben, wenn sie sich selbst einbringen können, ist Aufgabe und Ziel bei der Bildung neuer Teams.

■ Arbeiten in Selbstorganisation

Die Teammitglieder koordinieren soweit wie möglich eigenständig die eigene Arbeit, d. h. sie planen, steuern und kontrollieren alle wesentlichen Arbeitsabläufe innerhalb ihres Arbeitsprozesses. Sie organisieren den Einsatz der benötigten Mitarbeiter, besorgen sich das erforderliche Material und die Betriebsmittel, bestimmen die Reihenfolge und Verteilung der einzelnen Arbeitsschritte und entwickeln Standards, nach denen sie die Arbeit bewältigen wollen.

Daran wird deutlich, dass Teams zur Selbstorganisation Freiräume für eigenes Organisieren und Planen benötigen. Nur wenn das Team die Möglichkeit hat, seinen Arbeitsbereich selbst zu gestalten und Entscheidungen hierüber zu treffen, wird das Prinzip Selbstorganisation mit Leben gefüllt werden. Diese Voraussetzung muss zunächst geschaffen werden. Dazu gehört ebenso die Information über die aktuelle Situation, über Planungen und Neuentwicklungen: Nur dann ist eine wirkliche Beteiligung und aktive Mitwirkung der Mitarbeiter möglich.

Oft herrscht in Teams Unsicherheit, was nun von den Führungskräften im Rahmen von Teamarbeit von ihnen erwartet wird. Wesentlich für die Eigenständigkeit des Teams ist, dass mit den Teammitgliedern ihre Aufgaben und Zuständigkeiten gründlich abgesprochen werden und sie den Umgang mit Steuerungs- und Planungsinstrumenten lernen, um vernünftig und fundiert die eigenen Arbeitsprozesse in die Hand nehmen zu können. So können die Teammitglieder Schritt für Schritt neue Aufgaben übernehmen, ihre Abläufe zunehmend selbst koordinieren und organisieren und somit selbstorganisiertes Arbeiten erlernen.

■ Flexibel reagieren

Flexibilität in Teams heißt, auf folgende Anforderungen so reagieren zu können, dass der Arbeitsablauf sichergestellt ist:

–   Mit jeder Störung im Arbeitsablauf und auch mit jedem neuen Ziel ergibt sich für das Team eine neue Herausforderung, die es zu bewältigen gilt. Die Arbeitsplätze untereinander zu tauschen und sich neue Aufgabengebiete so zu erschließen, dass die Störungen und Ziele bewältigt werden können, ist Aufgabe des Teams.

- Je nach Arbeitsaufkommen gestalten die Teammitglieder ihre Arbeitszeit variabel und passen ihre Arbeitskapazitäten an die Auftragslage an. Das heißt, dass sie bei hohem Arbeitsaufkommen entscheiden, länger zu bleiben und bei geringem Arbeitsaufkommen Arbeit Überstunden wieder abbauen.

- Dem Team gelingt es, Krankheiten und Urlaube von Teammitgliedern untereinander zu kompensieren. Dies erfordert, dass möglichst alle Teammitglieder verschiedene Aufgaben in der Gruppe vollwertig ausführen können – idealerweise beherrscht jeder alles. Dies bedarf der Qualifikation der Teammitglieder.

■ Verschiedene Funktionen im Team integrieren

Ein Team besteht idealerweise aus drei bis zehn Personen. Es sollten möglichst alle Funktionen des Arbeitsprozesses im Team integriert sein, um möglichst eigenständig und ganzheitlich agieren zu können. Dies ermöglicht eine weitgehend selbständige Bearbeitung der Aufgaben durch das Team und reduziert die Schnittstellen. Bei der Bildung von Teams müssen dazu oft Mitarbeiter im Team weiter qualifiziert werden, um diese Funktionen mit übernehmen zu können.

■ Zusammenarbeit mit anderen Teams

Teams stehen in wechselseitigen Kunden-Lieferanten-Beziehungen mit anderen Teams und Dienstleistungsgruppen. Die Teams kommunizieren direkt miteinander, um ihre „Lieferbedingungen" untereinander zu vereinbaren. Die Zusammenarbeit und das Engagement über den eigenen Bereich hinaus spielen eine wichtige Rolle für den langfristigen Erfolg eines Teams. Gerade im Verbesserungsmanagement beschäftigen sich viele Themen mit der Zusammenarbeit und dem Zusammenspiel verschiedener Unternehmensbereiche und/oder verschiedener Teams.

Schnittstellen zwischen verschiedenen Unternehmensbereichen bzw. verschiedenen Abteilungen müssen geklärt werden. Dies bedeutet, dass ein Team die Anforderungen an seinen internen Liefertermin und die abzuliefernde Qualität des Produktes so zufriedenstellend erfüllt, dass der nachfolgende Bereich optimal damit weiterarbeiten kann.

Mit anderen Abteilungen klare Absprachen zu treffen, die Verantwortungsbereiche klar zu definieren und einen reibungslosen *bereichsübergreifenden* Ablauf sicherzustellen ist ein noch viel schwierigerer Vorgang, als diese Dinge lediglich im eigenen Team zu klären.

Wichtig ist es daher, neu gebildeten Teams von Anfang an deutlich zu machen, dass das Arbeiten im eigenen Team nicht gleichzeitig bedeutet, „Scheuklappen" für andere

Teams aufzusetzen. Von Beginn an muss das teamübergreifende Denken parallel zur eigenen Teamarbeit gefördert werden.

5.4.2 Teamstrukturen bilden

Um das Unternehmen schlagkräftiger, flexibler und schneller zu machen, sollte es in möglichst eigenverantwortliche Bereiche aufgeteilt sein. Dies können Profit oder Cost Center sein, d. h. eigenständige „Unternehmen im Unternehmen", die ihre eigene betriebswirtschaftliche Kostenrechnung erstellen. Innerhalb dieser Unternehmen strukturiert man in Unternehmensbereiche und Teams mit klaren Aufgabenabgrenzungen.

Wichtigstes Kriterium zur Gestaltung dieser eigenständigen Einheiten ist ihre Aufteilung nach Prozessketten. Damit sind geschlossene Wertschöpfungsketten gemeint, die alle wertschöpfenden Arbeitsschritte organisatorisch zusammenfassen, die zur Herstellung eines Produktes gehören. Die jeweilige Einheit trägt die Verantwortung für alle Arbeitsabläufe entlang der eigenen Prozesskette. Dies kann idealerweise von der Anfragenbearbeitung bis zur Auslieferung des Produktes reichen.

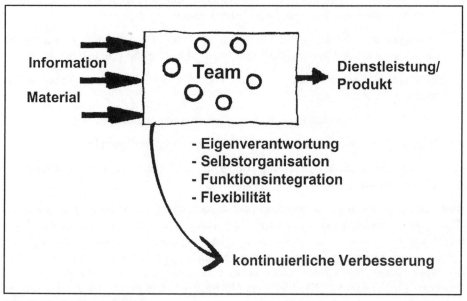

Abb. 5-11: Im Team arbeiten

Der Vorteil von Teamarbeit innerhalb einer solchen prozessorientierten Struktur ist zum einen eine erheblich kürzere Durchlaufzeit durch schnellere Absprachen und zum anderen eine höhere Verantwortung der Mitarbeiter für das Produkt und das Ergebnis. Durch die Teamarbeit werden die Eigenverantwortung für die eigene Arbeitsleistung sinnvoll unterstützt und die kontinuierliche Verbesserung der Abläufe ermöglicht.

5.4.3 Was Teams erfolgreich macht

Allein die Prinzipien der Teamarbeit zu erfüllen, reicht nicht aus, um ein Team erfolgreich zu machen. Wenngleich es viele verschiedene Gründe für den Erfolg eines Teams geben kann, lassen sich vier Faktoren herauskristallisieren, auf die der Erfolg oder Nichterfolg eines Teams zurückgeführt werden kann. Unter *Rahmenbedingungen* sind die Grundlagen und Vereinbarungen zur Teamarbeit bzw. zum Verbesserungsmanagement zu verstehen. Hierzu gehören:

– Eine nicht zu große Mitarbeiteranzahl in den Teams sichert, dass Entscheidungen, Absprachen und neue Ideen von allen gesammelt und getroffen werden können.

– Ein räumlicher Zusammenschluss gewährleistet den schnellen Kontakt und Informationsaustausch der Teammitglieder untereinander.

– Vereinbarungen über Rechte und Pflichten der Teams, ihr Aufgabenspektrum sowie über Mitsprache- und Entscheidungsspielraum geben Handlungssicherheit.

– Ein Zielvereinbarungssystem sichert die Orientierung der Arbeit im Team an klar gesteckten Zielen.

– Kennzahlen schaffen die Möglichkeit, die Teamleistung messbar zu machen.

– Finanzielle Leistungsanreize tragen zur Zielausrichtung der Teams bei.

– Eine flexible Arbeitszeitgestaltung ermöglicht den Teams Eigenverantwortung und Selbstorganisation.

Aber was nützen günstige Rahmenbedingungen ohne die Berücksichtigung der individuellen *Persönlichkeiten der Teammitglieder*? Jedes Unternehmen wünscht sich überzeugte und motivierte, verantwortungsvolle und engagierte Mitarbeiter, die sich gut verstehen, sich bei der Aufgabenverteilung abstimmen und harmonisch und konstruktiv zusammenarbeiten. Tatsächlich trifft man bei 12 Teammitgliedern auf ebenso viele verschiedene Temperamente, Charaktere und Motivationen. Die geschickte *Zusammenstellung* der Teammitglieder nach Qualifikation und Persönlichkeit ist ein wesentlicher Erfolgsfaktor: Erfolgreiche Teams verfügen über das gleiche Grundverständnis bezüglich Engagement, Vertrauen und Zuverlässigkeit, aber über ganz verschiedene individuelle Stärken. So kann ein lebhaftes Teammitglied vielleicht Veränderungen hervorragend initiieren und nach außen überzeugend vertreten und voran treiben, während der stille

Grübler eher eine Stärke in der Analyse für die Feinheiten von Problemlösungen hat und im Hintergrund die Fäden spinnt. Es ist ein durchaus praktikabler Kunstgriff, durch die richtige Zusammensetzung unterschiedlicher Charaktere und Expertisen eine gesunde „Reibung" zwischen den Teammitgliedern herzustellen, die neue und bessere Ergebnisse ermöglicht.

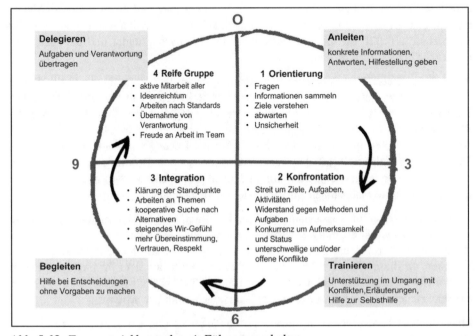

Abb. 5-12: Teamentwicklungsuhr mit Führungsverhalten

Es stellt sich immer wieder heraus, dass ein Team sich nur bei einer entsprechend guten *Führung* weiter entwickeln kann. Ein Team zu führen ist aber ein weitaus komplexeres Unterfangen, als Einzelpersonen zu führen. Bei teamorientierter Führung verändern sich die Aufgaben der Führungskraft: Während sie bisher Vieles selbst entschieden und die Arbeit der Mitarbeiter engmaschig kontrolliert hat, wird beim teamorientierten Führen eine eher begleitende Unterstützung erwartet.

Im Idealfall definieren Führungskräfte lediglich den Rahmen, innerhalb dessen sich das Team bewegen kann. Mit Hilfe der Zielvereinbarung und Zielüberprüfung lenkt die Führungskraft das Team in die gewünschte Richtung. Hierbei ist es extrem wichtig, dass die Führungskraft das Team mit den für sie relevanten Informationen regelmäßig und zuverlässig versorgt. Ansonsten wird es dem Team nicht möglich sein, sich selbst effektiv zu organisieren. Damit die Teammitglieder mit ihrer neuen Eigenverantwortung und Selbstorganisation zurechtkommen, ist es notwendig, das Team entsprechend seinem

Entwicklungsgrad zu führen. Mit Hilfe der „Teamentwicklungsuhr" lässt sich gut feststellen, in welcher Entwicklungsphase sich ein Team gerade befindet. In diesem Teamentwicklungsmodell wird davon ausgegangen, dass jedes Team in seiner Entwicklung hin zu einem reifen Team vier Phasen durchläuft.

Phase 1: In der Phase der Orientierung versuchen die Teammitglieder den Sinn und Zweck der Teamarbeit zu verstehen. Sie sind noch unsicher und ihnen stellen sich viele Fragen. Hier ist es wichtig, dass die Führungskraft über die Hintergründe und Ziele der Teamarbeit aufklärt, die Zusammenstellung des Teams begründet und als Ansprechpartner für Fragen zur Verfügung steht.

Phase 2: In dieser Phase versuchen die Teammitglieder, ihre Rolle innerhalb des Teams zu finden und zu definieren. Dadurch kann es zu Reibereien und Statuskämpfen untereinander und zu Widerständen gegenüber neuen Aufgaben kommen. Hier sollte die Führungskraft bei der Konfliktklärung unterstützen und vermitteln, ohne dem Team die Arbeit bei der „Selbstfindung" abzunehmen. Bei der Lösung von konkreten Problemen ermuntert die Führungskraft das Team zur gemeinsamen Bewältigung. Gleichzeitig unterstützt sie, indem sie den Teammitgliedern in dieser Phase zeigt, wie sie Probleme lösen und konkrete Maßnahmen zur Umsetzung finden können.

Phase 3: Die Rollen im Team sind verteilt und definiert und die Beteiligten beginnen, an konkreten Themen konstruktiv zu arbeiten. Kontroverse Meinungen werden zunehmend sachlich diskutiert. Noch geht es langsam voran, aber erste konstruktive Ansätze sind zu erkennen. In dieser Phase sollte sich die Führungskraft aus dem Problemlöseprozess zunehmend zurückziehen und nur noch mit Rat und Tat bei Schwierigkeiten und Fragen zur Seite stehen. In dieser Phase lernt das Team, eigenständig zu arbeiten.

Phase 4: Hier haben wir es mit einem reifen Team zu tun, das sehr konstruktiv und effektiv nach vereinbarten Standards und Zielen arbeitet. Die Führungskraft überlässt dem Team in dieser Phase komplette Aufgabenpakete oder Problemstellungen. Gleichzeitig ist es Aufgabe der Führungskraft, neue Ideen und Aufgabenstellungen zu entwickeln, um das Team angemessen zu fordern.

Jedes Team muss auf dem Weg zu einem reifen Team die entsprechenden Phasen auf der Teamuhr von „0 Uhr bis 12 Uhr" bewältigen und wird dies in Abhängigkeit von den genannten Erfolgsfaktoren unterschiedlich schnell schaffen. Die Führungskraft muss dabei den Entwicklungsstand des Teams gut im Auge behalten und ihren Führungsstil permanent der Situation im Team anpassen. Denn Teamarbeit bedeutet einen dauerhaften Prozess, in dem sich die Zeiger auf der Teamuhr durch eine Krisensituation auch wieder zurückdrehen können. Dies rechtzeitig zu bemerken und entsprechend darauf zu reagieren, ist Aufgabe und gleichzeitig größte Herausforderung für den Vorgesetzten.

5.4.4 Ein Team zum Laufen bringen

Stehen die Namen der Mitarbeiter eines Teams fest, werden diese nun regelmäßig zu gemeinsamen Besprechungen zusammenkommen (beispielsweise 14-tägig für jeweils eineinhalb Stunden). Im ersten Teamgespräch werden Sinn und Zweck sowie Ziele der Teambildung erläutert und Fragen der Teammitglieder geklärt. Hierzu gehört, die Arbeits- und Aufgabenverteilung innerhalb des Teams zu klären. Die Teammitglieder stellen hierfür zunächst ihr Aufgabenspektrum zusammen und überlegen gemeinsam, wie sie diese zukünftig sinnvoll aufteilen können, um flexibel und zuverlässig auf Kundenanforderungen reagieren zu können. Es werden die Erwartungen der einzelnen Teammitglieder an eine konstruktive Zusammenarbeit mit den Kolleginnen und Kollegen ausgetauscht und gemeinsame Spielregeln aufgestellt.

Erst dann geht es an die Sammlung und Lösung von bestehenden Schwachstellen und Problemen. Die Teammitglieder lernen anhand von Problemen aus ihrem eigenen Bereich, wie sie die zu Grunde liegenden Ursachen analysieren und Ansätze zur konstruktiven Lösung finden können. Hierzu werden ihnen unterschiedliche Methoden vermittelt wie die Ausgangs-Ziel-Analyse, das Vier-Felder-Schema oder das Brainstorming, und sie erlernen den Umgang mit Aktivitätenplänen und Visualisierung. Wie ein Team laufen lernt, lässt sich an folgenden, unterscheidbaren Schritten erkennen:

– Regelmäßige Besprechungen im Team.

– Orientierung, Sinn und Zweck der Teamarbeit sowie des Verbesserungsmanagements werden verstanden.

– Arbeits- und Aufgabenverteilung im Team wird geklärt.

– Spielregeln zur konstruktiven Zusammenarbeit werden entwickelt.

– Erste teamorientierte Problemstellungen werden gesammelt.

– Erste Lösung von Problemen im eigenen Bereich.

Die Erfahrungen zeigen, dass Mitarbeiter dann besonders aktiv im Verbesserungsmanagement mitarbeiten, wenn sie bereits länger in Teams organisiert sind. Dann haben sie nicht mehr gleichzeitig mit den ersten Anlauf- und Gewöhnungsschwierigkeiten an die Teamstruktur zu kämpfen. Daher ist es ratsam, dem Start der Verbesserungsmanagement-Aktivitäten eine Phase der Team- und Prozessorientierung vorzuschalten. Ziel dieser Phase ist es, die Mitarbeiter mit den Teamprinzipien und der Zusammenarbeit im Team vertraut zu machen und eine tragfähige Grundlage für ein gemeinsames konstruktives Arbeiten an Verbesserungsthemen zu schaffen.

■ Bestehende Teams weiter entwickeln

Vor dem Start des Verbesserungsmanagements ist es ratsam, auch bereits bestehende Teams einer Bestandsaufnahme, d. h. einem „Team-Check" zu unterziehen. Dabei werden Schwachstellen, Störungen und Defizite im Teamumfeld aufgedeckt und zu beheben versucht. Die Rahmenbedingungen der Teams werden überprüft, ihr Spielraum für eigene Entscheidungen, ihre Kompetenzen und auch die Zusammenarbeit im Team. Gibt es dort Konfliktpunkte oder Störungen zwischen den Mitarbeitern, gilt es, diese zu lösen, um ein effektives gemeinsames Arbeiten der Teammitglieder an den Verbesserungsthemen zu ermöglichen.

Zusammenfassung:

Führungsinstrumente tragen dazu bei, systematisch das Unternehmensschiff in die richtige Richtung zu steuern. Hierzu braucht es zunächst ein durchgängiges *Zielvereinbarungssystem*. Aus der Vision werden im nächsten Schritt Unternehmensziele abgeleitet, die als Basis für die Zielvereinbarungen dienen. Sie sollten durchgängig von der Unternehmensführung bis zur Ebene der ausführenden Mitarbeiter mit allen Mitarbeitern getroffen werden. Richtig und konsequent realisiert führt ein Zielvereinbarungssystem zu einer Steigerung der Leistungsmotivation und zu einer stärkeren Identifikation der Mitarbeiter mit dem Unternehmen. Führen mit Zielen ist ein Aufgabenschwerpunkt der Führungskräfte.

Ein gut funktionierendes Zielvereinbarungssystem setzt ein leistungsfähiges *Kennzahlensystem* voraus. Kennzahlen ermöglichen das Erfassen von Ist-Zuständen, das Beschreiben von Soll-Zuständen und den Vergleich zwischen Ist- und Soll-Situation an jedem gewünschten Zeitpunkt. Sie bilden die Basis für das innerbetriebliche Controlling, aber auch für Vergleiche mit anderen Unternehmen (Benchmarking).

Zur Einschätzung der aktuellen Unternehmenssituation dient die *Potenzialanalyse*. Sie ist eine Möglichkeit, in Bezug zu den vier Gestaltungsfeldern Produkt und Service, Prozesse, Führung sowie Mitarbeiter ein Stärken- und Schwächenprofil zu erstellen, indem die verschiedenen Bereiche des Unternehmens hinsichtlich von 28 Elementen durch den Führungskreis eingeschätzt werden. Hieraus lassen sich Handlungsfelder und konkrete Verbesserungsaktivitäten ableiten.

Eine systematische Unternehmensentwicklung braucht *Führungskräfte*, die sie aktiv mitgestalten. Hierzu brauchen sie fachliche, soziale, persönliche sowie Führungs- und Methoden-Kompetenzen, die mit einem Anforderungsprofil erhoben werden können. Mit Hilfe eines dreistufigen Entwicklungsprogramms können diese Kompetenzen systematisch und gezielt aufgebaut werden. Das Programm besteht aus Schulungen, der Arbeit mit Führungsinstrumenten und individuellen Coaching-Maßnahmen. In regelmäßigen Führungsteam-Treffen stimmen die Führungskräfte ihr Führungsverhaltens mit der Unternehmensstrategie ab und entwickeln gemeinsame Führungswerte, die zu einer positiven Unternehmenskultur beitragen.

Unternehmen erfolgreich zu machen setzt voraus, in schlagkräftigen und *eigenverantwortlichen Teams* zu arbeiten. Hierzu sollten Mitarbeiter möglichst entlang der Wertschöpfungskette zu überschaubaren Teams mit gemeinsamer Arbeitsaufgabe und Zielen zusammengefasst werden. Größte Führungsaufgabe bei Teamarbeit ist es, dass die Teams das Arbeiten nach den Prinzipien Eigenverantwortung, Selbstorganisation, Flexibilität, Funktionsintegration und die Zusammenarbeit mit anderen Teams erlernen. Hierzu müssen die notwendigen Spielräume und unterstützende Rahmenbedingungen geschaffen werden. Letztendlich aber braucht es ein der Situation des Teams angepasstes Führungsverhalten, das die Mitarbeiter dabei unterstützt, die Prinzipien der Teamarbeit Schritt für Schritt zu erlernen und erfolgreich anzuwenden.

6 Verbesserungsmanagement – das Schiff auf Höchstleistung trimmen

Bisher haben wir in unserer Schiffsmetapher beschrieben, wie das Schiff einen stabilen Rumpf mit vernünftigen, soliden und modernen Aufbauten erhält. Jetzt ist es an der Zeit, dieses Schiff auf Erfolgskurs zu setzen. Dazu müssen zunächst die Instrumente abgestimmt werden, bevor das Schiff mit seiner Mannschaft auf Höchstleistung getrimmt werden kann.

6.1 Managementwerkzeuge zusammenführen – Voraussetzung für das Verbesserungsmanagement

Will man ein hervorragend ausgerüstetes Schiff besitzen, auf dem die einzelnen Aufbauten und Instrumente perfekt miteinander harmonieren, muss man sich um ihre Abstimmung bemühen. Analog hierzu müssen zum Aufbau eines Verbesserungsmanagements die Managementwerkzeuge in sinnvoller Weise zusammengeführt werden. Dabei entsteht ein System der Führung im Unternehmen, das allen Führungskräften hilft, ihre Aufgaben auf professionelle Weise zu erfüllen.

Erst wenn die im Unternehmen eingesetzten Managementinstrumente durchgängig von allen Führungskräften konsequent angewendet werden, können sie ihre Wirkung in der gewünschten Weise entfalten. Dies setzt aber voraus, dass deren Einsatz koordiniert erfolgt und es in regelmäßigen Abständen einen Austausch der Führungskräfte über Erfahrungen, Probleme oder über eventuell erforderliche Modifikationen gibt. Auch eine regelmäßige Kommunikation mit den Mitarbeitern über die eingesetzten Managementwerkzeuge ist von Bedeutung, wenn mit ihnen erfolgreich gearbeitet werden soll. Eine offene Kommunikation ist deshalb eine der Grundvoraussetzungen für den Aufbau eines leistungsfähigen Führungssystems. Die hier angedeuteten Zusammenhänge sind recht komplex. Deshalb sollen sie im Folgenden möglichst anschaulich dargestellt werden.

Ohne das Vorhandensein einer tragfähigen *Vertrauensbasis* gibt es keinen dauerhaften Unternehmenserfolg. Deshalb ist das Schaffen einer *Vertrauenskultur* eine vorrangige Aufgabe aller Führungskräfte im Unternehmen. Damit verbunden ist der Aufbau einer gemeinsamen *Wertebasis* im Unternehmen. Gerade für Unternehmen, die sich in einem ausgeprägten Veränderungsprozess befinden, ist das Nachdenken darüber, welche Werte das Unternehmen bisher bestimmt haben und welche Werte und Normen es in Zukunft auszeichnen sollen, von großer Bedeutung. Wenn sich die Werte im Unternehmen verändern sollen, dann müssen sich vielfach auch die Einstellung und das Verhalten der Mitarbeiter und vor allem der Führungskräfte verändern.

Das Entwickeln eines *Leitbildes* sowie das Überprüfen und ggf. Korrigieren der Führungsleitlinien sind wesentliche Schritte bei der Entwicklung einer den künftigen Anforderungen entsprechenden *Unternehmenskultur*. In vielen Unternehmen wird aber der Fehler gemacht, es nach der Durchführung von einigen Workshops zur Entwicklung eines Leitbildes oder von Führungsleitlinien bei schönen und aufwendig gestalteten Informationsbroschüren zu belassen. Eine positive Entwicklung der Unternehmenskultur ergibt sich aber nur durch eine intensive Kommunikation mit den Mitarbeitern. Dazu gehört das Infragestellen des status quo genauso wie die kritische Prüfung der Neuerungen. Verhaltensweisen lassen sich nicht so schnell verändern, deshalb ist gerade das Führungsverhalten nur schwierig zu modifizieren. Fehlt bei einer Führungskraft beispielsweise die Fähigkeit, eigene Verhaltensweisen kritisch zu reflektieren, so wird es dieser Person wahrscheinlich nicht leichtfallen, im offenen Gespräch mit ihren Mitarbeitern über Veränderungen des Führungsverhaltens zu sprechen. Vermutlich sind die mit der Erarbeitung eines neuen Leitbildes erzielten Effekte deshalb oft so enttäuschend gering, weil es nicht gelingt, flankierende Maßnahmen zu finden, die dazu beitragen, den neuen Werten Geltung zu verschaffen.

Ein Unternehmen beispielsweise, in dem bisher ein eher patriarchalischer Führungsstil herrschte und von den Mitarbeitern vor allem erwartet wurde, Anordnungen zu befolgen und auszuführen, kann nicht einfach das Ideal des mitdenkenden und eigenverantwortlichen Mitarbeiters postulieren und hoffen, diese werden ihr Verhalten entsprechend umstellen. Vielmehr wird es einige Zeit dauern, bis Führungskräfte und Mitarbeiter verstanden haben, welche Konsequenzen diese Veränderung der Werte hat. Sie werden zu lernen haben, ihr Verhalten umzustellen und beispielsweise den Mitarbeitern Freiräume gewähren, die sie dann sinnvoll nutzen. Führungskräfte und Mitarbeiter müssen dies alles auch wollen. Erfahrungsgemäß ist viel Überzeugungsarbeit nötig, um die Skeptiker oder Unwilligen auf den neuen Weg einzuschwören. Es wird Widerstände geben, die besprochen und aufgelöst werden müssen. Auch wird es Führungskräfte und Mitarbeiter geben, die es nicht schaffen werden, das neue Ideal im Unternehmen mit Leben zu füllen. Gibt es für sie noch einen Platz im Unternehmen? Gestattet man ihnen, sich genauso zu verhalten wie bisher?

Das Beispiel zeigt, wie mühsam es ist, in Unternehmen Werte und Verhaltensweisen verändern zu wollen. Gerade Verhaltensweisen, die sich über Jahre, manchmal Jahrzehnte ausgebildet und tradiert haben, sind nur schwer veränderbar. Und selbst Menschen, die sie wirklich verändern wollen, haben Schwierigkeiten, sie im betrieblichen Alltag auch zu realisieren. Oft wird unterschätzt, wie resistent Traditionen gegen Veränderung sein können und wie schwierig es ist, stattdessen eine neue, ebenso wirksame Unternehmenskultur zu verwirklichen.

Unsere Erfahrung zeigt, dass es Zeit, Geduld und Hartnäckigkeit erfordert, in Unternehmen eine „Revolution" der Unternehmenskultur durchzusetzen. Mehr jedenfalls als beispielsweise das Einführen einer neuen Technologie oder einer anderen Form der Unternehmensorganisation. Der „evolutionäre" Weg einer allmählichen Veränderung der Unternehmenskultur ist zwar langwieriger, in der Regel aber viel erfolgreicher.

Viele Unternehmen, die im letzten Jahrzehnt den Weg der Modernisierung beschritten haben, mussten die bittere Erfahrung machen, dass sich die erhofften Erfolge nicht wie gewünscht einstellten. Einer der wesentlichen Gründe dafür war, dass die Komplexität der Veränderungsprozesse unterschätzt wurde. Und es wurde oft übersehen, dass eine nachhaltige Entwicklung nur dann möglich ist, wenn organisatorische und psychologische Effekte zusammenwirken, wenn die richtigen Instrumente zum richtigen Zeitpunkt und in einer sinnvollen Verzahnung eingeführt und in der bestehenden Unternehmensstruktur verankert werden. In der nachstehenden Abbildung ist dargestellt, wie ein Führungssystem aufgebaut werden kann.

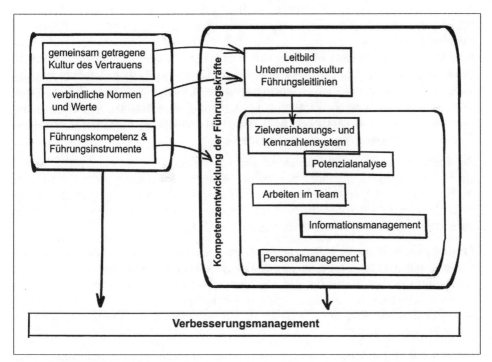

Abb. 6-1: Der Aufbau eines Führungssystems

In der linken Hälfte der Abbildung ist dargestellt, welche Schritte erforderlich sind, um über den Aufbau einer Führungskultur und einer Diskussion der Werte und Normen im Unternehmen zu einer positiven Unternehmenskultur zu gelangen. Der Aufbau von Führungsmethoden in allen Bereichen und Hierarchiestufen des Unternehmens bewirkt eine einheitliche Basis für das Führen auf allen Ebenen.

Auf der rechten Seite oben ist dargestellt, welche Instrumente installiert werden sollten, um ein in sich schlüssiges System des Führens zu gestalten. Das Erarbeiten eines *Unternehmensleitbildes* ist dabei ein wichtiger Schritt zur Reflexion und ggf. zur Veränderung der Unternehmenskultur. Das Erarbeiten von *Führungsleitlinien* kann dazu beitragen, das Führungsverhalten im Unternehmen zu überprüfen. Die Führungsleitlinien helfen den Führungskräften, ihr Verhalten mit dem Ideal abzugleichen und zu verändern.

Das *Zielvereinbarungssystem* ist in der Abbildung besonders herausgestellt, weil es nach unserer Auffassung das Rückgrat jedes funktionierenden Führungssystems bildet. Deshalb sollte der Entwicklung des Zielvereinbarungssystems große Aufmerksamkeit geschenkt werden. Sicher ist es eine große Hilfe, wenn von der Unternehmensleitung Ziele vorgegeben werden. Dies schafft bereits Orientierung für die Führungskräfte und Mitarbeiter. Aber ihre volle Wirkung entfalten Ziele erst, wenn sie im Rahmen von Mitarbeitergesprächen vereinbart werden. Der Prozess des Vereinbarens von Zielen bewirkt nicht nur eine stärkere Auseinandersetzung mit den Zielen, sondern schafft durch die Gegenseitigkeit der Diskussion und der Gemeinsamkeit des Vereinbarens eine starke Identifikation der Zielvereinbarungspartner mit den vereinbarten Zielen. Dieser Effekt wird nach unserer Erfahrung noch wesentlich verstärkt, wenn neben den sachlichen Zielen auch Verhaltensziele vereinbart werden. Verhaltensziele haben den Sinn, das Führungsverhalten bewusst zu verbessern.

Zur Zielvereinbarung gehört des Definieren von Kennzahlen, die ein Überprüfen des Grades der Zielerreichung möglichst objektiv ermöglichen. Deshalb sollte parallel zum Aufbau eines Zielvereinbarungssystems die Entwicklung eines entsprechenden *Kennzahlensystems* stehen, in dem die für den Unternehmenserfolg maßgeblichen Kennzahlen übersichtlich und aussagekräftig zusammengefasst sind.

Parallel zum Aufbau eines Kennzahlensystems sollte ein *Auditierungssystem* für das Führungsverhalten entwickelt werden, das es gestattet, die vereinbarten Verhaltensziele zu überprüfen. Die Basis für das Auditierungssystem kann ein von der Führung gemeinsam entwickeltes Anforderungsprofil für die Führungskräfte bilden, das zugleich allen mit Führungsaufgaben im Unternehmen Betrauten eine Orientierung über die Anforderungen gibt, die an sie gestellt werden.

Um den Führungskräften zu ermöglichen, diesen Anforderungen in möglichst hohem Maße gerecht zu werden, empfiehlt sich die Gestaltung eines Programms zur *Kompetenzentwicklung der Führungskräfte,* wie es in Kapitel 5.3 vorgestellt wurde. In vielen Unternehmen ermöglichte erst die Realisierung eines solchen Programms den

Führungskräften, die entwickelten Führungsinstrumente wirksam und flächendeckend einzusetzen und die erhofften Effekte zu erzielen.

Der Aufbau eines Zielvereinbarungs- und Kennzahlensystems, verbunden mit der gezielten Weiterentwicklung der Kompetenz der Führungskräfte, sind deshalb geeignete flankierende Maßnahmen, die eine Veränderung der Unternehmenskultur sinnvoll unterstützen. Erfolgen parallel zur Aktualisierung der Unternehmenskultur der gezielte Ausbau der Führungskompetenz und der Aufbau der wichtigsten Führungsinstrumente, besteht die Chance, die Veränderungsprozesse im Unternehmen zu koordinieren und ineinander verzahnt zu gestalten. Sicher ist es kaum möglich, alle beschriebenen Führungsinstrumente gleichzeitig zu realisieren. Aber es sollte viel Wert darauf gelegt werden, dass die Führungskräfte und Mitarbeiter von Anfang an verstehen, wie der Gesamtzusammenhang des Führungssystems gedacht ist und wie die einzelnen Führungsinstrumente miteinander in Verbindung stehen bzw. ineinander greifen.

Über die Ziele gewinnt die Entwicklung des Unternehmens eine erkennbare und für die Mitarbeiter nachvollziehbare Richtung. Die vereinbarten Ziele stellen jeweils Etappen auf dem angestrebten Weg dar und helfen, den gesamten Prozess der Weiterentwicklung des Unternehmens in überschaubare Teilprozesse zu gliedern. Die zugeordneten Kennzahlen erleichtern die Überprüfung, ob die angestrebten Ziele auch tatsächlich erreicht werden. In die Zielvereinbarungen können mit der Zeit alle weiteren Führungsinstrumente integriert werden. Die Potenziale des Unternehmens können somit Schritt für Schritt herausgegriffen und gezielt genutzt werden. Ein Führungssystem kann deshalb am leichtesten aufgebaut werden, wenn an das Zielvereinbarungssystem weitere Führungsinstrumente „angedockt" werden. Das gilt für das Informationsmanagement, das Personalmanagement und auch für das in diesem Buch im Mittelpunkt stehende Verbesserungsmanagement.

Mit dem Begriff *Informationsmanagement* wird die Aufgabe bezeichnet, die im Unternehmen benötigten Informationen so zu gestalten und zu verteilen, dass jedem Mitarbeiter zum richtigen Zeitpunkt die erforderlichen Informationen in einer für ihn verständlichen Form zur Verfügung gestellt werden. Diese Aufgabe wird für das Management umso wichtiger, je größer die Informationsflut wird, da es durch die extensive Nutzung von E-Mails und anderen elektronischen Datenübertragungsmitteln für den einzelnen Mitarbeiter leicht ist, Informationen weiterzuleiten. Gleichzeitig beklagen sich Mitarbeiter häufig, dass ihnen wesentliche Informationen fehlen, die sie für ihre Arbeit benötigen. Deshalb wird es für das Management immer wichtiger, durch geeignete Spielregeln sicherzustellen, dass die Mitarbeiter genau die Informationen bekommen, die sie jeweils benötigen und gleichzeitig dafür Sorge zu tragen, dass die benötigten Informationen in der Flut erhaltener Informationen nicht untergehen.

Personalmanagement umfasst alle Führungsaufgaben, die sowohl die Rekrutierung, Auswahl und Entwicklung von Mitarbeitern, als auch den Personaleinsatz, die Personalbewertung sowie das Versetzen und das Ausscheiden von Mitarbeitern betreffen. Dieser Aufgabenbereich wird häufig dem Personalwesen überlassen. Aber das Personalmanagement ist Aufgabe jeder Führungskraft, unterstützt vom Personalwesen, das die geeigneten Methoden und Hilfsmittel bereitstellt, damit diese Aufgaben gut erfüllt werden können. Deshalb müssen die Führungskräfte häufig lernen, die Aufgaben des Personalmanagements in sinnvoller Weise wahrzunehmen. Diese Aufgabe wird zunehmend wichtiger, weil in vielen Unternehmen die Anforderungen an die Mitarbeiter steigen und deshalb eine kontinuierliche, durch professionelle Methoden unterstützte Personalentwicklung erforderlich wird.

Auch das *Verbesserungsmanagement* ist ein wichtiger Bestandteil eines Führungssystems. Wie nachfolgend ausführlich dargestellt wird, werden im Verbesserungsmanagement die Aktivitäten zur Verbesserung im Unternehmen gebündelt, fokussiert und koordiniert. Erst durch ein leistungsfähiges Verbesserungsmanagement lassen sich die Potenziale im Unternehmen systematisch erschließen und nutzen. Das Verbesserungsmanagement bildet in gewissem Sinne das Gegenstück zum Zielvereinbarungssystem: Durch die Ziele bekommen die Aktivitäten im Unternehmen eine Richtung und Zusammenhalt; durch das Verbesserungsmanagement erfolgt eine Abstimmung der Verbesserungsaktivitäten und der Aufbau eines Systems zur Realisierung von Verbesserungen. Deshalb bliebe ein Führungssystem ohne ein leistungsstarkes Verbesserungsmanagement unvollständig.

6.2   Wie das Verbesserungsmanagement funktioniert

In unserer Schiffsmetapher wurde bereits ein Schiff mit einem stabilen Rumpf und funktionierenden Aufbauten gezimmert. Nun soll es auf Höchstleistung getrimmt werden oder anders gesagt: Das Unternehmen mit einer guten Vertrauensbasis zwischen Mitarbeitern und Führungskräften und wirkungsvollen Führungsinstrumenten wie Mitarbeitergespräche, Zielvereinbarungen, Kennzahlen, Teamarbeit, Visualisierungs- und Informationsmanagement soll nun auf Erfolgskurs gebracht werden. Hierbei hilft ein Verbesserungssystem, das das Unternehmen kontinuierlich optimiert und sich dabei selbst dauerhaft trägt. Das Verbesserungsmanagement stellt die Methode dar, mit der nachhaltige Unternehmensentwicklung effektiv und systematisch umgesetzt werden kann, Tag für Tag, Woche für Woche, Jahr für Jahr, und zwar auf Mitarbeiter- wie auf Managementebene.

Sinn und Zweck des Verbesserungsmanagements ist es, das gesamte Unternehmen in Richtung seiner Ziele zu steuern. Ein Unternehmen kontinuierlich weiter zu entwickeln bedeutet, die richtigen und notwendigen Schritte einzuleiten, um erfolgreich am Markt zu agieren. Hierfür müssen immer wieder die eigenen Abläufe und Arbeitsweisen kritisch auf den Prüfstand gestellt, neue Potenziale entdeckt, in Ziele formuliert und diese systematisch verfolgt werden. Nur die konsequente Ausrichtung auf die

Unternehmensziele ermöglicht dauerhaften Erfolg. Die Umsetzung, Kontrolle und Neuformulierung von Unternehmenszielen bilden einen regelmäßigen Kreislauf, der den Schlüssel zur kontinuierlichen Weiterentwicklung des Unternehmens darstellt.

6.2.1 Verbesserungsmanagement – was ist das?

Das Verbesserungsmanagement ist eine Methode, um gezielt und langfristig das eigene Unternehmen weiter zu entwickeln. Es stellt eine Klammer für die unterschiedlichen Aktivitäten im Unternehmen dar, verzahnt diese sinnvoll miteinander und gibt ihnen eine gemeinsame Stoßrichtung. In vielen Unternehmen ist bei der herkömmlichen Art, kontinuierliche Verbesserungsprozesse zu betreiben, jede Verbesserungsidee erwünscht, egal welcher Art. Dies führt dazu, dass der Phantasie der Mitarbeiter keine Grenzen gesetzt sind – was grundsätzlich nicht schlecht ist, aber doch mit den eigentlichen Zielen des Unternehmens manchmal wenig zu tun hat. Das Verbesserungsmanagement gibt den beliebigen KVP- und BVW-Vorschlägen nun eine systematische Richtung, indem es die Ideen und die Kräfte auf die Erreichung der wichtigsten Unternehmensziele bündelt.

-   Es stellt ein in sich schlüssiges System dar, in dem Unternehmensziele, Menschen und Methoden sinnvoll miteinander verknüpft sind:

-   Auf der Basis der Ergebnisse einer Potenzialanalyse werden systematisch die wichtigsten Ziele des Unternehmens identifiziert.

-   Die Unternehmensziele finden sich in den Zielvereinbarungen der Führungskräfte und der Mitarbeiter wieder.

-   Die zur Erreichung der Unternehmensziele vorhandenen Probleme werden aufgedeckt und die entsprechenden Verbesserungsideen umgesetzt. Die wichtigsten Themen werden gebündelt und dann unternehmensweit von den beteiligten Personen bearbeitet; dadurch können die Kräfte zielführend gebündelt werden.

-   Diese Verbesserungsaktivitäten sind an Zielvereinbarungen geknüpft.

-   Umsetzung und Erfolg der Verbesserungsaktivitäten werden regelmäßig unternehmensweit überprüft.

-   Durch die gleiche systematische Vorgehensweise in allen Unternehmensbereichen entsteht ein einheitliches Ziel- und Verbesserungssystem, das zur dauerhaften Arbeitsweise wird.

Eine wesentliche Voraussetzung für den Erfolg des Verbesserungsmanagements ist die Einbindung möglichst vieler Mitarbeiter in die Weiterentwicklung des Unternehmens. Jede Aktivität eines jeden Mitarbeiters beeinflusst den Unternehmenserfolg. Gestartet wird das Verbesserungsmanagement als ein Veränderungsprojekt, das entsprechend vorbereitet und gesteuert wird. Wenn das System des Verbesserungsmanagements funktioniert d. h., wenn alle Beteiligten im Unternehmen gelernt haben, es mit Leben zu füllen und danach zu arbeiten, dann wird es Teil der Regelorganisation. Methoden und Systematik des Verbesserungsmanagements werden damit fester Bestandteil der Arbeitsabläufe und -organisation im Unternehmen. Dadurch kann Kontinuität in den Verbesserungen sichergestellt werden.

6.2.2 Die handlungsleitenden Prinzipien des Verbesserungsmanagements

Das System des Verbesserungsmanagements ist in vier handlungsleitende Prinzipien zur Unternehmensentwicklung eingebettet, die es am Leben halten und die methodische Basis darstellen:

– **Prinzip 1:** Prozess- und Teamorientierung

– **Prinzip 2:** Ausrichten an Zielen

– **Prinzip 3:** Umsetzungsorientierung

– **Prinzip 4:** Maßstäbe setzen durch Vergleiche

Diese vier Prinzipien stellen die Grundlage aller im Verbesserungsmanagement stattfindenden Aktivitäten dar. Sie sind gleichzeitig Leitbild und Orientierung zum Handeln, aber auch wesentliche Rahmenbedingungen für das Funktionieren eines Verbesserungsmanagements. Gleichzeitig dienen diese Prinzipien als konkrete Instrumente zur Umsetzung im Arbeitsalltag.

■ Prinzip 1 – Prozess- und Teamorientierung

Prozess- und Teamorientierung beschreibt, wie die Verbesserungsideen erzeugt und umgesetzt werden: Gemeinsam in Teams und bereichsübergreifend werden Ursachen analysiert und Lösungen erarbeitet. Dabei geht es selten um einzelne Funktionen oder bestimmte Zuständigkeiten, sondern immer um den *Prozess* entlang der Wertschöpfungskette, den es zu bewältigen und zu optimieren gilt. Dieses Prozessdenken hebt Abteilungsgrenzen auf und führt zu einer ganzheitlichen Betrachtung von Schwierigkeiten im Unternehmen und Möglichkeiten zu ihrer Bewältigung und Verbesserung.

Ziel der Prozess- und Teamorientierung ist es, dass Teams die betreffenden Arbeiten innerhalb ihres Arbeitsbereichs und vor- und nachgelagerten Bereichen selbst *organi-*

sieren und verantworten. Ihre Hauptaufgabe besteht darin, die eigenen Ziele selbständig zu verfolgen und umzusetzen, indem sie Problemlösungen erarbeiten und Lösungsideen verwirklichen. Prozess- und Teamorientierung muss gelernt werden und erfordert Auseinandersetzung und Erfahrung mit dem ergebnisorientierten Arbeiten in Teams. Wie diese Erfahrung aufgebaut werden kann, wurde in Kapitel 5.4: „Arbeiten in Teams" ausführlich beschrieben.

■ Prinzip 2 – Ausrichten an Zielen

Das Ausrichten an Zielen in Form eines Zielvereinbarungssystems stellt das handlungsleitende Instrument im Verbesserungsmanagement dar. Nur mit Hilfe von gut durchdachten und aufeinander abgestimmten *Zielvereinbarungen* lassen sich die Verbesserungsaktivitäten auf die Ziele des Unternehmens konzentrieren. Der Erfolg der Verbesserungsideen kann mittels der Zielvereinbarungen überprüft werden.

Die Zielvereinbarungen gewährleisten, dass die Verbesserungsaktivitäten keine Einzel-aktionen bleiben, sondern zur dauerhaften, ernst zu nehmenden Aufgabe werden. Mitarbeiter und Führungskräfte werden also nicht nur anhand ihrer Bewältigung des operativen Tagesgeschäfts beurteilt, sondern auch an ihrem Beitrag zur kontinuierlichen Verbesserung der Abläufe und Prozesse. Das Zielvereinbarungssystem stellt somit ein wesentliches Orientierungs- und Messinstrument im Rahmen des Verbesserungsmana-gements dar.

■ Prinzip 3 – Umsetzungsorientierung

Nicht allein die Idee zählt, sondern ihre Realisierung – diesen Grundgedanken des KVP nennen wir *Umsetzungsorientierung.* Komplizierte theoretische Konstrukte, die beschreiben, wie alles besser sein könnte, führen nicht weiter. Stattdessen werden mit dem Verbesserungsmanagement handlungsleitende Ideen erzeugt, die in der betrieblichen Praxis weiterhelfen. Es werden konkrete Maßnahmen formuliert, die notwendig sind, um die gesteckten Ziele zu erreichen. An diesen Maßnahmen wird solange gearbeitet, bis sie zur Zufriedenheit aller umgesetzt sind. Anschließend wird anhand der Ziele überprüft, ob die Maßnahmen zum gewünschten Erfolg geführt haben. Der Effekt dieser stringenten Vorgehensweise ist, dass das Unternehmen als Ganzes in Bewegung kommt – heraus aus der lähmenden Starre, hin zur konsequenten Weiterentwicklung.

Die Mitarbeiter sind dabei die Experten ihrer Arbeitsabläufe – immerhin sind sie es, die täglich an ihrem Arbeitsplatz mit konkreten Problemen, Störungen und Schwierigkeiten konfrontiert sind. Daher sollten sie auch die Verbesserungen mitgestalten. Probleme aus der täglichen Praxis brauchen Lösungen, die von den Beteiligten gelebt werden können. Ausgerichtet an den Unternehmenszielen zeitigen solche Lösungen erfahrungsgemäß die schnellstmöglichen und größten Erfolge.

■ Prinzip 4 – Durch Vergleiche Maßstäbe setzen

Der regelmäßige Vergleich (internes Benchmarking) zwischen verschiedenen Teams oder Unternehmensbereichen kann Maßstäbe setzen und bringt dadurch den Aspekt der Kontinuität ins Spiel. Durch ein regelmäßiges Controlling des Grads der Erreichung der vorgenommenen Ziele werden Erfolge und Misserfolge sichtbar. Instrumente hierzu sind die Potenzialanalyse und die Checklisten. Mit Hilfe dieser Instrumente ist eine Steuerung der Verbesserungsaktivitäten im Sinne von Forcierung oder Bündelung der Maßnahmen erst möglich. Es werden dabei im regelmäßigen Abstand drei Vergleiche durchgeführt:

1. **Der Vergleich zwischen IST und SOLL auf Unternehmensebene:** Mit Hilfe einer Potenzialanalyse werden die verschiedenen Erfolgsbereiche des Unternehmens hinsichtlich ihrer Stärken und Schwächen überprüft und bewertet. Jährlich wird diese Bewertung neu vorgenommen, und es werden daraus Handlungsfelder abgeleitet.

2. **Der Vergleich zwischen IST und SOLL für jedes Verbesserungsmanagement-Team:** Hier wird verglichen, in welchem Ausmaß die gesteckten Ziele eines Teams in Bezug auf ihre Verbesserungsaktivitäten erreicht wurden.

3. **Der Vergleich mit anderen Teams:** Durch standardisierte Checklisten, mit deren Hilfe Verbesserungsthemen strukturiert werden, erfährt jedes Team genau, wo es steht. Im Vergleich mit anderen Teams wird deutlich, wo es von anderen lernen kann.

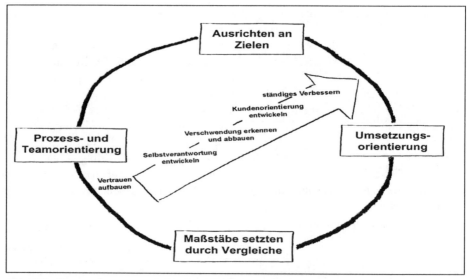

Abb. 6-2: Unternehmensentwicklung mit Hilfe von vier Prinzipien

Zudem stellt das regelmäßige Benchmarking in Form von transparenten und visualisierten Übersichten einen Motivationsfaktor für Mitarbeiter und Führungskräfte dar. Das Thema „Verbesserungen" bleibt damit immer aktuell, behält einen großen Stellenwert und läuft dadurch nicht Gefahr, mit der Zeit zu „versanden".

Innerhalb dieser vier handlungsleitendenen Prinzipien ist es das Ziel, möglichst alle Mitarbeiter in das unternehmensweite Verbesserungsmanagement einzubeziehen. Dieser Prozess braucht Zeit, denn das Verbesserungsmanagement lebt vom Engagement und der Motivation der Mitarbeiter. Auf der Basis einer vertrauensvollen Zusammenarbeit zwischen Führungskraft und Mitarbeitern arbeitet die Führungskraft mittels entsprechender Führungsinstrumente daran, Eigenverantwortung und Selbstorganisation bei den eigenen Mitarbeitern auszubilden. Erst wenn Mitarbeiter für ihre Arbeitsabläufe und ihr Arbeitsergebnis Verantwortung übernehmen, ist es möglich, dass sie selbst Verbesserungsansätze erkennen, Probleme lösen und damit aktiv das Verbesserungsmanagement mitgestalten. Die vier genannten Prinzipien bieten im Rahmen des Verbesserungsmanagements Umsetzungshilfen in Form von Instrumenten und Methoden an, die zusammen ein komplexes System mit dem Ziel der Unternehmensentwicklung ergeben.

Um aus einzelnen Instrumenten ein funktionierendes Verbesserungsmanagement zu errichten, müssen sie zu einem miteinander verzahnten System aufgebaut werden. Ein Benchmarking ohne ein entsprechendes Zielvereinbarungssystem führt nicht zur Umsetzung der notwendigen Maßnahmen. Umsetzungsorientierung zu predigen, ohne den Mitarbeitern genügend Zeit für die Bewertung ihrer Arbeits- und Teamprozesse zur Verfügung zu stellen, bringt keinen dauerhaften Erfolg. Daher muss gut überlegt werden, wie die einzelnen Prinzipien des Verbesserungsmanagements vernünftig aufeinander aufgebaut und miteinander verknüpft werden können.

Basis dafür ist immer die Ausgangslage des Unternehmens: Welche Elemente gibt es bereits, wie ist die Unternehmenskultur, welche Werte und Ziele prägen das Handeln der Mitarbeiter? Ausgehend von den vorhandenen Gegebenheiten wird Schritt für Schritt jeder Baustein des Verbesserungsmanagements ausgebaut und mit Leben gefüllt, bis es zu einem funktionierenden Gesamtgefüge wird, einem System, in dem die einzelnen Rädchen ineinandergreifen und das sich selbst am Leben erhält. Das geschieht nicht von heute auf morgen, sondern ist ein Veränderungsprozess, der mit Bedacht und Weitsicht vorangetrieben werden muss.

Das Verbesserungsmanagement wird somit zur echten Managementaufgabe, die sich in jeder Zielvereinbarung zwischen Führungskräften und Geschäftsführung wiederfinden sollte. Es ist vorrangige Aufgabe der Führungskräfte, Verbesserungsaktivitäten voranzutreiben und es ist Aufgabe des Managements, den Zusammenhang zwischen verschiedenen Projekten und Abteilungen herzustellen. Führungskräfte sorgen damit für die Verbindung zwischen den Unternehmens- und den Mitarbeiterzielen und für die Zusammenführung aller Verbesserungsaktivitäten zu einem zielorientierten Gesamtsystem.

6.2.3   Mitten im Verbesserungsmanagement

Zur Veranschaulichung versetzen Sie sich bitte in ein mittelständisches Unternehmen mit 300 Mitarbeitern aus dem süddeutschen Raum, das Wellpappe für Verpackungen herstellt. Das Unternehmen arbeitet seit zwei Jahren mit dem Verbesserungsmanagement. Herr Schneider aus einem ähnlich großen Unternehmen des Anlagenbaus besucht den Wellpappe-Hersteller, um sich das Verbesserungsmanagement einmal vor Ort anzusehen. Er trifft zunächst auf den Leiter der Produktion, Herrn Wolf.

Herr Wolf berichtet von einem aktuellen Problem: Die Stabilität einer neuen Wellpappe sei nicht in Ordnung, und nach anfänglichen Erfolgen seien nun verstärkt die ausgelieferten Teile reklamiert worden. Er komme gerade aus einer Sitzung des Mitarbeiterteams „Pressmaschinen", das sich momentan mit dem Thema beschäftigt. Zunächst sei heftig diskutiert worden, aber mit Hilfe des Fehlerbaums habe man schließlich die Ursache gefunden: Die Grundware ist fehlerhaft. Die notwendigen Maßnahmen, nämlich Gespräche mit dem Hersteller der Grundware zu suchen, seien eingeleitet worden. Herr Schneider erkundigt sich, wie das Thema jetzt weiter angegangen werde. Herr Wolf stellt ihm den Aktivitätenplan des Teams Pressmaschinen vor, in dem alle besprochenen Maßnahmen, Verantwortlichen und Umsetzungstermine notiert werden und berichtet, dass er sich mit dem Team in 14 Tagen wieder zusammensetzen werde, um die Umsetzung der Maßnahmen zu überprüfen und ggf. weitere Schritte einzuleiten.

Herr Schneider ist ganz begeistert von dem Engagement dieses Teams. Herr Wolf berichtet, dass er so mit allen seinen Mitarbeiterteams zusammenarbeite: Man treffe sich regelmäßig und bespreche aktuelle und dauerhafte Probleme und Verbesserungsthemen. Aber nun müsse er weiter zum so genannten „VM-Team" (Verbesserungsmanagement-Team), das sei das Führungsteam des Unternehmens, es tage monatlich und Herr Schneider könne gerne mitkommen.

Auf dem Weg zum VM-Team erklärt Herr Wolf, wie wichtig das regelmäßige Überprüfen der Maßnahmen ist. Zu dem Thema Ordnung und Sauberkeit habe er mit den Mitarbeitern eine Checkliste entwickelt, anhand derer jedes Mitarbeiterteam zweimal im Jahr überprüft werde. Die Mitarbeiter kämen mit dieser Checkliste sehr gut klar, da sie für sie ein wichtiges Hilfsmittel darstelle. Zudem bringe das Überprüfen der Checkliste viel Verbindlichkeit in so ein schwieriges Thema wie Ordnung und Sauberkeit. Ihm selbst falle die Umsetzung der notwendigen Arbeitsvoraussetzungen für Ordnung und Sauberkeit schwer, aber er bemühe sich als gutes Vorbild, die notwendigen Arbeitsmittel zeitnah zu beschaffen.

Im VM-Team wird sehr zügig und effektiv gearbeitet. Herr Schneider kann beobachten, wie zunächst die Abarbeitung der Themen durch die Mitarbeiterteams vorgetragen wird. Es wurden im letzten Monat 12 von 28 offenen Verbesserungsthemen erfolgreich umgesetzt, das VM-Team ist damit zufrieden. Aber es fällt auch das Thema „Grundware" des Teams „Pressmaschinen": Herr Wolf berichtet, dass das Team „Pressmaschinen" nun nichts weiter tun könne, da man es hier mit einem bereichsübergreifenden Thema zu tun habe. Das VM-Team nimmt dieses Thema in das Verbesserungsprojekt „Qualität der Grundware" auf, das Herr Wolf bereits selbst leitet. In diesem Verbesserungsprojekt beschäftigen sich die Beteiligten mit allen Qualitätsproblemen der Grundware. Mitglieder im Projektteam des Verbesserungsprojektes sind der Einkaufsleiter, der Qualitätsleiter, ein Mitarbeiter des Teams „Pressmaschinen" und der Produktionsleiter Herr Wolf.

Anschließend wird eine Liste mit weiteren bereichsübergreifenden Themen durchgegangen. Verschiedene Teilnehmer des VM-Teams berichten vom Zwischenstand und teilweise auch von der kompletten Umsetzung einiger Verbesserungsthemen. In 90 Minuten sind alle Themen besprochen, und Herr Schneider ist beeindruckt. Am Ende kommt der Werkleiter zum VM-Team hinzu und lässt sich die Ergebnisse der Sitzung berichten. Er informiert in dem Zusammenhang über die neuesten Unternehmensergebnisse des letzten Monats und bittet das VM-Team, die Verbesserungsaktivitäten zum Thema „Liefertreue" zu forcieren, da es hier eine Verschlechterung im letzten Monat gegeben habe. Die Führungskräfte des VM-Teams bekräftigen, dass sie das Verbesserungsprojekt zu diesem Thema noch stärker unterstützen werden, damit bis zum darauf folgenden Treffen deutliche Erfolge zu sehen sind. Sie haben selbst ein nicht ganz uneigennütziges Interesse daran, da die Erfolgsprämie einiger Führungskräfte an das Ziel „Liefertreue 98 Prozent" geknüpft ist.

Herr Schneider hat nach der Sitzung den Eindruck, mitten im Verbesserungsmanagement gelandet zu sein. Er hat zielorientiertes und systematisches Arbeiten beobachten können. Jeder schien zu wissen, was er zu tun hat. Besonders gut hat ihm die Verknüpfung der Themen mit den Unternehmenszielen gefallen, wie der Werkleiter es zum Abschluss der Sitzung noch einmal verdeutlichte.

6.2.4   Das Verbesserungsmanagement in der Betriebsphase

Um einen Eindruck zu vermitteln, wie das Verbesserungsmanagement aufgebaut ist, soll es im Folgenden zu dem Zeitpunkt nach seiner Einführung beschrieben werden, also nachdem die ersten Schritte gegangen sind und es Teil der Regelorganisation geworden ist. Die Besonderheiten des Verbesserungsmanagements sollen im Vergleich mit dem herkömmlichen KVP (Kontinuierlicher Verbesserungsprozess) deutlich gemacht werden, in dem alle Ideen der Mitarbeiter zunächst gut geheißen werden und willkommen sind. KVP ist ein klassischer Bottom-up-Ansatz, der alle Ideen der Mitarbeiterteams aufgreift, beurteilt und anschließend schnell und zügig umsetzt.

Zur Veranschaulichung soll wieder unser Beispielunternehmen dienen. Dieses arbeitet schon seit Jahren mit dem KVP und konnte auch eine Zeit lang viele Verbesserungsideen der Mitarbeiter aufgreifen und umsetzen. Allerdings waren die Ideen unspezifisch und ungerichtet, denn im KVP zählt jede Idee. Diese wurden deshalb bei Eignung umgesetzt, egal ob sie einen messbaren Einfluss auf die Unternehmensziele hatten oder nicht.

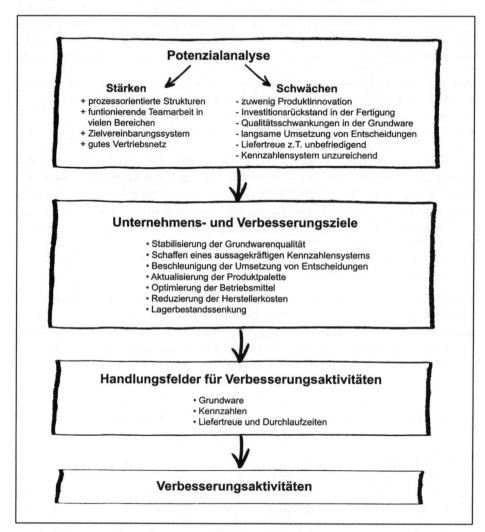

Abb. 6-3: Von der Potenzialanalyse zu Verbesserungsaktivitäten

- ■ Mit der Potenzialanalyse Verbesserungsziele festlegen

Auch im Verbesserungsmanagement stehen die Ideen der Mitarbeiter im Zentrum. Im Unterschied zum KVP geht es aber nicht um alle möglichen Ideen, sondern nur explizit um solche, die die Erreichung der Unternehmensziele positiv beeinflussen. Um die für den Unternehmenserfolg wichtigen Handlungsfelder für Verbesserungen zu identifizieren, wird zunächst eine Stärken-Schwäche-Analyse vorgenommen.

Hierzu dient das Instrument der Potenzialanalyse (s. Kapitel 5.2 „Potenziale im Unternehmen entdecken"). Aus den Ergebnissen ergeben sich die Unternehmens- und Verbesserungsziele. Hieraus lassen sich die wichtigsten Themengebiete für die Verbesserungsaktivitäten ableiten, an denen schwerpunktmäßig gearbeitet wird. Wie in der Abbildung oben zu ersehen ist, wurden in unserem süddeutschen Unternehmen anhand der Potenzialanalyse bestimmte *Stärken und Schwächen* ermittelt. Das Führungsteam formulierte hieraus entsprechende *Unternehmens- und Verbesserungsziele*. Daraus ließen sich bestimmte *Handlungsfelder* für die Verbesserungsaktivitäten ableiten (s. Abb. 6-3):

Die *Sortierung* der Verbesserungsthemen erfolgt danach, ob es sich bei der Umsetzung der Verbesserungsideen um interne oder externe Themen handelt und ob sie mit oder ohne Führungskraft umgesetzt werden können.

1. **Kategorie 1** beinhaltet alle internen Themen, die das Mitarbeiterteam ohne die Führungskraft und andere Abteilungen umsetzen kann.

2. In **Kategorie 2** befinden sich Themen, die die Mitarbeiter mit der Führungskraft gemeinsam bewältigen können.

3. In **Kategorie 3** gelangen alle weiteren Themen, die nur bereichsübergreifend mit anderen Abteilungen realisiert werden können.

Die Unterteilung in diese drei Kategorien gewährleistet, dass die einzelnen Themen schnellstmöglich von denjenigen Personen umgesetzt werden, die sie am stärksten beeinflussen können. Durch diese Aufteilung entfällt ein nachteiliger Effekt des KVP: Dass zwar interne Themen von den Mitarbeitern selbst schnell umgesetzt werden, sie aber an bereichsübergreifenden Themen oft scheitern. In unserem Beispielunternehmen ergaben sich im Team „Pressmaschinen" folgende, bereits sortierte und priorisierte Verbesserungsthemen:

Bereichsinterne Themen:

1. Bessere Abstimmung der Urlaubszeit

2. Bessere Fehlerkennzeichnung der Ware

Themen für Team und Führungskraft:

1. Bessere Nutzung des Testraums

2. Rollentransport innerhalb der Grundfertigung

Bereichsübergreifende Themen:

1. Qualität der Grundware

2. Verpackung der Grundware

3. Abstimmung mit der Instandhaltung

Zur *Priorisierung* der Themen erstellen die Mitarbeiter innerhalb jeder Kategorie eine Rangfolge. Als Kriterium dienen hierzu die Unternehmensziele: Das Thema, welches am stärksten eines der Unternehmensziele positiv beeinflusst, gelangt an die erste Stelle. Der Erfolg der ermittelten Verbesserungsthemen lässt sich nach ihrer Lösung und Umsetzung an den Unternehmens- und Verbesserungszielen ablesen. Diese sollten daher mit konkreten Kennzahlen unterfüttert sein, um sie eindeutig messen zu können.

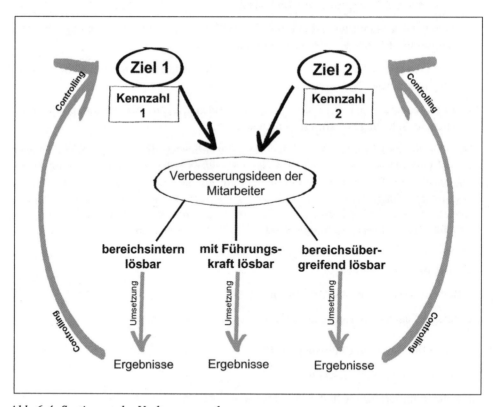

Abb. 6-4: Sortierung der Verbesserungsthemen

■ Bearbeitung der Themen

Bereichsinterne Themen

Die Mitarbeiter beginnen sofort, in ihren Teams die bereichsinternen Themen in der Reihenfolge ihrer Priorisierung zu bearbeiten. Dabei arbeiten sie mit Problemlöse-methoden und mit Aktivitätenplänen. Die Führungskraft unterstützt die Teams da, wo es notwendig ist. Bei umfangreicheren Themen, die einer regelmäßigen Zielsetzung und Zielüberprüfung bedürfen, erstellen die Mitarbeiter mit der Führungskraft Checklisten, die sie kontinuierlich abarbeiten. Diese Checklisten veranschaulichen sehr deutlich, wo heute noch Schwachpunkte liegen und auf welche Themen ein Team seine Anstreng-ungen richten möchte. In unserem Beispielunternehmen erstellten die Mitarbeiter mit ihrem Vorgesetzten eine Checkliste zum Thema „Ordnung und Sauberkeit", da sie ge-merkt haben, dass viele Reibungsverluste und Zeitverzögerungen in der Produktion durch das Problem entstehen, dass das richtige Material und Werkzeug oft nicht am richtigen Platz liegt. Eine genaue Beschreibung des Arbeitens mit Checklisten findet sich in Kapitel 7.6 („Mit Checklisten Prozesse verbessern").

Bereichsübergreifende Themen

Die bereichsübergreifenden Themen aller Mitarbeiterteams werden im Führungsteam gesammelt, nach ihrem Einfluss auf die Unternehmens- und Verbesserungsziele beurteilt und in einer Gesamtliste in eine Rangfolge gebracht. Die dort aufzufindenden Verbesse-rungsthemen werden anschließend in der Reihenfolge ihrer Priorität in einer von drei organisatorischen Formen abgearbeitet:

– direkt im gesamten Führungsteam;

– als Verbesserungsprojekt mit eigenem Projektleiter und Projektteam;

– innerhalb eines Verbesserungsmanagementworkshops.

Eine detaillierte Beschreibung dieser methodischen Vorgehensweisen findet sich in den Kapiteln 7.3 bis 7.5. Gleich welche organisatorische Form zur Bearbeitung der bereichs-übergreifenden Verbesserungsthemen gewählt wird, die Ergebnisse sollten zu einer Erreichung der Unternehmensziele beitragen und ihr Erfolg daran gemessen werden.

Im Beispiel des Wellpappe-Unternehmens erstellt das Führungsteam zunächst aus den vielen bereichsübergreifenden Verbesserungsthemen der Mitarbeiter eine Gesamt-themenliste und priorisiert die Themen dort nach ihrer Wichtigkeit. Hierbei wurde die Gewichtung der Mitarbeiter berücksichtigt. Oberstes Kriterium für die Priorisierung blieben aber die definierten Unternehmensziele und Handlungsfelder „Grundware", „Kennzahlen" und „Liefertreue und Durchlaufzeiten".

Die ersten drei Themen der bereichsübergreifenden Themenliste wurden zu Verbesserungsprojekten definiert, in die auch die Mitarbeiter einbezogen wurden, die das Thema vorgeschlagen hatten. Jeweils ein Mitglied des Führungsteams ist der Projektleiter. Er ist verantwortlich für die Abwicklung des Verbesserungsprojektes d. h., von der Bearbeitung des Themas über die Umsetzung bis hin zur Ergebnisdarstellung im Führungsteam. So ist Herr Wolf für das Verbesserungsprojekt „Qualität der Grundware" zuständig.

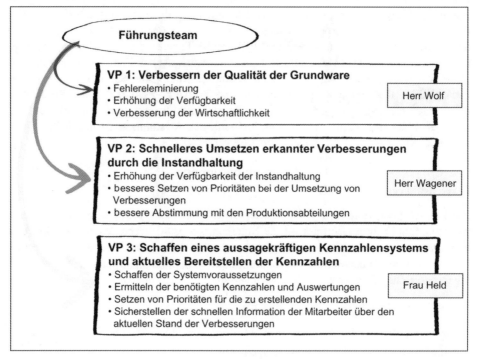

Abb. 6-5: Bearbeitung der bereichsübergreifenden Themen in Verbesserungsprojekten am Beispiel des Herstellers für Wellpappe

■ Zielvereinbarungen innerhalb des Verbesserungsmanagements

Das Verbesserungsmanagement hat nur dann Erfolg, wenn es konsequent im ganzen Unternehmen umgesetzt wird. Hierfür muss es für alle Abteilungen und für alle Mitarbeiterteams aus den Unternehmenszielen heruntergebrochene und vereinbarte Ziele geben, die den Mitarbeitern Orientierung geben. Zusätzlich müssen diese Ziele regelmäßig auf ihre Erfüllung überprüft werden, um den Grad der Zielerreichung festzustellen und – ein nicht zu verachtender Effekt – den Stellenwert der Ziele zu verdeutlichen.

In ein unternehmensweites Zielvereinbarungssystem sollten die Verbesserungsziele und -aktivitäten eingebunden sein. Dies bedeutet, dass der Abteilungsleiter einige Verbesserungsziele auch in seiner Zielvereinbarung wiederfindet, die er mit dem Team vereinbart hat.

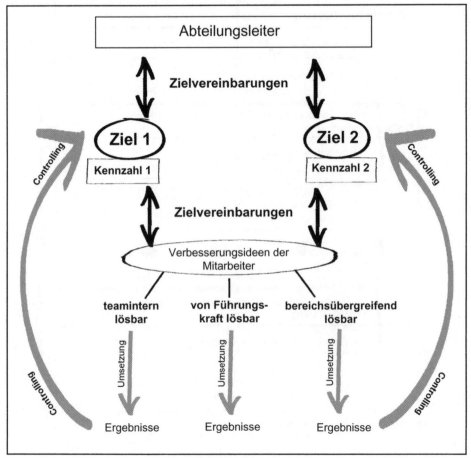

Abb. 6-6: Zielvereinbarungen im Verbesserungsmanagement

In unserem Beispielunternehmen sehen die Zielvereinbarungen des Abteilungsleiters Produktion und des Produktionsteams „Pressmaschinen" folgendermaßen aus:

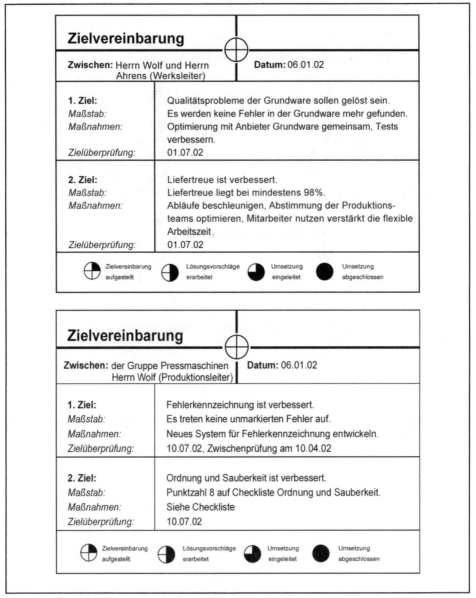

Abb. 6-7: Beispielhafte Zielvereinbarungen

Im Unterschied zum reinen KVP als Bottom-up-Ansatz stellt das Verbesserungsmanagement einen *kombinierten Top-down- und Bottom-up-Ansatz* dar. Top-down werden Ziele und Handlungsfelder festgelegt (Unternehmensziele, Bereichsziele, Mitarbeiterziele) und damit die wichtigsten Handlungsfelder für die Verbesserungsaktivitäten bestimmt.

Bottom-up haben die Mitarbeiter beim Vereinbaren ihrer Ziele Mitspracherecht und bestimmen selbst die relevanten Verbesserungsideen und geeignete Umsetzungsaktivitäten für ihren eigenen Arbeitsbereich. Die Richtung der Verbesserungen wird also Top-down vorgegeben, sie werden eingefordert und ihr Erfolg kontrolliert. Die Verbesserungsaktivitäten selbst aber entstehen aus den Impulsen und aus dem Einsatz aller Mitarbeiter im Unternehmen – Führungskräfte und Geschäftsführung eingeschlossen.

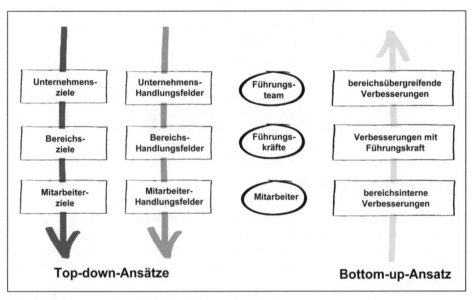

Abb. 6-8: Top-down- und Bottom-up-Ansatz im Verbesserungsmanagement

Erfahrungsgemäß steuern zwei Faktoren die Verbesserungsaktivitäten wesentlich mit und sollten daher mit Bedacht ausgewählt und gestaltet werden:

Die Formulierung der Handlungsfelder aus den Zielen: Aus den jeweiligen Zielen entstehen die Handlungsfelder. So kann sich aus dem Ziel „Kostenreduzierung" das Handlungsfeld „Materialkosten" ableiten. Damit bestimmt zunächst die Unternehmensführung, worauf der Schwerpunkt der Verbesserungsaktivitäten gelegt wird, da nicht alle Ziele auf einmal bearbeitet werden können. Für die jeweiligen Abteilungen definieren die Führungskräfte im Rahmen ihrer zu erreichenden Ziele die entsprechenden Hand-

lungsfelder. Es hat sich in der Praxis bewährt, nicht zu viele Handlungsfelder vorzuge-
ben, damit sich die Verbesserungsaktivitäten nicht im beliebigen Vielerlei verlaufen,
sondern die Ideen und Maßnahmen im Hinblick auf die Ziele, beispielsweise bezüglich
der Materialkosten, zu bündeln. Erst so können die ausgesuchten Themen massiv und
konzentriert optimiert werden.

Arbeiten mit Checklisten und Zielvereinbarungen: Auf der Ebene der Verbesserungsaktivitäten können Checklisten dazu dienen, die Unternehmensziele positiv zu
beeinflussen. Diese Checklisten können mit einer regelmäßigen Zielformulierung und
einem Controlling verknüpft werden. Etwa zweimal im Jahr wird überprüft, wie viele
Punkte der Checkliste in jedem Mitarbeiterteam erfüllt sind. Man könnte dies als eine
Art Standortbestimmung für jedes Team bezeichnen: Es wird festgestellt, wo jedes Team
im Hinblick auf die Erfüllung der Kriterien der Checkliste steht. Hieraus werden Zielvereinbarungen darüber abgeschlossen, wie weit das Team im nächsten Schritt auf der
Checkliste kommen möchte. Zum nächsten Zeitpunkt der Checklisten-Kontrolle wird
also gleichzeitig die Zielerreichung überprüft.

In unserem Beispielunternehmen haben die Mitarbeiter und Führungskräfte der Produktion eine Checkliste „Ordnung und Sauberkeit" entwickelt. Zweimal im Jahr wird mit
Hilfe einer (unangekündigten) Begehung überprüft, wie viele Punkte die Mitarbeiterteams auf dieser Checkliste erhalten. Bei der letzten Begehung bekam das Team „Pressmaschinen" 6 von 14 Punkten. Im anschließenen Zielvereinbarungsgespräch zwischen
dem Team und ihrem Vorgesetzten Herrn Wolf einigten sich die Beteiligten, dass das
Team bei der nächsten Begehung in einem halben Jahr 8 Punkte erreicht haben will.

In der Praxis zeigt sich, dass Unternehmen, die bereits erfolgreich mit KVP arbeiten,
großen Erfolg mit der raschen Einführung dieser Checklisten haben. Dies liegt daran,
dass Problemlösemethoden und das ergebnisorientierte Arbeiten in Verbesserungsteams
bereits bekannt sind. Die systematische Vorgehensweise im Verbesserungsmanagement,
zu vorgegebenen Themen mittels konkreter Checklisten Verbesserungen umzusetzen
und diese an ein Zielvereinbarungssystem zu koppeln, stellt in diesen Unternehmen den
Schlüssel zum Erfolg dar.

■ Controlling

Die Ergebnisse der Umsetzung werden regelmäßig auf ihre Wirksamkeit bezüglich der
Unternehmens- und Abteilungsziele überprüft. Hierzu ist es notwendig, diese Ziele mit
eindeutigen und messbaren Kennzahlen zu hinterlegen. Verbesserungsaktivitäten konzentrieren sich dadurch nicht nur auf die Erreichung der Ziele, sondern werden auch an
ihnen gemessen.

Das Controlling findet sowohl strategisch als auch operativ statt. Erst das regelmäßige
Controlling der Zielerreichung schließt den Kreislauf, misst den Erfolg und macht die
nächsten Schritte deutlich. Das ist es, was das Verbesserungsmanagement zu einem

System macht. Im jährlichen strategischen Controlling werden mit Hilfe der Potenzial-analyse die Erreichung der Unternehmensziele und die bestehenden Stärken und Schwä-chen überprüft. Für das operative Controlling dienen die Zielvereinbarungen der Mitar-beiterteams, die Checklisten zu den jeweiligen Handlungsfeldern und die Aktivitäten-pläne.

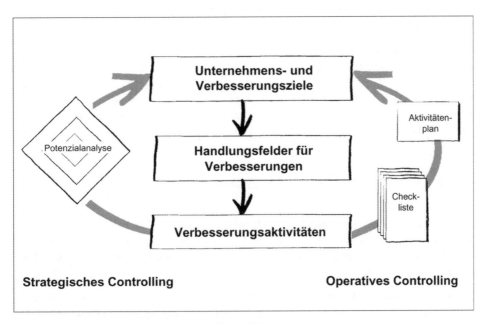

Abb. 6-9: Strategisches und operatives Controlling

In unserem Beispielunternehmen wird das *strategische Controlling* durch das Führungs-team durchgeführt. Hierzu überprüfen die Teilnehmer zweimal jährlich den Stand der Erreichung der Unternehmens- und Verbesserungsziele. Hier wird besonders auf die Grundware, die Liefertreue und die Durchlaufzeiten geachtet sowie auf das neu aufzu-bauende Kennzahlensystem, auf das zunächst die Schwerpunkte in den Aktivitäten ge-legt wurden. Im Moment ist das Unternehmen noch dabei, konkrete Kennzahlen zu ent-wickeln, mit deren Hilfe diese Ziele messbar und damit überprüfbar gemacht werden können.

Operativ kontrolliert das *Führungsteam* monatlich die Umsetzung der Verbesserungs-aktivitäten. Hierzu überprüfen die Mitarbeiter selbst anhand ihrer Aktivitätenpläne und Checklisten, wie weit sie ihre bereichsinternen Verbesserungsideen umgesetzt haben. Ihre Vorgesetzten sprechen sie regelmäßig in den Teambesprechungen darauf an und unterstützen sie bei Bedarf bei der Umsetzung. Im Führungsteam tragen die Führungskräfte diese Ergebnisse zusammen, beispielsweise wie viele Themen mit welchem Erfolg bereichsintern umgesetzt worden sind. Bezüglich der bereichsübergreifenden Verbesserungsthemen berichtet im Führungsteam jeder Projektleiter eines Verbesserungsprojektes von seinem Fortschritt, so Herr Wolf von den Ergebnissen des Verbesserungsprojektes „Qualität der Grundware", eine andere Führungskraft vom Verbesserungsprojekt „Instandhaltung" und ein anderer vom Verbesserungsprojekt „Kennzahlensystem". Ebenso werden die Ergebnisse der Verbess-erungsworkshops vorgetragen.

Die Zielvereinbarungen werden regelmäßig mindestens zweimal im Jahr überprüft und neu formuliert. Hier muss das Team „Pressmaschinen" zeigen, ob es seine Ziele „perfekte Fehlerkennzeichnung", und „8 Punkte auf der Checkliste Ordnung und Sauberkeit" erreicht hat. Ihr Vorgesetzter, Herr Wolf, wird ebenso mit dem Werkleiter seine Zielerreichung überprüfen – neben den Produktionszielen „Leistung und Liefertreue" wird sein Ziel „Keine Fehler in der Grundware" überprüft werden.

6.2.5   Was das Verbesserungsmanagement erreicht

All die Mühen würde man nicht auf sich nehmen, wenn es nur darum ginge, einzelne Verbesserungsideen umzusetzen. Ein komplexes Verbesserungssystem entwickelt das Unternehmen gezielt weiter, was an den Unternehmenskennzahlen messbar und sichtbar gemacht wird.

In einem Gespräch in der Mittagspause schildern Herr Wolf und ein Kollege dem Besucher Herrn Schneider, welchen Nutzen sie in dem Verbesserungsmanagement sehen. Der Kollege betont, dass sie es durch die Ausrichtung an den Unternehmenszielen nun endlich schaffen, sich auf das Wesentliche zu konzentrieren, um das Unternehmen voran zu bringen. Herr Wolf wirft ein, dass dies nicht nur die Führungskräfte täten, sondern alle Mitarbeiter in die an den Unternehmenszielen ausgerichteten Verbesserungsaktivitäten involviert seien. Die Verbindlichkeit dazu entstünde durch die Zielvereinbarungen, durch die sich Führungskräfte und Mitarbeiter für die Optimierung des Unternehmens verantwortlich erklären.

Man sei froh, dass durch das Arbeiten im VM-Team und in den Verbesserungsprojekten bestimmte bereichsübergreifende Themen endlich einmal systematisch und mit Nachdruck verfolgt würden. Dadurch kämen Personen an wichtigen Schnittstellen zusammen, die sonst nie etwas miteinander zu tun haben wollten. Das sei zwar nicht immer einfach, aber konstruktiv. Herr Wolf ruft eine Mitarbeiterin des Teams „Pressmaschinen" an den Tisch und fragt sie, was aus ihrer Sicht das Verbesserungsmanagement bisher bewirkt habe. Sie sagt, dass das Team „Pressmaschinen" nach jahrelanger Teamarbeit und KVP nicht mehr so recht motiviert war. Indem die Teammitglieder aber über die Unternehmensziele informiert und aufgerufen wurden, an deren Erreichung mitzuarbeiten, fühlten sie sich einbezogen in die Veränderungen und fingen wieder an, Verbesserungsthemen zu bearbeiten. Sie persönlich empfindet das Arbeiten mit den Checklisten als hilfreich, weil sie so konkret seien. Da die Checklisten mit ihrer Zielvereinbarung verknüpft seien, wäre jetzt ein Anreiz da, sich um die Erreichung der Ziele zu kümmern.

Herr Wolf ergänzt, dass mittlerweile das Verbessern zu einer Daueraufgabe für alle Mitarbeiter und Führungskräfte geworden sei. Durch die gemeinsame Arbeit in Verbesserungsprojekten und Verbesserungsworkshops sei auch insgesamt die Kommunikation im Unternehmen effektiver geworden, da man mit unterschiedlichen Personen zu verschiedenen Themen zusammenkäme.

6.3 Ein leistungsstarkes Verbesserungsmanagement aufbauen

Wie geht man heran, wenn das Schiff auf Hochleistung getrimmt werden soll? Nachfolgend wird erläutert, wie der Prozess zur Initiierung eines Verbesserungsmanagements aussehen kann. Anschließend werden die benötigten Funktionen zum Aufbau eines Verbesserungsmanagements und ihre Aufgaben näher beschrieben. Am Ende zeigen wir anhand eines Unternehmensbeispiels, wie die ersten Schritte zum Aufbau des Verbesserungsmanagements in einem Unternehmen konkret aussahen.

6.3.1 Herangehensweise zum Aufbau eines Verbesserungsmanagements

Vorweg: Es gibt nicht *das* Rezept zur Vorgehensweise beim Aufbau eines Verbesserungsmanagements, da es in jedem Unternehmen ganz unterschiedliche Ausgangspositionen gibt. Zum anderen haben wir es beim Verbesserungsmanagement mit einem flexiblen Instrument zu tun, das an die Ausgangslage und Ziele des Unternehmens angepasst werden muss und von dort aus Stück für Stück individuell aufgebaut wird. Dabei können die Ansatzpunkte, von denen ein Verbesserungsmanagement installiert wird, sehr unterschiedlich sein (siehe Kapitel 6.4 „Von unterschiedlichen Ausgangspositionen zum Verbesserungsmanagement aufbrechen").

Ausgangspunkt für die Überlegungen, wie ein Verbesserungsmanagement sinnvoll aufgebaut werden kann, sind immer die im Unternehmen bestehenden Instrumente, Verhaltensweisen und vorhandenen Organisationsformen. Sie stellen gleichsam das Skelett des Verbesserungsmanagements dar, oder in unserer Schiffsmetapher: den Rumpf, die Aufbauten und die Besatzung des Schiffes. Zunächst sollten diese Versatzstücke intensiv analysiert werden. Folgende Fragen können dabei helfen:

- Gibt es eine teamorientierte Arbeitsorganisation oder andere Ansätze von Zusammenarbeit inTeams (Qualitätszirkel, KVP-Gruppen, Projektteams,...)?

- Gibt es konkrete Ziele und Kennzahlen, auch auf einzelne Abteilungen heruntergebrochen?

- Gibt es ein Zielvereinbarungssystem?

- Gibt es eine klare strategische Ausrichtung des Unternehmens, wenn ja, welche?

- Gibt es Kostentransparenz und entsprechendes Controlling?

- Gibt es ein Betriebliches Vorschlagswesen?

- Gibt es bereits KVP oder andere KAIZEN-Ansätze?

- Gibt es konkrete (und als solche formulierte) Veränderungsprojekte im Unternehmen, wenn ja, welche? Wie sind sie organisiert?

- Gibt es ein systematisches Ideenmanagement?

- Gibt es eine Form der Mitarbeiterbeteiligung (an Entscheidungen, Vorschlägen...)?

- Welche Vertrauens-/Misstrauenskultur herrscht im Unternehmen?

- Werden die Mitarbeiter regelmäßig über Neues informiert? Wenn ja, in welcher Form?

- Werden Führungskräfte in Form von Seminaren weitergebildet? Wie häufig?

- Gibt es individuelle Maßnahmen zur Qualifizierung von Führungskräften?

- Gibt es eine systematische Kompetenzentwicklung für Führungskräfte?

- Werden Methoden der systematischen Problemanalyse und Problemlösung angewandt?

- Wird mit konkreten Maßnahmenplänen und entsprechendem Controlling gearbeitet?

- Was wird im Unternehmen visualisiert?

Mit Hilfe dieser Fragen werden zunächst der Heimathafen und die Schiffsausstattung bestimmt, also von welchem *Ausgangspunkt* das Unternehmen mit welchen Instrumenten und welcher Kultur startet und welche organisatorischen, methodischen, sozialen und Führungs-Kompetenzen das Unternehmen bereits aufweist. Es muss deutlich werden, wohin das Schiff segeln soll. Welche *Ziele* verfolgt das Unternehmen mit welcher Strategie? Werden überhaupt konkrete Ziele verfolgt? Wie nah bzw. wie weit liegen diese Ziele entfernt? Sind vielleicht schon Etappenziele erreicht? Mit welcher Geschwindigkeit will man fahren, und welcher Druck soll dahinter stehen?

Aus diesen Ergebnissen der Ausgangsposititon – nämlich was in Unternehmen bereits vorhanden ist – muss nun beurteilt werden, was als nächstes gebraucht wird, um ein

Hochleistungsschiff zu werden. Die Schwierigkeit an dieser Stelle besteht darin, ein Gefühl dafür zu bekommen, wofür die Organisation *reif* ist. Wieviel kann der Organisation im nächsten Schritt zugemutet werden, um die Beteiligten nicht zu überfordern, und dennoch einen spürbaren Schritt in Richtung Verbesserungsmanagement zu tun? Anders gesagt: Kann erst mit 10 oder bereits mit 20 Knoten gesegelt werden?

Ebenso muss hier beurteilt werden, ob *parallel im ganzen Unternehmen* das Verbesserungsmanagement aufgebaut werden kann, oder ob zunächst ein einzelner Unternehmensbereich als Pilotbereich ausgewählt werden sollte, beispielsweise die Produktion. Auch hier spielt die Reife der Organisation, ihrer Mitarbeiter und Führungskräfte eine bedeutende Rolle.

Entscheidet man sich zunächst für den Aufbau des Verbesserungsmanagements in einem *Pilotbereich*, so sollte dies ein Bereich sein, dessen Führungskraft den unbedingten Willen hat, die Veränderungen umzusetzen. Der Pilotbereich wird eine Ausstrahlungskraft auf das ganze Unternehmen haben: Gelingt hier das Verbesserungsmanagement, wird es andere Bereiche motivieren und „anstecken" können; misslingt es im Pilotbereich, wird es sicherlich andere Bereiche abschrecken und vom Verbesserungsmanagement abhalten. Daher ist es von großer Bedeutung, dass die Verantwortlichen des Pilotbereichs mit ganzer Kraft und Überzeugung hinter der Idee und Umsetzung des Verbesserungsmanagements stehen.

Hier hat man es mit der gesamten *Komplexität* in Unternehmen zu tun, die verstanden, gründlich abgewägt und beurteilt werden muss. Erst wenn ein Ansatzpunkt für das Verbesserungsmanagement gefunden ist und geklärt wurde, in welche Richtung die nächsten Schritte gehen, können die entsprechenden Funktionen zum konkreten Aufbau des Verbesserungsmanagements entworfen werden. Diese werden im Folgenden beschrieben.

6.3.2 Wer macht was im Verbesserungsmanagement?

Wenn ein Schiff auf Höchstleistung getrimmt werden soll, braucht es bestimmte Personen, die gleichsam als Advokaten für die Veränderung diesen Prozess steuern, unterstützen und forcieren. Diese Personen und ihre Aufgaben im Verbesserungsmanagement werden nachfolgend vorgestellt.

■ Das VM-Projektteam

Hat sich die Leitung eines Unternehmens für die Einführung eines Verbesserungsmanagements entschieden, besteht der erste Meilenstein darin, ein Projektteam zu bilden. Dieses Projektteam ist ein *Initiativteam*, das für die *Konzeption und Steuerung* des Verbesserungsmanagements in seiner Startphase verantwortlich ist.

Das Projektteam setzt sich i.d.R. aus verschiedenen Führungskräften, einem Vertreter des Betriebsrats, zumindest zeitweise aus der Unternehmensleitung und einem externen Berater zusammen. Die Erfahrung zeigt, dass es sinnvoll ist, die *Entscheider* des Unternehmens zu integrieren und gleichzeitig die Führungskräfte, die „nach vorne" denken, also zukunftsorientiert sind und etwas im Unternehmen bewegen wollen. Hier werden die „Motoren" unter den Führungskräften benötigt, die intelligent und querdenkend neue Wege beschreiten wollen. Dennoch ist es ebenso hilfreich wie notwendig, einen Skeptiker ins Projektteam aufzunehmen, um genügend Realismus und Vorsicht bei der Planung und Steuerung des Verbesserungsmanagements sicherzustellen. Es sollte im Projektteam unbedingt der Verantwortliche des Bereichs integriert sein, in dem das Verbesserungsmanagement pilotartig begonnen wird.

Der erste Arbeitsschritt des Projektteams besteht in der Erarbeitung eines an die jeweiligen Unternehmensbedingungen angepassten *Einführungskonzeptes* für das Verbesserungsmanagement. Dies wird auf der Basis einer Analyse und der bestehenden Zielrichtung an die jeweiligen Rahmenbedingungen angepasst. Haben sich die Mitglieder über das Rahmenkonzept des Verbesserungsmanagements geeinigt, legen sie die relevanten *Unternehmens- und Verbesserungsziele* fest und definieren die nötigen *Kennzahlen*. Hier kann die Potenzialanalyse hilfreich sein. Aus den Zielen formuliert das Projektteam anschließend die *Handlungsfelder*. Das Projektteam hat zudem die Aufgabe, ein für alle transparentes *Controlling-Instrument* zur Überprüfung des Erfolges des Verbesserungsmanagements zu entwickeln und eine Instanz zu bestimmen, die das Controlling kontinuierlich vornimmt. Idealerweise ist diese Instanz zunächst das Projektteam selbst, später das Führungsteam. Anschließend plant das Projektteam die nächsten Schritte und legt die *Meilensteine* für die Einführungsphase des Verbesserungsmanagements fest. Das Projektteam bestimmt den *VM-Koordinator* und die *Prozessbegleiter*. Deren Aufgaben werden abgestimmt und ihre Ausbildung geplant.

Bei großen Unternehmen, in denen es mehrere Führungsteams gibt, ist es sinnvoll, neben dem Projektteam ein *Lenkungsteam* zu bilden. An diesem Team sind meist die Unternehmensleitung, der VM-Koordinator, ein Betriebsratsvertreter und ein externer Berater beteiligt. Das Lenkungsteam überprüft die Einhaltung der vom Projektteam definierten Meilensteine und achtet auf eine zeitgemäße Durchführung der Maßnahmen. Außerdem stellt dieses Gremium bereichsübergreifende und unternehmensweite Themen zusammen, die später zu Projekten mit großer Tragweite führen. Das Lenkungsteam ist oberstes Lenkungs- und Entscheidungsgremium für das Verbesserungsmanagement.

■ Der VM-Koordinator

Die Person, die das Verbesserungsmanagement während der gesamten Einführungsphase und auch während der späteren kontinuierlichen Verbesserungsarbeit begleitet, ist der VM-Koordinator. Er trägt regelmäßig alle *Informationen* über die aktuellen Veränderungen im Verbesserungsmanagement zusammen. Hierzu gehört ein Überblick über alle bisher genannten Verbesserungsthemen, gegliedert nach bereichsinternen Themen mit/

ohne Führungskraft und bereichsübergreifenden Themen. Ebenso dokumentiert er die Bearbeitung dieser Themen, die dazu gefundenen Lösungsideen und deren erfolgreiche Umsetzung. Er aktualisiert die *Unternehmenskennzahlen* und bereitet diese Daten regelmäßig sowohl für das Führungsteam als auch zur Information aller Mitarbeiter über den Stand des Verbesserungsmanagements auf.

Der VM-Koordinator plant dazu den Einsatz der *Prozessbegleiter*. Er sorgt für ihre optimale Zuordnung zu allen Mitarbeiterteams, Verbesserungsprojekten und Verbesserungsworkshops, die zu moderieren und zu begleiten sind und kümmert sich um hierfür notwendige Qualifizierungsmaßnahmen.

Insgesamt ist der VM-Koordinator Anlaufstelle für alle Fragen der *Organisation, Planung* und *Vorgehensweise*. Oft ist der VM-Koordinator in der Einführungsphase des Verbesserungsmanagements bereits der Projektleiter gewesen und übernimmt später in der Regelorganisation die Aufgabe des VM-Koordinators. Oft *moderiert* er dann das Führungsteam.

Der VM-Koordinator ist Anlaufstelle für alle *Sorgen und Nöte* im Verbesserungsmanagement, aber gleichzeitig auch „Blitzableiter", wenn es mal nicht schnell genug vorangeht. Durch seine Nähe zu allen möglichen am Verbesserungsmanagement beteiligten Personen bekommt er viele Stimmungen und Einstellungen zum Verbesserungsmanagement mit. Daher schlüpft er manchmal sogar in die Rolle eines „Predigers" in Sachen Verbesserungsmanagement. Aber immer ist er Koordinator und Informator, der hinter den Kulissen die Fäden des Verbesserungsmanagements in der Hand behält.

■ Der interne Prozessbegleiter

Wie bei anderen Veränderungsprozessen braucht es auch im Verbesserungsmanagement Personen, die Mitarbeiter und Führungskräfte dabei unterstützen, Verbesserungsprozesse zu initiieren und dauerhaft erfolgreich umzusetzen. Diese Personen werden *interne Prozessbegleiter* genannt. Erfahrungsgemäß nehmen interne Prozessbegleiter eine Schlüsselposition bei der Forcierung und Umsetzung des Verbesserungsmanagements ein. Daher soll ausführlicher auf ihre Aufgaben und Rollen eingegangen werden.

Warum interne Prozessbegleitung?

Den Verbesserungsprozess durch interne Personen in Gang zu bringen, zu unterstützen und zu verankern, hat folgende Vorteile gegenüber externer Prozessbegleitung durch Berater:

–   Interne Prozessbegleiter sind vor Ort im Unternehmen leichter verfügbar als externe Berater und können deshalb bei Bedarf unmittelbar reagieren und den Teams aktuell konkrete Hilfestellung leisten.

– Interne Prozessbegleiter kennen die Struktur und die Abläufe im Unternehmen sowie die Unternehmenskultur und informelle Kommunikationskanäle. Dadurch können sie die richtigen Personen zu einem Problem zielsicher zusammenbringen und für schnellen Informationsfluss an der richtigen Stelle sorgen.

– Interne Prozessbegleiter sind auch dann noch verfügbar, wenn der Einführungsprozess abgeschlossen ist und die externen Berater ihre Arbeit beendet haben. Die Prozessbegleiter können durch ihre kontinuierliche Arbeit dem „Versanden" von Verbesserungen im Alltagsgeschäft stetig entgegenwirken.

– Der Einsatz der internen Prozessbegleiter ist kostengünstiger als die Arbeit externer Trainer; der Kostenaufwand für die Initiierung der Verbesserungsprozesse wird reduziert.

– Prozessbegleiter als „Frühwarnsystem" können auf Grund ihres engen Kontaktes zu Mitarbeitern verschiedener Ebenen frühzeitig Probleme und Konflikte erkennen.

Auswahl von internen Prozessbegleitern

Die Auswahl der Prozessbegleiter erfolgt dabei meist durch die Projektleitung im Unternehmen, in Absprache mit den jeweiligen Vorgesetzten und ausgewählten Mitarbeitern. Dabei gilt das Prinzip der *Freiwilligkeit*: Die zukünftigen Prozessbegleiter sollten sich aus eigenen Stücken für diese Aufgabe melden dürfen.

Besonders geeignet für die interne Prozessbegleitung im Verbesserungsmanagement sind dabei Mitarbeiter, die bereits Erfahrung mit *sozialen Prozessen* in Teams haben. Dies können beispielsweise Erfahrungen bei der Moderation von Qualitätszirkeln oder anderen Teams im Unternehmen sein, ehrenamtliche Tätigkeiten mit Jugendgruppen oder Betreuung von Mannschaften in Sportvereinen.

Bei der Auswahl der Prozessbegleiter im Unternehmen sollte man beachten, dass es meist eher hinderlich ist, die Prozessbegleitung mit einer Führungsposition zu vereinen. Der Prozessbegleiter nimmt eine neutrale Stellung ein, in der vertrauensvoll und ehrlich miteinander umgegangen werden kann. Vorgesetzten dagegen kann möglicherweise ein nicht zu unterschätzendes Misstrauen von Seiten der Mitarbeiter entgegengebracht werden. Dadurch kann unter anderem seine Rolle als neutrale Anlaufstelle und Vertrauensperson in Frage gestellt werden.

Durch die Prozessbegleitung mit Mitarbeitern aus der Mitte des Unternehmens soll sichergestellt werden, dass die im Verbesserungsprozess erzielten Veränderungen auch nachhaltig konsolidiert werden. Gerade weil der Prozessbegleiter von den Mitarbeitern als „einer von ihnen" angesehen wird, genießt er unter seinen Kollegen ein höheres *Vertrauen* als ein externer Berater.

Rollen und Aufgaben des Prozessbegleiters

Der Aufgabenbereich der Prozessbegleiter umfasst im Wesentlichen die *Moderation* der Teamgespräche, Verbesserungsprojekte und -workshops zum Verbesserungsmanagement. Die Prozessbegleiter stehen dabei den Mitarbeitern und Führungskräften bei der Sammlung der Verbesserungsthemen, bei deren Lösung und Umsetzung unterstützend zur Seite.

Prozessbegleiter im Verbesserungsmanagement müssen *nicht Experten* auf dem Fachgebiet sein, in dem sie eingesetzt werden. Vielmehr sind sie *sozial kompetente* Experten für Vorgehensweisen und Methoden im Verbesserungsprozess. Sie sind selbst nicht diejenigen, die die Verbesserungsvorschläge erarbeiten und umsetzen, sondern sie unterstützen, betreuen und informieren alle Beteiligten im Verbesserungsmanagement. Sie selbst haben keine Vorgesetztenfunktion und sind auch nicht diejenigen, die für das Vorankommen und den Erfolg des Verbesserungsmanagements verantwortlich sind. Aber sie *unterstützen* die Verantwortlichen, also Führungskräfte und Mitarbeiter bei der erfolgreichen Umsetzung des Verbesserungsmanagements. Dies zeigt sich auch in den verschiedenen Rollen des Prozessbegleiters.

Als *Helfer, Spiegel und Förderer* beobachtet der Prozessbegleiter den Verbesserungsprozess und zeigt dessen Potenziale und Probleme auf. Er spiegelt die momentane Situation wieder, in der sich der Prozess mit den Beteiligten befindet. Als *Wissensvermittler* und *Methodenfachmann* gibt er Hilfestellungen, damit die anstehenden Probleme gelöst werden können. Er vermittelt Methoden zur Planung, Kontrolle, Steuerung und Optimierung der Arbeitsabläufe. Dabei arbeitet er nach dem Prinzip der *Hilfe zur Selbsthilfe*. Im Mittelpunkt steht das Ziel, dass die Beteiligten in Zukunft ihre Probleme selbst lösen können.

Als *Koordinator und Moderator* organisiert der Prozessbegleiter den Verbesserungsprozess. In Absprache mit den Führungskräften plant und moderiert er die Sitzungen und Gespräche der verschiedenen Teams, beispielsweise in einem Verbesserungsprojekt oder einem Verbesserungsworkshop. Der Prozessbegleiter ist damit Motor und Unterstützer der Führungskräfte bei der Koordination und Steuerung der Aktivitäten im Verbesserungsprozess.

Eine weitere Rolle des Prozessbegleiters ist die des *Informators*. Er versorgt alle Beteiligten mit den nötigen Informationen, welche sie zur Durchführung ihrer Verbesssserungsprojekte benötigen. Er gleicht aber nicht nur Informationsdefizite aus, sondern sorgt auch für Transparenz im Verbesserungsprozess. Beispielsweise wird der aktuelle Stand der Verbesserungsbemühungen visualisiert. Außerdem ist er auch Ansprechpartner bei allen Fragen zum Verbesserungsmanagement für Führungskräfte, nichtbeteiligte Mitarbeiter und Betriebsrat. Dabei muss der Prozessbegleiter darauf achten, dass er von den Beteiligten nicht als der Umsetzer der Verbesserungen wahrgenommen wird, sondern als neutraler Unterstützer.

Diese Neutralität ist unabdingbar für seine Rolle als *Vertrauensperson*. Neutralität und Vertraulichkeit stellen Grundvoraussetzungen für die erfolgreiche Arbeit als Prozessbegleiter dar. Informationen und Hilfestellungen werden von den Beteiligten nur dann angenommen, wenn sie sowohl der Kompetenz des Prozessbegleiters als auch auf seine Zuverlässigkeit als Mensch vertrauen können. So sollte er eine Anlaufstelle darstellen, an die sich die Beteiligten mit ihren Problemen wenden können. Er hilft nicht nur bei sachlichen Problemstellungen, sondern auch bei Konflikten auf der Beziehungsebene, um Irritationen im zwischenmenschlichen Bereich auszuräumen.

Damit ist er immer wieder *Vermittler* nicht nur bei Konflikten zwischen Mitarbeitern, sondern auch zwischen Führungskräften und Mitarbeitern oder verschiedenen Mitarbeiterteams. Dabei unterstützt er die Führungskräfte, an einer bestimmten Problematik beteiligte Personen zusammenzubringen und ihnen zu einer gemeinsamen Lösung zu verhelfen. Der Prozessbegleiter arbeitet auch hier nach dem Prinzip der „minimalen Hilfe", bei dem die Beteiligten die Lösungen möglichst selbst erarbeiten sollten.

Die Rolle als *Motor des Verbesserungsprozesses* beinhaltet sowohl das Vorantreiben der Verbesserungsaktivitäten als auch das Bremsen bei übereilten Schritten. Er steht den Mitarbeitern im Lösen und Umsetzen von Verbesserungsthemen zur Seite und unterstützt die Führungskräfte dabei, dass das Verbesserungsmanagement nicht durch Widerstände, Blockaden oder Rückschläge in der Entwicklung stehen bleibt.

Auch wenn der Prozessbegleiter selbst oft als Motor, Protagonist und Antreiber für Verbesserungen wahrgenommen wird, so sind es die Führungskräfte, die die *Verantwortung* für die Verbesserungsaktivitäten tragen. Dieser Rollenverteilung sollten sich Prozessbegleiter und Führungskräfte immer bewusst sein. Aber mit seinem partnerschaftlichen Umgang mit anderen, dem Erkennen und konsequenten Lösen von Problemen und Konflikten, der Art und Weise, mit Vorgesetzten und Mitarbeitern zu kommunizieren, stellt der Prozessbegleiter sicherlich ein gutes *Modell* für das Arbeiten im Verbesserungsmanagement dar. Ziel des Prozessbegleiters ist es, sich dann Schritt für Schritt aus den Verbesserungsaktivitäten *zurückziehen* zu können, wenn Mitarbeiter und Führungskräfte selbständig das Verbesserungsmanagement praktizieren.

Ausbildung von Prozessbegleitern

Damit sich der Prozessbegleiter seiner Aufgaben und Rollen im Verbesserungsmanagement bewusst ist, sollte er sich im Vorfeld mit seiner zukünftigen Tätigkeit auseinandersetzen. Zusätzlich muss er sich auch methodische und soziale Kompetenzen aneignen, um sich auf seine neue Tätigkeit im Rahmen des Verbesserungsmanagements vorzubereiten. Die folgende Grafik zeigt die Bestandteile, die eine Ausbildung zum Prozessbegleiter beinhalten sollte, die ihm also die nötigen Navigationskenntnisse für das Segeln in großen und manchmal stürmischen Gewässern vermittelt.

Wie auch bei den Schulungen der Führungskräfte können Prozessbegleiter dann besonders von den Seminaren profitieren, wenn sie die Inhalte mit ihrer Arbeit verknüpfen und danach praktische Erfahrungen in ihren eigenen Arbeitsbereichen sammeln können. Damit sie aber nicht in ihrem Unternehmen „im eigenen Saft schmoren", ist es sinnvoll, einen regelmäßigen *Erfahrungsaustausch* mit Prozessbegleiter-Kollegen aus dem eigenen Unternehmen oder aus Unternehmen, die nach dem gleichen Konzept arbeiten, vorzunehmen. So können die Prozessbegleiter von Kollegen bei Schwierigkeiten unterstützt werden, aber auch gute Tipps geben, wie sie das Verbesserungsmanagement effektiv unterstützen können.

Ein Prozessbegleiter wird erst nach einiger Zeit intensiver Arbeit mit den Verbesserungsteams die richtige Balance finden zwischen „Lenken" und „Laufen lassen", zwischen schrittweiser Hilfestellung und völlig selbständiger Problemlösung durch die Teams. Erst im Laufe ihrer Tätigkeit können sich die Prozessbegleiter ihrer verschiedenen Rollen bewusst werden und ihre Aufgaben vollständig ausfüllen.

Ist das Verbesserungsmanagement in einem Unternehmen etabliert, bedeutet dies nicht unbedingt, dass die Prozessbegleiter wieder ganz in ihren ursprünglichen Tätigkeitsbereich zurückkehren. Unternehmen, die sich kontinuierlich optimieren wollen, benötigen ständig Personen, die Führungskräfte und Mitarbeiter effektiv auf diesem Weg unterstützen. Prozessbegleiter im Verbesserungsmanagement bringen dazu nach einiger Zeit einen großen Erfahrungs- und Wissensschatz mit, der zur Weiterentwicklung des Unternehmens genutzt werden sollte.

■ Das Führungsteam fit machen

Bevor das Verbesserungsmanagement mit den Mitarbeitern gestartet wird, sollten Führungsteams auf das Verbesserungsmanagement vorbereitet werden. Mitglieder des Führungsteams sind die Verantwortlichen eines Unternehmensbereichs bzw. der oberste Managementkreis. Um alle Mitglieder auf den gleichen Wissenstand zu bringen, wird ein Verbesserungsmanagementworkshop mit den Führungskräften durchgeführt.

In diesem Workshop werden zuerst das vom Projektteam erarbeitete Verbesserungsmanagementkonzept und die relevanten Ziele, Kennzahlen und Handlungsfelder diskutiert und verabschiedet. Zur Erreichung dieser Ziele beginnen die Führungskräfte anschließend mit der Sammlung und Priorisierung von bereichübergreifenden Verbesserungsthemen. Auf diese Weise erproben sie das Procedere der Themensammlung, wie sie später auch die Mitarbeiter vornehmen.

Ziel dieses Workshops ist es, den Führungskräften das Verbesserungsmanagement nahe zu bringen und ihre zukünftige Rolle und Aufgaben im Rahmen des Verbesserungsmanagements zu vermitteln. Diese Aufgaben, die zukünftig Teil ihres Alltagsgeschäfts werden, sind:

– Die Verbesserungsthemen der Mitarbeiterteam mit bearbeiten und bei der Umsetzung unterstützen;

– die Mitarbeiter zu Verbesserungsaktivitäten motivieren;

– die Verbesserungsmanagement-Aktivitäten kontrollieren und steuern;

–   mit anderen Bereichen Verbesserungsthemen bearbeiten;

–   die Mitarbeiter über die Umsetzungen der bereichsübergreifenden Themen infor-
    mieren.

■   **Mit den Mitarbeitern ins Verbesserungsmanagement starten**

Das erste Gespräch mit den Mitarbeitern im Rahmen des Verbesserungsmanagements
wird als *Workshop* veranstaltet. Er dient dazu, die Vorgehensweise im jeweiligen Bereich zu erklären und die ersten Themensammlungen probeweise durchzuführen. Erklärt
die Führungskraft zu Beginn, was das Verbesserungsmanagement überhaupt ist, warum
es eingeführt wird, was sich dadurch für die Mitarbeiter ändert, schafft sie damit eine
Transparenz, die für die Akzeptanz des Verbesserungsmanagements unabdingbar ist.
Wenn die Mitarbeiter über den zeitlichen Ablauf, die Umsetzungsschritte, die Vorgehensweise und den Aufbau des Verbesserungsmanagements informiert sind, erhöht sich
ihre Motivation, sich daran zu beteiligen. Dabei sollte die Führungskraft darauf achten,
die Kontinuität der Sammlung und Bearbeitung von Verbesserungsthemen zu betonen.

Haben die Mitarbeiter die Vorgehensweise und den Nutzen für das Verbesserungsmanagement verstanden, stellt die Führungskraft die Verbesserungsziele, die Kennzahlen und
die entsprechenden Handlungsfelder vor. Nun beginnen die Teammitglieder Verbesserungsthemen im Hinblick auf die Handlungsfelder zu sammeln, sie zu sortieren und im
Hinblick auf die Verbesserungsziele zu gewichten.

Ist die erste Themensammlung abgeschlossen, halten die Teilnehmer die daraus folgenden bereichsinternen Verbesserungsmaßnahmen in einem Maßnahmenplan fest und
vereinbaren einen Rhythmus für die Überprüfung der Umsetzung der Verbesserungsaktivitäten. In einem weiteren Schritt überlegen die Teammitglieder, bis wann sie welche
bereichsinternen Themen umgesetzt haben wollen und vereinbaren dies als Ziel mit ihrer
Führungskraft.

Die weiteren Teamgespräche nutzen die Mitarbeiter, um Lösungen für ihre bereichsinternen Themen zu überlegen und die entsprechenden Maßnahmen zu planen. Regelmäßig überprüfen sie den Stand der Umsetzung, um ihr Ziel nicht aus den Augen zu verlieren. Zum Ende jedes Teamgesprächs wird die Führungskraft über die Ergebnisse informiert.

6.3.3   Ein Unternehmensbeispiel

Erinnern wir uns an Herrn Schneider, der den süddeutschen Wellpappe-Hersteller besucht. Nach Beendigung der VM-Teamsitzung spricht er noch mit dem Werkleiter und
der VM-Koordinatorin. Herr Schneider ist begeistert von dem, was er bisher gesehen
hat: Es sei ja viel in Bewegung, und die Mitarbeiter arbeiteten ja intensiv am Verbesse-

rungsmanagement mit. Aber ihn interessiere jetzt, wie sie es geschafft haben, solch ein funktionierendes Verbesserungsmanagement aufzubauen.

Der Werkleiter berichtet, dass sie zuvor bereits Teamarbeit praktizierten, die aber einzuschlafen schien. Auch funktionierte der KVP lediglich zu Beginn, weil die Vorschläge später nicht mehr konsequent verfolgt und umgesetzt wurden. Dadurch war die Stimmung im Unternehmen schlecht, es fehlte an Zusammenarbeit zwischen Führungskräften und Mitarbeitern und es sei mehr gemeckert als gearbeitet worden.

Das Grundmodell des Verbesserungsmanagements haben sie damals bei einem anderen Unternehmen kennengelernt. Besonders sprach sie die elegante Verknüpfung von KVP, Teamarbeit und Zielen an. Hierdurch habe man sich eine Bündelung der verschiedenen Aktivitäten erhofft. Auch schien das Verbesserungsmanagement den Impuls zum Weitermachen in sich selbst zu besitzen, sodass es nicht so leicht versanden kann. Das alles habe sie letztlich überzeugt, das System auch bei sich einzuführen.

Zunächst habe man ein Projektteam gegründet, in das auch alle Gruppensprecher einbezogen waren, um das Verbesserungsmanagement mit den Beteiligten gemeinsam zu planen. Durch den Einbezug der Teamsprecher konnte der allgemeinen Kritik an den Neuerungen gut begegnet werden. Gemeinsam mit einem externen Berater habe man in dem Projektteam ein für ihr Unternehmen angepasstes System des Verbesserungsmanagements erarbeitet.

Herr Schneider interessiert sich besonders dafür, wie sie das System zum Laufen gebracht haben, besonders wie sie die Mitarbeiter einbezogen haben. Die VM-Koordinatorin erklärt ihm, dass als Einstieg die Prozessbegleiter zwei Wochen lang alle Mitarbeiter befragt haben, welche Stärken und welche Verbesserungsthemen sie hinsichtlich der im Projektteam definierten Verbesserungsziele „Grundware", „Kennzahlen" und „Liefertreue und Durchlaufzeiten" im Unternehmen und bei den tagtäglichen Abläufen sehen. Man habe schon Angst vor einem niederschmetternden Ergebnis gehabt, und in der Tat hätten die Mitarbeiter ihrem Ärger Luft gemacht. Es seien insgesamt 536 Verbesserungsthemen zusammengekommen.

Man habe dann sofort begonnen, diese Themen mit den Mitarbeitern in die drei Kategorien zu sortieren, zu priorisieren und sie parallel zu bearbeiten: Sowohl die Mitarbeiterteams mit ihren Führungskräften arbeiteten ab sofort an ihren eigenen Themen als auch das Projektteam an den bereichsübergreifenden Themen. Anfangs sei allerdings die Instandhaltung total überlastet gewesen, sodass sie von außen Kapazitäten schaffen mussten, um alle neuen Ideen schnell und zügig umzusetzen.

Der Werkleiter erklärt, dass sie mit dem Start des Verbesserungsmanagements ein VM-Team, also das Führungsteam, gegründet haben. Es bestehe aus dem oberen Management mit den Bereichs- bzw. Abteilungsleitern. Hier würden die „großen", bereichsübergreifenden Themen besprochen. In der Anfangsphase habe das Projektteam noch parallel zur Steuerung der Verbesserungsaktivitäten existiert; heute erfolge das Controlling des Verbesserungsmanagements auch im VM-Team. Das Projektteam gebe es in der Form nicht mehr, da das Verbesserungsmanagement in die Regelorganisation übergegangen sei.

Die VM-Koordinatorin ergänzt, dass der Werkleiter sozusagen der „Schirmherr" des Verbesserungsmanagements sei. Sie selbst trage die Informationen über die Umsetzung der Verbesserungsaktivitäten für das monatliche Controlling des Verbesserungsmanagements zusammen und kümmere sich um die Prozessbegleiter. Das VM-Team moderiere sie selbst.

■ Schwierigkeiten in der Umsetzung

Nachdem Herr Schneider so viel Neues erfahren und Positives erlebt hat, fragt er zum Ende seines Besuches, an welchen Stellen es eigentlich nicht gut geklappt habe, es zu unüberwindbaren Schwierigkeiten und Hindernissen kam, also wo die „Pferdefüße" des Ganzen liegen.

Die VM-Koordinatorin antwortet ihm sehr offen: Im ersten Jahr habe es jede Menge Verbesserungsaktivitäten gegeben, nach einem halben Jahr aber wurde bemerkt, dass von den fünf bereichsübergreifenden Verbesserungsthemen zwei komplett auf der Strecke geblieben waren. Dies sei zum einen das Thema „Entlohnung" gewesen, das von Seiten des Mutterkonzerns unantastbar gewesen sein. Zum anderen habe es sich um das Thema „SAP" gehandelt. Hier hatte das Führungsteam versäumt, sich genügend um die Umsetzung der vereinbarten Verbesserungsmaßnahmen zu kümmern.

Das Hauptproblem bei diesen beiden „eingeschlafenen" Verbesserungsthemen sei aber nicht ihre mangelnde Umsetzung gewesen, sondern die Tatsache, dass die Mitarbeiter zunächst nicht darüber informiert waren, dass es mit diesen beiden Themen nicht weiter ging. Viel später erfuhren sie davon und waren entsprechend enttäuscht, da sie selbst ihre Themen gut abgearbeitet hatten (etwa 70 Prozent der bereichsinternen Themen waren nach einem halben Jahr umgesetzt), während einige der bereichsübergreifenden Themen unbearbeitet liegen blieben, ohne dass sie es erfuhren. Nach einem halben Jahr, bei der nächsten Befragung der Mitarbeiter nach Verbesserungsthemen, wurde die Enttäuschung darüber deutlich. Das Management habe daraus gelernt und gehe seitdem mit Informationen zur eigenen Arbeit und zu Ergebnissen viel offener und direkter um.

Ein weiteres Problem habe darin gelegen, dass die Prozessbegleiter zunächst sehr zurückhaltend in den Teambespechungen aufgetreten seien. Dadurch wurde viel geredet und wenig erreicht, denn es kam zu keiner systematischen Bearbeitung. Seitdem sie daraus gelernt haben und die Teams straffer moderiert werden, findet eine effektivere Lösungssuche und eine viel konsequentere Umsetzung und Überprüfung der vereinbarten Maßnahmen statt. Dadurch sei viel mehr „Zug" in die Sache gekommen.

Der Werksleiter hakt ein, man habe gleichzeitig sehr großen Wert darauf gelegt, dass die Abarbeitung der Themen mit einer realistischen Zielsetzung versehen wird, sowohl was den Zeit- als auch den Geldbedarf betrifft. Dadurch sei etwas mehr Systematik in das ganze System gekommen. Heute habe man ein leistungsstarkes Instrument, das mit klaren Regeln und Kontrollen arbeitet, sodass Willkür und ständiges Lamentieren ohne etwas zu verändern keine Chance mehr haben.

6.4 Von unterschiedlichen Ausgangspunkten zum Verbesserungsmanagement aufbrechen

Bisher wurde davon ausgegangen, dass ein Führungssystem (wie in Kapitel 6.1 beschrieben) bereits besteht. Diese Vorgehensweise ist sinnvoll, wenn in einem Unternehmen die entsprechenden Führungsinstrumente vorhanden sind. Diese zu einem Führungssystem zusammenzuführen und darauf fußend ein Verbesserungsmanagement aufzubauen, ist der einfachere Weg. Wenn aber in einem Unternehmen bislang keine Erfahrungen mit den dargestellten Führungsinstrumenten vorliegen, wäre es ein ungleich langwierigerer Weg, zunächst nacheinander die Managementmethoden einzuführen und darauf ein Verbesserungsmanagement aufzusetzen. Deshalb soll in diesem Kapitel an einem Beispiel vorgestellt werden, wie die Vorteile eines Verbesserungsmanagements genutzt werden können, ohne bereits die Führungsinstrumente im Unternehmen realisiert zu haben.

Es gibt vernünftige Gründe, schon vor der systematischen Einführung von Managementinstrumenten mit einem methodisch angelegten Verbesserungsmanagement zu beginnen: Mitarbeiter können sofort intensiv bei zielgerichteten Verbesserungsprozessen einbezogen werden; es kann schnell mit der Ausschöpfung der Potenziale zur Verbesserung begonnen werden, ohne auf die Bereitstellung der für diesen Prozess unterstützenden Führungsmethoden warten zu müssen; es kann allen Mitarbeitern von Beginn an deutlich gemacht werden, dass es bei der Einführung der Managementinstrumente und des Verbesserungsmanagements vor allem darum geht, Verbesserungen zu erreichen, durch die das Unternehmen wettbewerbsfähiger wird.

6.4.1 Ein Beispiel aus der Praxis – Qualitätszirkel als Ausgangspunkt zum Verbesserungsmanagement

Herr Müller ist Werkleiter in einem Unternehmen der keramischen Industrie und verantwortlich für etwa 350 Mitarbeiter. Als er vor zwei Jahren die Aufgabe als Werkleiter übernahm, war er schon über zwanzig Jahre für sein Unternehmen in den verschiedensten Funktionen tätig. Er kennt deshalb sein Unternehmen wie kaum ein anderer, vor allem aber kennt er dessen Stärken und die Schwächen sehr genau. Zu den größten Stärken gehört für ihn die Technik im Unternehmen, in die in den letzten Jahren viel investiert worden ist. Im Vergleich zu den direkten Konkurrenten gehören die Betriebsmittel seiner Produktionsanlagen zu den Besten.

Er weiß aber auch, dass man in der Planung und Organisation des Unternehmens vieles besser machen könnte: In den Planungsprozessen ist man zu schwerfällig. Hier befindet man sich noch auf dem Stand von vor zehn Jahren, als die Planung noch einfacher war. Zu jenen Zeiten war es noch möglich, die Anlagen wochenlang mit dem gleichen Produkt zu fahren. Das brachte neben einer guten Auslastung auch eine hohe Prozesssicherheit und eine hervorragende Produktqualität.

Aber der Markt hat sich in kurzer Zeit stark verändert. Die Krise in der Bauindustrie hat zu einer verschärften Wettbewerbssituation geführt; der Preisdruck ist gleichzeitig gewaltig gestiegen, ebenso wie die Anforderungen der Kunden an Qualität und Design. Um sich von den Produkten der Konkurrenz abzusetzen, braucht das Unternehmen Produkte mit ansprechendem Design und vor allem mit innovativen Produkteigenschaften. Die Produktion im Werk von Herrn Müller muss auf Grund dieser Situation völlig umgestellt werden. Es gibt nur noch wenige Produkte, die in großen Stückzahlen gefertigt werden können, sodass die Produktion dieser Artikel an einen anderen Standort verlagert wird. Stattdessen soll das Werk in Zukunft darauf ausgerichtet werden, Produkte mit kleinen Stückzahlen rentabel zu fertigen und die neu entwickelten Produkte bis zur Serienreife zu bringen, bevor sie dann an den anderen Standorten des Unternehmens in Serie gehen.

Herr Müller sieht sich und seine Mannschaft mit einer Menge neuer Anforderungen konfrontiert. Die Anlagen müssen sehr viel öfter als bisher umgerüstet werden, sind aber hierfür nicht ausgelegt. Die Erprobung der neuen Produkte bringt einen erheblichen Mehraufwand mit sich, mehr Personal steht aber auf Grund der angespannten wirtschaftlichen Situation des Unternehmens nicht zur Verfügung. Viele Mitarbeiter sind mit der neuen Situation in der Produktion überfordert. Sie besitzen die für das Umrüsten erforderlichen Qualifikation nicht. Das haben bisher die Führungskräfte geleistet. Aber durch die Vielzahl an Umrüstvorgängen sind sie zeitlich nicht mehr in der Lage, alles selbst zu erledigen. Die betrieblichen Führungskräfte fühlen sich demzufolge dauernd überlastet, weil sie die Qualifikationsdefizite ihrer Mitarbeiter kompensieren müssen. Jetzt zeigen sich auch deutlich die Folgen des Personalabbaus von vor einigen Jahren. Viele junge, gut qualifizierte und flexible Mitarbeiter mussten gehen, während die älteren Kollegen mit ihrer häufig eingeschränkten Qualifikation blieben

Optimierungsprojekte als Ausgangspunkt

Zu diesem Zeitpunkt hörte Herr Müller von dem Optimierungsprojekt, das in einem Schwesterwerk begonnen worden war. Gemeinsam mit dem Betriebsratsvositzenden erkundigte er sich über das Projekt. Sie beschlossen, in ihrem Werk ein ähnliches Pro-

jekt zu starten. Der Betriebsrat befürwortete das Projekt, weil er sich davon eine Wieder-
aufnahme der zu Zeiten des Personalabbaus eingeschlafenen Qualitätszirkelarbeit versprach.

Die Qualitätszirkel hatten zum ersten Mal in dem Werk eine Beteiligung der Mitarbeiter
an Verbesserungsprozessen ermöglicht. Es gab erste Erfolge der Qualitätszirkel in der
Umsetzung von Verbesserungen, und es wurden Pläne zum Aufbau eines betrieblichen
Verbesserungswesens (BVW) erstellt. Während des Personalabbaus stellten die Qualitätszirkel ihre Arbeit ein. Die Pläne für das BVW wurden daher nicht mehr weiter-
geführt. Deshalb sah der Betriebsrat jetzt die Chance, im Rahmen des Optimierungsprojektes an die Qualitätszirkel anzuknüpfen und das BVW zu realisieren.

Zugleich wollte man aber mit dem Optimierungsprojekt weitergehen als die bisherige
Arbeit in den Qualitätszirkeln. Dort waren nur die Produktionsbereiche einbezogen gewesen. Jetzt sollten aber auch Vertrieb und Verwaltung einbezogen werden. Die Zielsetzung war, alle für die Weiterentwicklung des Unternehmens wesentlichen Aspekte in
das Optimierungsprojekt einzubeziehen. Schritt für Schritt sollte eine Verbesserung aller
wesentlichen Leistungen des Unternehmens erreicht werden, und zwar durch das aktive
Mitwirken möglichst vieler Mitarbeiter. Diese sollten die aus ihrer Sicht vorhandenen
Schwachpunkte benennen, ihre Ideen äußern und an deren Umsetzung mitwirken können.

Gleichzeitig war sich Herr Müller darüber im Klaren, dass viele Voraussetzungen im
Unternehmen fehlten, um das Optimierungsprojekt im Sinne eines umfassenden Verbesserungsmanagements realisieren zu können. Es existierte noch kein Zielvereinbarungssystem. Es gab bisher nur Produktionsvorgaben für das Werk hinsichtlich Menge, Qualität und Produktivität. Für diese Zielgrößen gab es monatliche Kennzahlen, die
aber nur für das Werk insgesamt vorlagen, nicht aber für die einzelnen Produktionsbereiche oder Produkte. Die Qualitätszirkel waren die einzigen bis dahin systematisch betriebenen Teamaktivitäten. Mitarbeitergespräche wurden nur nebenbei geführt,
nicht aber in einer systematischen und geplanten Form. Ebenso fehlte eine Personalentwicklung.

Die Führungskräfte definierten sich im Wesentlichen über ihre Fachaufgaben, nicht aber
über ihre Führungsaufgaben. Es gab weder Führungsleitlinien noch ein Anforderungsprofil für die Führungskräfte. Das Wissen über Menschenführung oder Führungsinstrumente war dementsprechend gering ausgeprägt. Nur wenige Führungskräfte verfügen
über eine abgeschlossene Meisterausbildung, während der sie eine theoretische Vorbereitung auf ihre Führungstätigkeit erfuhren. Die Mehrzahl der betrieblichen Führungskräfte waren zuvor Mitarbeiter in der Produktion. Sie sind erstklassige Fachleute auf
ihrem Gebiet, aber ihr Wissen über Arbeitsorganisation und Menschenführung basierte
allein auf ihrer Erfahrung und Intuition.

In Vertrieb und Verwaltung war die Situation ähnlich. Auch dort definierten sich die
Führungskräfte primär durch ihre Fachaufgaben; für das Führen ihrer Mitarbeiter blieb

auch ihnen wenig Zeit. Herr Müller stellte ein Team zusammen, dessen Aufgabe die Vorbereitung und Planung des Verbesserungsmanagements war. Mit Hilfe eines externen Beraters wurde ein für das Unternehmen passendes Konzept für das Verbesserungsmanagement entwickelt. Das Konzept trug der Tatsache Rechnung, dass bisher im Unternehmen nur wenige Ansatzpunkte für eine gezielte Entwicklung des Unternehmens zu finden waren.

Bestandsaufnahme als Anfang des Optimierungsprojektes

Das Verbesserungsmanagement sollte mit einer Befragung aller Mitarbeiter starten. Mit der Befragung sollten die Stärken und Schwächen des Unternehmens aus Sicht der Mitarbeiter herausgearbeitet werden. Diese Bestandsaufnahme aus Sicht der Führungskräfte und der Mitarbeiter sollte der Ausgangspunkt für das Definieren von Optimierungsprojekten sein. Das Team zur Entwicklung des Konzepts sollte nach der Befragung als „Steuerteam" die weitere Bearbeitung der Verbesserungsthemen koordinieren.

Parallel zur Entwicklung des Konzepts für das Verbesserungsmanagement wurden zehn Mitarbeiter/innen ausgewählt, die in den Optimierungsprojekten als Moderatoren tätig sein sollten. Sie erhielten eine mehrtägige Moderatorenausbildung und wurden mit dem Konzept für das Verbesserungsmanagement vertraut gemacht. Zwei Moderatorinnen erhielten zusätzlich eine Ausbildung zu Prozessbegleiterinnen, die aus sechs mal zwei Seminartagen bestand.

Die Bestandsaufnahme durch die Mitarbeiterbefragung erfolgte abteilungsweise. Die Befragung wurde von je einem externen Trainer und einem internen Moderator geleitet. Insgesamt fanden drei Befragungen mit den Führungskräften, eine mit dem Betriebsrat und 17 mit den Mitarbeitern statt. Es wurden jeweils drei Fragen gestellt:

1.   Worin sehen Sie die Stärken des Unternehmens?

2.   Worin sehen Sie die Schwächen des Unternehmens?

3.   Wo sehen Sie konkrete Ansatzpunkte für Verbesserungen?

Die genannten Schwächen und Verbesserungsansätze wurden nach drei Kategorien getrennt:

1. Themen, die von den Mitarbeitern ohne Hilfe durch Führungskräfte bearbeitet und umgesetzt werden können.

2. Themen, die von der jeweiligen Führungskraft bearbeitet und umgesetzt werden können.

3. Themen, die nur bereichsübergreifend bearbeitet und umgesetzt werden können.

Die Themen in den drei Themenbereichen wurden anschließend von den Befragten mit Prioritäten versehen d. h., es wurde gefragt, welche der genannten Themen am dringendsten umgesetzt werden sollten.

Die mehr als 500 in der Befragung genannten Themen wurden vom Steuerteam ausgewertet. Die bereichsübergreifenden Themen aus allen Befragungen wurden unter Berücksichtigung der jeweils gesetzten Prioritäten zusammengefasst. Aus den meistgenannten und am höchsten gewichteten Themen wurden Schwerpunktthemen gebildet. Die den jeweiligen Führungskräften zugeordneten Themen wurden gesichtet und bei Eignung den Schwerpunktthemen zugeordnet. Die übrigen Themen wurden zusammen mit den Themen, die zur Bearbeitung durch die Mitarbeiter vorgesehen waren, den jeweiligen Führungskräften weitergegeben. Die Führungskräfte erhielten die Aufgabe, sich um die Bearbeitung und Umsetzung dieser Themen zu kümmern. Das Steuerteam, bestehend aus dem Werkleiter, dem Leiter des Vertriebsinnendienstes, der Personalleiterin, dem Betriebsratsvorsitzenden, dem Leiter der Technik, einer Moderatorin und einem externen Berater erarbeitete aus den Schwerpunktthemen Vorschläge für Optimierungsprojekte.

In einer Präsentation vor dem Vorstand wurde der Vorschlag gemacht, neun Optimierungsprojekte zu starten. Der Vorstand legte fest, dass der Schwerpunkt der Optimierungsprojekte im ersten Schritt auf produktionsnahen Themen liegen sollte, da im Vertrieb und in der Verwaltung noch Umstrukturierungen vorgenommen werden sollten. Deshalb wurden zunächst sieben Optimierungsprojekte gestartet. Sie betrafen die Themenkreise „Information und Kommunikation", „Regelungen zu Ansprechpartnern", „Nutzung von Dienstfahrzeugen", „Umrüsten der Produktionsanlagen", „Optimierung der Elektrowerkstatt" sowie „Ordnung und Sauberkeit in der Produktion und in den Büros".

Diesen Themen wurde jeweils ein Optimierungsprojekt zugeordnet. Das Steuerteam legte für jedes Optimierungsprojekt Teammitglieder, einen Projektleiter und einen „Paten" aus dem Steuerteam fest. In der Startphase wurde jedes Projektteam von einem externen Trainer und einem internen Moderator betreut und moderiert. Die externen Trainer zogen sich nach und nach aus den Optimierungsprojekten zurück, sobald die internen Moderatoren in der Lage waren, die Projektteams alleine zu moderieren.

Als zentrale Optimierungsmaßnahme stellte sich bald die Schulung der betrieblichen Führungskräfte heraus. Die 16 Teilnehmer, Betriebsleiter, Meister und Schichtleiter, lernten in acht mal zwei Tagen das Handwerkszeug zeitgemäßer Führung kennen. Die Themen der Schulung lauteten:

- Grundlagen der Führung

- Grundlagen der modernen Arbeitsorganisation

- Das Führen von Mitarbeitergesprächen

- Führen mit Zielen

– Der konstruktive Umgang mit Konflikten

– Projekt- und Zeitmanagement

– Die Optimierung von Arbeitsabläufen und KVP

– Die Führungsfähigkeiten weiter entwickeln

In den einzelnen Schulungsbausteinen wurde neben Grundwissen über die Themen vor allem die konkrete Umsetzung der Schulungsinhalte in die Führungspraxis vorbereitet. Das Ziel bestand darin, parallel zu der Schulung die vorgestellten Führungsinstrumente und -methoden einzuführen und zu einem einfachen, aber leistungsfähigen Führungssystem auszubauen.

Herr Müller und der externe Berater entwickelten gemeinsam eine Vorgehensweise, wie eine passende Führungsstruktur und sinnvolle Führungsinstrumente für das Werk gestaltet werden könnten. Auf dieser Basis wurde Baustein für Baustein eines Führungssystems entwickelt. Ein einfaches und übersichtliches Zielvereinbarungsinstrument wurde geschaffen: Alle Führungskräfte in der Produktion begannen, regelmäßig Mitarbeitergespräche zu führen; für jeden Bereich wurde eine Qualifizierungsmatrix entwickelt, der Schulungsbedarf der Mitarbeiter der Bereiche festgestellt und ein Qualifizierungsplan für jeden Bereich erstellt.

Die Teilnehmer lernten, wie man Projekte erfolgreich gestaltet und setzten das Gelernte in den Optimierungsprojekten um. Parallel dazu wurden Ideen für weitere Verbesserungen der Produktion und der Abläufe entwickelt. Zur Umsetzung dieser Ideen wurden weitere Projekte gestartet. Die Schulung der betrieblichen Führungskräfte erstreckte sich über knapp ein Jahr. Nach dem Ende der Schulung gab es weiterhin regelmäßige Treffen der Schulungsteilnehmer mit Herrn Müller, um den Stand der Erreichung der Ziele und der eingeleiteten Maßnahmen zu überprüfen.

Herr Müller bewertet das Verbesserungsmanagement für sein Werk etwa eineinhalb Jahre nach dem Start als sehr positiv. Die in der Produktion angesiedelten Optimierungsprojekte waren erfolgreich abgeschlossen worden. Das Optimierungsprojekt „Rüsten" hatte wesentlich dazu beigetragen, die häufigen Produktwechsel mit weniger Aufwand und größerer Schnelligkeit zu bewältigen. „Ordnung und Sauberkeit" waren konstant im Bewusstsein der Führungskräfte und Mitarbeiter verankert, auch weil sie Teil der Zielvereinbarungen waren. Das Optimierungsprojekt „Elektrowerkstatt" war zwar gut angelaufen, aber dann kam man nicht richtig von der Stelle. Jetzt aber gab es eine Lösung, die wohl eine langfristige Verbesserung darstellen würde.

Nicht ganz zufrieden war Herr S. mit den Optimierungsprojekten, die *unternehmensübergreifend* angelegt waren. In Vertrieb und Verwaltung hatte man sich recht schwer mit dem ganzen Verbesserungsmanagement getan. Er hält es für den entscheidenden Unterschied, dass seine Führungskräfte gründlich geschult wurden und sie sich deshalb intensiv mit den Verbesserungsthemen beschäftigt hatten. Dagegen seien die Optimierungsprojekte von Vertrieb und Verwaltung nicht gleichermaßen ernst genommen worden.

Herr Müller sieht gerade in der Verbindung von konkreten Optimierungsprojekten und dem Aufbau von sinnvollen und praxistauglichen Führungsinstrumenten den Schlüssel zum Erfolg. Deshalb setzt sich das Steuerteam sehr dafür ein, in der nächsten Phase der Weiterentwicklung des Verbesserungsmanagements die Verwaltung und den Vertrieb ganz einzubeziehen. Vor allem sollen alle Führungskräfte des Unternehmens eine vergleichbare Schulung wie die betrieblichen Führungskräfte erhalten.

Das geschilderte Beispiel zeigt deutlich, dass es möglich ist, die Idee des Verbesserungsmanagements umzusetzen, auch wenn es zuvor im Unternehmen keine systematischen Führungswerkzeuge gab. Das Beispiel zeigt aber auch die Grenzen des Ansatzes auf. Wird nicht parallel zu Verbesserungsmaßnahmen am Aufbau eines Führungssystems gearbeitet, fehlt für die Verbesserung gleichsam die Basis. Um ein Unternehmen mittels eines Verbesserungsmanagements systematisch entwickeln zu können, ist ein *Anknüpfungspunkt* erforderlich. Im obigen Beispiel waren die Qualitätszirkel der Anknüpfungspunkt. Auf die in den Qualitätszirkeln gemachten Erfahrungen konnte aufgebaut werden, als die Optimierungsprojekte gestartet wurden.

Aber um ein Verbesserungsmanagement entwickeln zu können, musste ein Schritt weiter gegangen werden. Mit dem Entwicklungsprogramm für die betrieblichen Führungskräfte wurde in der Produktion dieser Schritt getan. Die systematische Entwicklung der Führungskompetenz brachte den entscheidenden Schritt zu einem organisierten Verbesserungsmanagement und damit zur Möglichkeit einer kontinuierlichen und konsequenten Weiterentwicklung im Werk von Herrn Müller. Denn über die Entwicklung der Führungskräfte gelang der Einstieg in das Führen mit Zielen, in das Führen von Mitarbeitergesprächen und durch das systematische Arbeiten an Qualifizierungsplänen in eine breit angelegte Personalentwicklung.

Durch diese Maßnahmen bekam das Verbesserungsmanagement eine tragfähige Basis in der Produktion. Das (vorläufige) Scheitern der Verbesserungsaktivitäten in Vertrieb und Verwaltung belegt nachdrücklich, dass es ohne Verankerung in der Organisation und vor allem bei den Führungskräften nicht gelingt, ein dauerhaft erfolgreiches Verbesserungsmanagement aufzubauen. Die Qualitätszirkel benötigten mit den Moderatoren so etwas wie „Hilfsmotoren", die dafür sorgten, dass die Arbeit nach vorne getrieben wurde und vorzeigbare Ergebnisse brachte. Sobald aber die Moderatoren ihre Arbeit einstellten, kamen die Verbesserungsaktivitäten zum Erliegen. In der Produktion zumindest gibt es nun mit den betrieblichen Führungskräften „Motoren" die, gesteuert durch die Ziele des Unternehmens und des Werkes, die Verbesserungsaktivitäten in Gang halten.

Die Schlussfolgerung aus diesen Überlegungen ist klar: Es spielt keine große Rolle, von welchem Ausgangspunkt ein Verbesserungsmanagement gestartet wird. Es ist möglich, von sehr unterschiedlichen Ausgangspunkten ein Verbesserungsmanagement aufzubauen. Ob von Zielen, von Teamansätzen, von einem betrieblichen Vorschlagswesen oder von der Personalentwicklung – von allen diesen möglicherweise im Unternehmen vorhandenen Elementen kann ausgegangen werden.

Ausgangspunkt Ziele

Es ist ein vergleichsweise einfacher Weg zum Verbesserungsmanagement, wenn vom Führen mit Zielen ausgegangen werden kann. Die Hierarchie in Richtung Verbesserungsmanagement sieht folgendermaßen aus:

1.   Arbeiten mit Zielen

2.   Arbeiten mit Zielvereinbarungen und Kennzahlen

3.   Arbeiten im Zielvereinbarungs- und Kennzahlensystem

Da heute in den meisten Unternehmen mit konkret formulierten und den Mitarbeitern bekannt gemachten Zielen gearbeitet wird, ist es ein relativ einfacher Weg, von dort aus ein Verbesserungsmanagement aufzubauen. Der erste Schritt besteht dann sinnvollerweise in einer Ausweitung des *Führens mit Zielen* (1). Das *Vereinbaren von Zielen* und das *Arbeiten mit Kennzahlen* erfordert ein Herunterbrechen der Ziele und das Diskutieren der Zielvorstellungen mit den Mitarbeitern (2). Wenn es für das gesamte Unternehmen ein *Zielvereinbarungs- und Kennzahlensystem* gibt, mit dem Führungskräfte und Mitarbeiter konsequent arbeiten, ist es sehr leicht möglich, die zum Erreichen der Ziele erforderlichen Aktivitäten im Sinne eines Verbesserungsmanagements auszubauen und in eine sinnvolle Organisation zu bringen (3). Auch das „Andocken" weiterer Führungsinstrumente ist von einem funktionierenden Zielvereinbarungssystem aus leicht möglich.

Ausgangspunkt Teamarbeit

Ein weiterer, guter Ausgangspunkt für das Errichten eines Verbesserungsmanagements ist die Teamarbeit. Die Hierarchie in Richtung Verbesserungsmanagement sieht folgendermaßen aus:

1.   Arbeiten in Projektteams oder Qualitätszirkeln

2.   Arbeiten in permanenten Teams

3.   Arbeiten in teilautonomen Arbeitsgruppen

Das Arbeiten im Team kann in den Unternehmen in sehr unterschiedlich entwickelter Form vorkommen. Die einfachste Form sind *temporäre Teams* wie Projektteams oder auch Qualitätszirkel (1). Das obige Beispiel zeigt, wie man von dort aus ein Verbesserungsmanagement ins Leben rufen kann. Natürlich kann es im Unternehmen auch *permanente Teams* geben, die eine gemeinsame Arbeitsaufgabe haben. Aus der gemeinsamen Diskussion der Arbeit, auftretender Probleme oder Fehler lässt sich ebenfalls eine systematisierte Form der Arbeit an Verbesserungen entwickeln (2). Die anspruchsvollste Form der Teamarbeit, das Arbeiten in *teilautonomen Arbeitsgruppen*, setzt sehr stark auf das eigenverantwortliche, sich selbst organisierte und flexible Handeln der Mitarbeiter. Das ständige Verbessern der Arbeitsabläufe gehört bereits zum Standard in vielen Unternehmen, die mit dieser Form der Arbeitsorganisation Erfahrungen gemacht haben (3). Gerade in diesen Unternehmen ist der Aufbau eines Verbesserungsmanagements die sinnvolle Ausbaustufe zur Weiterentwicklung der Gruppenarbeit, weil es so möglich wird, die Verbesserungsaktivitäten der einzelnen Gruppen sinnvoll zu koordinieren und zu intensivieren.

Ausgangspunkt Verbesserungen

Natürlich können auch bestehende Verbesserungsaktivitäten zum Ausgangspunkt eines Verbesserungsmanagements werden. Die Hierarchie in Richtung Verbesserungsmanagement sieht folgendermaßen aus:

- Betriebliches Vorschlagswesen (BVW)
- Betriebliches Vorschlagswesen und Kontinuierlicher Verbesserungsprozess (KVP)
- Ideenmanagement

In sehr vielen Unternehmen ist es ein *Betriebliches Vorschlagswesen (BVW)* vorhanden. Dieses ist aber oft sehr schwerfällig und bürokratisch organisiert (1). Durch Optimieren des Vorschlagswesens, beispielsweise durch Dezentralisieren und Vereinfachen der Bewertungsvorgänge sowie durch *KVP-Aktivitäten* lassen sich Verbesserungen oft besser und schneller realisieren (2). Ein *Ideenmanagement* verknüpft die Aktivitäten zur Verbesserung im Unternehmen; sowohl BVW als auch KVP finden unter dem Dach des Ideenmanagements ihren Platz, aber auch gezielt initiierte Verbesserungsprojekte (3). Der Weg vom Ideenmanagement zum Verbesserungsmanagement ist nicht sehr weit. Durch Verknüpfung mit einem Zielvereinbarungs- und Kennzahlensystem ist ein Verbesserungsmanagement relativ leicht aufzubauen.

Ausgangspunkt Personalentwicklung

Einen anderen Ausgangspunkt für den Aufbau eines Verbesserungsmanagements kann die Personalentwicklung bilden. Die Hierarchie in Richtung Verbesserungsmanagement sieht folgendermaßen aus:

– Sporadische Teilnahme der Führungskräfte an Seminaren

– Regelmäßiges Training der Führungskräfte

– Systematische Entwicklung der Führungskräfte mit Schulungs-Programmen und Coaching

Vor allem die Entwicklung der Führungskräfte bietet die Möglichkeit, Führungsinstrumente einzuführen und die Führungsmannschaft in deren Gebrauch zu trainieren. Dazu reicht aber die *sporadische Teilnahme* der Führungskräfte an Seminaren nicht aus (1). *Regelmäßiges Training* der Führungskräfte kann die Voraussetzungen schaffen (2), aber erst die *systematische Entwicklung* der Führungskräfte mit Schulungsprogrammen und Coaching – wie in Kapitel 5.4 vorgestellt – erlaubt das Realisieren eines Verbesserungsmanagements, da erst auf diese Weise das kontinuierliche Entwickeln und Anwenden von Führungsinstrumenten erfolgen kann (3).

Natürlich gibt es noch weitere Möglichkeiten, den Aufbau eines Verbesserungsmanagements zu betreiben. Die hier beschriebenen Wege stellen aber erfahrungsgemäß die Erfolg versprechendsten Anknüpfungspunkte dar.

Zusammenfassung:

Zum Aufbau eines Verbesserungsmanagements müssen zunächst die Managementwerkzeuge in sinnvoller Weise zusammengeführt werden. Hierzu sollten die richtigen Instrumente zum richtigen Zeitpunkt und in einer sinnvollen Verzahnung eingeführt und in der bestehenden Unternehmensstruktur verankert werden. Für ein umfassendes Führungssystem stellt das Erarbeiten eines *Unternehmensleitbildes* und einheitlicher *Führungsleitlinien* einen wichtigen Schritt zur Reflexion der Unternehmenskultur und des Führungsverhaltens dar. Führungsverhalten kann durch ein umfassendes Programm zur *Kompetenzentwicklung* weiterentwickelt werden. Es sollte durch ein *Auditierungssystem* regelmäßig überprüft und rückgemeldet werden. Ein durchgängiges *Zielvereinbarungssystem* stellt das Rückgrat jedes funktionierenden Führungssystems dar. Gestützt wird es durch ein übersichtliches und aussagekräftiges *Kennzahlensystem*. Ein durchgängiges *Informationssystem* sowie ein schlagkräftiges *Personalmanagement* runden das Führungssystem ab.

Sind die Führungswerkzeuge rund um das Zielvereinbarungssystem miteinander in Einklang gebracht, sind die besten Voraussetzungen für den Aufbau eines leistungsstarken

Verbesserungsmanagements geschaffen. Das Verbesserungsmanagement stellt ein in sich schlüssiges System dar, in dem Unternehmensziele, Menschen und Methoden sinnvoll miteinander verknüpft sind. Dabei werden auf der Basis der Ergebnisse einer Potenzialanalyse systematisch die wichtigsten Ziele des Unternehmens identifiziert und in Zielvereinbarungen bei Führungskräften und Mitarbeitern umgesetzt. Die zur Erreichung der Unternehmensziele vorhandenen Probleme werden aufgedeckt, die wichtigsten Themen gebündelt und dann unternehmensweit von den beteiligten Personen bearbeitet; dadurch können die Kräfte zielführend eingesetzt werden. Diese Verbesserungsaktivitäten werden an die Zielvereinbarungen geknüpft. Die Umsetzung und der Erfolg der Verbesserungsaktivitäten werden regelmäßig unternehmensweit überprüft. Durch die gleiche systematische Vorgehensweise in allen Unternehmensbereichen entsteht ein einheitliches und Ziel- und Verbesserungssystem, das zur dauerhaften Arbeitsweise wird.

Geleitet durch die Prinzipien Prozess- und Teamorientierung, Ausrichten an Zielen, Umsetzungsorientierung und Maßstäbe setzen durch Vergleiche wird das Verbesserungsmanagement Schritt für Schritt von der Konzeptphase über die Pilotierung eines Bereiches bis zur flächendeckenden Umsetzung im Unternehmen installiert. Dabei steht neben der unternehmensweiten Arbeit an Verbesserungsthemen die Orientierung an den Unternehmenszielen sowie das Controlling der Erfolge anhand konkreter Kennzahlen bei der Umsetzung im Mittelpunkt. Ein leistungsstarkes Projekt- und Führungsteam, ein kompetenter VM-Koordinator sowie ausgebildete Prozessbegleiter tragen mit dazu bei, dass das Verbesserungsmanagement zur festen Arbeitsmethode im Unternehmen wird.

Es ist möglich, von sehr unterschiedlichen Ausgangspunkten ein Verbesserungsmanagement aufzubauen. Ausgangspunkt können Ziele, Mitarbeiterteams, Verbesserungswesen oder Personalentwicklungsansätze im Unternehmen sein.

7. Methoden im Verbesserungsmanagement – mit den richtigen Steuerungsinstrumenten segeln

Zum erfolgreichen Segeln gehört neben dem komplexen Wissen, wie ein Kutter zum Hochleistungsschiff getrimmt werden kann, genauso das Segler-Handwerkszeug, um die Instrumente und Aufbauten des Schiffes richtig und sinnvoll bedienen zu können.

Ebenso braucht es im Verbesserungsmanagement einfache Methoden, die als Standard genutzt werden, um Verbesserungsthemen zu er- und bearbeiten. Die Anwendung der Methoden muss zunächst von den Beteiligten gelernt werden. Stellt sich nach einiger Zeit ein routiniertes methodisches Vorgehen ein, führt dies dazu, dass effektiv und ergebnisorientiert miteinander an Verbesserungsthemen gearbeitet wird.

Im Folgenden werden die aus unserer Erfahrung wichtigsten methodischen Vorgehensweisen vorgestellt. Dabei beschreiben wir Methoden zum Finden und Erarbeiten von Verbesserungsthemen sowie zur Bearbeitung und Bewältigung dieser Themen im Verbesserungsprojekt als auch das Vorgehen in komplexen Verbesserungsworkshops.

7.1 Methodisches Vorgehen bei der Erarbeitung von Verbesserungsthemen

Ein zentraler Gedanke des Verbesserungsmanagements ist es, die Mitarbeiter in das Erarbeiten von Verbesserungsthemen einzubeziehen. Hierzu kann man sehr gut die Mitarbeiter-Teamgespräche nutzen. Bei der Befragung der Mitarbeiter zu Verbesserungsthemen hat man aber meist mit einem von zwei Problemen zu kämpfen: Entweder es entsteht eine solche Flut von Verbesserungsthemen, dass man gar nicht weiß, wie man sie bewältigen soll, oder es entstehen fast gar keine Ideen. Um mit diesen Schwierigkeiten zurecht zu kommen, empfehlen wir eine Vorgehensweise, die für beide Problematiken Lösungen anbietet.

Sammlung von Verbesserungsthemen

Die Mitarbeiter sollten zunächst in einem Workshop zum Verbesserungsmanagement auf die neuen Aufgaben und Veränderungen vorbereitet werden. Hier stellt die Führungskraft den Mitarbeitern zunächst die definierten Unternehmens- und Verbesserungsziele sowie die abgeleiteten Handlungsfelder vor. Anschließend fragt der VM-Moderator die Mitarbeiter, welche Themen verbessert werden müssen, um diese Ziele zu erreichen. Alle genannten Ideen werden auf Karten gesammelt und aufgehängt.

Sollte es hier kaum oder keine Ideen geben, werden die Mitarbeiter aufgefordert zu überlegen, was sie konkret zu den genannten Handlungsfeldern in ihrem Arbeitsbereich täglich bei der Arbeit behindert und stört und welchen besseren Zustand sie sich vorstellen können. Bei unserem Wellpappe-Hersteller wurden die Mitarbeiter in ihren Teambesprechungen befragt, welche Verbesserungsideen sie zu den drei Handlungsfeldern „Grundware", „Kennzahlen" und „Liefertreue und Durchlaufzeiten" haben. Es ergab sich hieraus eine Flut an Themen:

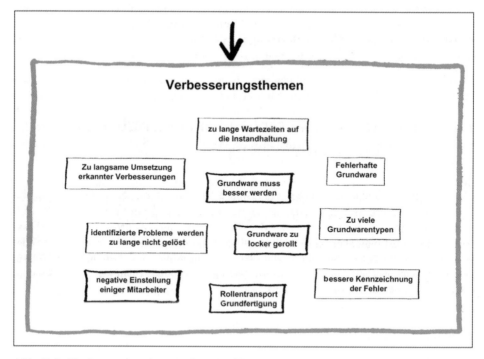

Abb. 7-1: Verbesserungsthemen der Mitarbeiter zu den Handlungsfeldern „Grundware", „Kennzahlen" und „Liefertreue und Durchlaufzeiten"

Sortierung der Verbesserungsthemen

Im nächsten Schritt werden die Themenkarten nach den bereits genannten drei Kategorien geordnet:

In **Kategorie 1** (Teaminterne Themen) werden alle internen Themen behandelt, die das Mitarbeiterteam ohne die Führungskraft und andere Abteilungen umsetzen kann.

In **Kategorie 2** (Themen für Team und Führungskraft) befinden sich Themen, die die Mitarbeiter mit ihrer Führungskraft gemeinsam bewältigen können.

In **Kategorie 3** (Bereichsübergreifende Themen) gelangen alle weiteren Themen, die nur bereichsübergreifend mit anderen Abteilungen realisiert werden können.

Die Mitarbeiter selbst bestimmen darüber, welche Karten in welche Kategorie eingeordnet werden. Es sollte darauf geachtet werden, dass es auch Themen in der Kategorie 1 gibt, also Themen, die die Mitarbeiter selbst bearbeiten können. Die Kategorienbildung wird für alle sichtbar an der Pinnwand durchgeführt.

Priorisierung der Verbesserungsthemen

Im dritten Schritt werden die Themen jeder Kategorie nach ihrem Bezug zu den Unternehmens- und Verbesserungszielen beurteilt und in eine Rangfolge gebracht. Ganz oben ist dann in der Kategorie „Teaminterne Themen" das Thema zu finden, das am stärksten die Verbesserungsziele beeinflusst und von den Mitarbeitern selbst bearbeitet werden kann. Ebenso findet sich in den anderen Kategorien an erster Stelle das Thema, das den größten positiven Einfluss auf die Verbesserungsziele des Unternehmens hat.

Sinnvoll ist es, nur die ersten 10 Prioritäten zu diskutieren. Ob ein Thema an 14. oder 15. Position landet, ist dabei unwichtig, denn wenn die Themen der ersten Priorität abgearbeitet sind, werden die weiteren, noch offenen Themen neu priorisiert.

Die fertigen Prioritätenlisten gelangen in die entsprechenden Arbeitsteams zur Bearbeitung: Die teaminternen Themen mit und ohne Führungskraft werden in den Besprechungen der Teams bearbeitet, die bereichsübergreifenden Themen gelangen in das Führungsteam und werden dort weiter bearbeitet.

Tipps aus der Praxis

Das Sammeln und Priorisieren von Verbessserungsthemen gestaltet sich in der Praxis häufig als recht schwierig, vor allem wenn die Mitarbeiter des gesamten Unternehmens einbezogen werden sollen.

Die erste Hürde besteht bereits im Auftakt zum Sammeln von Verbesserungsthemen. Entscheidend für die Qualität der genannten Themen ist unserer Erfahrung nach die Art der Herangehensweise. Werden die Mitarbeiter von ihrer Führungskraft gut darüber informiert, welche Ziele das Unternehmen mit der Befragung verfolgt und was mit dem Verbesserungsmanagement bezweckt werden soll, ist die Bereitschaft zur aktiven Mitarbeit in der Regel sehr hoch. Wissen die Mitarbeiter dagegen nicht darüber Bescheid, aus welchem Grund sie eigentlich zusammengeholt wurden und in welchem Zusammenhang die Befragung steht, kommen auch keine hochwertigen Vorschläge von den Mitarbeitern. Wichtig ist auch die Fokussierung auf die Ziele, die im Verbesserungsmanagement erreicht werden sollen. Je genauer die Mitarbeiter die Ziele kennen und je überzeugter sie davon sind, dass es sich dabei um für die Entwicklung des Unternehmens wichtige Themen handelt, desto besser und präziser sind in der Regel die genannten Verbesserungsthemen. Werden die Mitarbeiter hingegen nicht über die Ziele informiert, so werden meistens unspezifische Verbesserungsthemen genannt, die sich oft nicht verwerten lassen.

Werden Prozessbegleiter für die Befragung eingesetzt, dann ist es eine ihrer wichtigsten Aufgaben, darauf zu achten, dass die Mitarbeiter gut eingestimmt und informiert in das Benennen der Verbesserungsthemen starten.

Das Setzen der Prioritäten bereitet den Mitarbeitern oft Mühe, weil sie sich schwer damit tun, Verbesserungsthemen zu gewichten. Auch dabei kann ein Prozessbegleiter wertvolle Hilfestellung leisten. Die Erfahrung zeigt, dass es besser ist, sich auf wenige Themen zu beschränken. Gerade wenn es sich um bereichsübergreifende Themen handelt, wird es nach der Befragung sehr schwierig und zeitaufwendig, die Vielzahl der genannten Themen zu sichten und auszuwerten. Deshalb empfehlen wir, sich jeweils auf drei Themen zu beschränken. Sind diese abgearbeitet, können mit geringem Aufwand weitere Verbesserungsthemen benannt werden, die für die Mitarbeitergruppe wichtig sind.

7.2 Methodik zur Bearbeitung von Verbesserungsthemen

Im Verbesserungsmanagement sind sehr viele Methoden sinnvoll einsetzbar. Sie alle zu beschreiben, würde den Rahmen dieses Buches sprengen. Deshalb soll an dieser Stelle nur eine Methode beschrieben werden, die sich in der Praxis bewährt hat. Diese Vorgehensweise, die sich für alle Formen der Bearbeitung von Verbesserungsthemen eignet, orientiert sich an den Phasen eines Problemlöseprozesses.

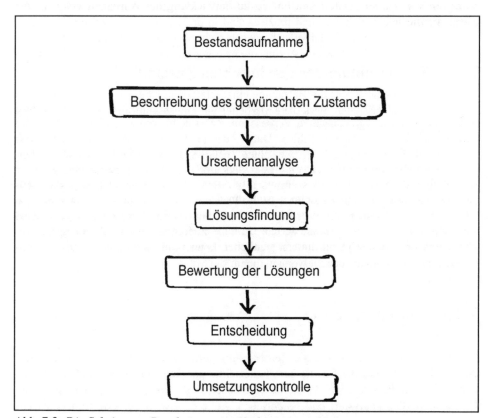

Abb. 7-2: Die Schritte zur Bearbeitung von Verbesserungsthemen

7.2.1 Bestandsaufnahme

Der erste Schritt ist sinnvollerweise eine Bestandsaufnahme der bestehenden Situation. Es wird festgestellt, welche Merkmale die momentane Situation kennzeichnen. Die für die aktuelle Situation charakteristischen Probleme werden herausgestellt und möglichst genau beschrieben. Die Auswirkungen dieser Probleme werden erfasst und dargestellt. Die Erfahrung zeigt, dass in dieser Phase eine präzise Beschreibung hilft, die Problematik in den Details zu erkennen. Je genauer das Problem beschrieben werden kann, desto leichter ist es dann, die Ursachen der Probleme zu erkennen. Deshalb gehört das Sammeln von Zahlen, Daten und Fakten zu den wichtigsten Aufgaben während der Bestandsaufnahme.

7.2.2 Beschreibung des gewünschten Zustands

Im zweiten Schritt gilt es, den gewünschten Zustand zu beschreiben. Es wird geklärt, welche Ziele mit der gewünschten Verbesserungen erreicht werden sollen. Und es wird herausgearbeitet, an welchen Zahlen, Daten oder Fakten die Verbesserung erkennbar sein soll. Die Beschreibung des gewünschten Zustands ist für eine erfolgreiche Bearbeitung eines Vebesserungsthemas von großer Bedeutung, weil es die Teilnehmer zu einer klaren Formulierung des Verbesserungsziels zwingt. Es wird geklärt, was die Teilnehmer eigentlich erreichen möchten. In der Praxis kommt es häufig vor, dass sich die Teilnehmer einig sind, wenn es um die Beschreibung des Problems geht. Aber sie sind sich nicht selten uneinig darüber, welches Ziel sie verfolgen. Die Beschreibung des gewünschten Zustands zeigt die unterschiedlichen Erwartungshaltungen auf und ermöglicht dann einen Abgleich der Zielvorstellungen.

7.2.3 Ursachenanalyse

Ist geklärt, in welche Richtung die Verbesserung gehen soll, wird der Blick wieder auf die Probleme gelenkt, die für die bestehende Situation kennzeichnend sind. Im dritten Schritt werden die Ursachen für die beschriebenen Probleme beleuchtet. Die einzelnen Ursachen werden analysiert und beschrieben. Außerdem wird bei jeder einzelnen Ursache herausgearbeitet, welche konkreten Auswirkungen diese hat. Die Auswirkungen mit der größten Bedeutung werden identifiziert. Die Beschäftigung mit den Ursachen ist erfahrungsgemäß der entscheidende Schritt, um die richtige Spur für eine gute Lösung zu finden. Verbesserungsbemühungen bleiben oftmals ohne durchschlagenden Erfolg, weil an den Symptomen kuriert wird und es nicht gelingt, den entscheidenden Ursachen auf den Grund zu gehen und dort bei der Lösung anzusetzen. Deshalb ist es wichtig, sich in dieser Phase sehr gründlich mit den Ursachen auseinander zu setzen.

Eine sehr einfache und wirksame Methode besteht darin, bei der Frage nach der Ursache für ein Problem nicht bei dem ersten „Warum" stehen zu bleiben, sondern konsequent weiter zu fragen, bis der eigentliche Verursacher für das Problem gefunden wurde. Allerdings kommt es bei dem mehrmaligen Warum-Fragen nicht selten zu unliebsamen Überraschungen, weil die Frage nach den wirklichen Ursachen zu tiefer liegenden Problemfeldern führt, die nicht leicht lösbar sind, wie Führungsfehler oder Fragen der Unternehmensstruktur. In diesen Fällen wird ein auf den ersten Blick als leicht lösbar empfundenes Problem auf einmal zu einem Schwergewicht, das von den Bearbeitern des Verbesserungsthemas nicht mehr gelöst werden kann. In einem solchen Fall empfiehlt es sich, das Problem mit der Führungskraft zu diskutieren oder es an das Führungsteam weiter zu geben.

7.2.4 Lösungsfindung

Im vierten Schritt geht es um die Lösungsfindung. Zuerst werden sämtliche Lösungsmöglichkeiten erfasst, die zur Lösung des Problems führen. In dieser Phase wird häufig mit der Methode des „Brainstorming" gearbeitet. In einer begrenzten Zeitspanne (zehn bis dreißig Minuten) werden von den Teilnehmern Lösungsideen geäußert und aufgeschrieben. Diese Äußerungen werden zunächst nicht kommentiert. Erst nach Beendigung der Ideensammlung werden die Vorschläge diskutiert. Es kommt in der Phase der Ideenfindung darauf an, dass nicht nur die nahe liegenden Lösungsvorschläge zur Sprache kommen, sondern auch Ideen, die außerhalb des bisherigen Suchraums liegen. Deshalb ist es wichtig, dass auch Ideen zur Sprache kommen, die auf den ersten Blick abwegig erscheinen mögen, aber helfen, neue, Erfolg versprechende Lösungspfade zu entdecken.

Sind die möglichen Lösungsalternativen identifiziert, geht es darum, diese näher zu beschreiben: Welcher Aufwand ist mit ihrer Realisierung verbunden? Welchen Nutzen bringt die Lösung? Welche „Risiken und Nebenwirkungen" sind mit der Umsetzung der Lösung verbunden?

Einige Lösungen werden in dieser Phase bereits verworfen, weil sie sich nicht realisieren lassen oder auf den ersten Blick erkennbar ist, dass Aufwand und Nutzen in keinem annehmbaren Verhältnis stehen. Die übrigen Lösungsvorschläge werden im folgenden Schritt sorgfältig bewertet.

7.2.5 Bewertung der Lösungen

Zunächst sind die Kriterien zu erarbeiten, die für die Bewertung der Lösungen maßgeblich sind. Die Kriterien betreffen den Nutzen der Lösung, den Aufwand und die Kosten zu ihrer Umsetzung, ihre Auswirkungen auf Organisation und Mitarbeiter und ggf. technische Aspekte ihrer Realisierung. Es ist zu klären, welche Gewichtung die einzelnen Bewertungskriterien erhalten sollen, um deren unterschiedlicher Bedeutung gerecht zu werden. Nach den erarbeiteten Kriterien wird die aus der Sicht der Teilnehmer geeignetste Lösung ermittelt.

7.2.6 Entscheidung

Nachdem sich die Teilnehmer festgelegt haben, welche Lösung sie realisieren möchten, besteht der nächste Schritt darin, die Entscheider im Unternehmen von der gewählten Lösung zu überzeugen. Dazu wird das Arbeitsergebnis aufbereitet und dem Personenkreis der Entscheider präsentiert. Mit den Entscheidern wird diskutiert, ob der Lösungsvorschlag umgesetzt werden kann. Ist die Entscheidung getroffen, dass dieser realisiert werden soll, ist festzulegen, wie die Umsetzung erfolgen soll.

7.2.7 Umsetzung

Die Phase der Umsetzung beginnt mit der Entscheidung, den erarbeiteten Lösungsvorschlag zu realisieren. Es ist festzulegen, in welchen Schritten und in welchem Zeitraum die Umsetzung erfolgen soll. Vor allem ist zu klären, wer für die Umsetzung verantwortlich ist. Die Erfahrung zeigt, dass der Erfolg der Umsetzung einer Verbesserungsmaßnahme maßgeblich von dem Umsetzungsverantwortlichen abhängt. In vielen Unternehmen erlahmen die Verbesserungsaktivitäten der Mitarbeiter, weil das Umsetzen der Verbesserungen in die Praxis trotz Entscheidung für die Realisierung zu lange dauert oder gar nicht erfolgt.

Deshalb ist es so wichtig, vor der Entscheidung zu prüfen, ob die Ressourcen zur Umsetzung des Lösungsvorschlages vorhanden sind und eine Person zur Verfügung steht, die sich aktiv um deren Realisierung kümmern kann. Für die Umsetzung sollte ein Zeitplan erstellt werden, in dem die wichtigsten Umsetzungsschritte aufgeführt sind.

7.2.8 Umsetzungskontrolle

Eine Verbesserungsmaßnahme ist erst dann erfolgreich abgeschlossen, wenn alle Beteiligten dauerhaft mit der Lösung zufrieden sind. Deshalb ist es wichtig, vor der Realisierung der Lösung mit allen Beteiligten zu klären, welche Kriterien für eine erfolgreiche Umsetzung erfüllt sein müssen und zu welchem Zeitpunkt von welchen Personen geprüft wird, ob die Umsetzung erfolgreich abgeschlossen ist. Erst nach der Feststellung der Beteiligten, dass die Verbesserung dauerhaft wirksam ist, wird die Verbesserungs-aktivität beendet.

Der skizzierte Weg zur Realisierung eines Verbesserungsthemas entspricht den klassischen Schritten eines Problemlöseprozesses. Bei der Bearbeitung eines konkreten Verbesserungsthemas ist es empfehlenswert, diese Schritte einzuhalten. Sie garantieren noch nicht, eine sinnvolle Verbesserung zu erreichen. Aber es zeigt sich, dass bei der Einhaltung der beschriebenen Schritte und bei einer gewissenhaften Beantwortung der gestellten Fragen in der Regel eine gute und tragfähige Lösung erzielt werden kann.

Die vorgestellte Vorgehensweise gilt für alle Formen der Bearbeitung von Verbesserungsthemen. Sie funktioniert bei einfachen Verbesserungsthemen ebenso gut wie bei umfangreichen Verbesserungsprojekten, wobei selbstverständlich die Intensität und der Zeitaufwand bei kleineren Verbesserungsthemen deutlich geringer sind als bei komplexen Themen.

7.3   Organisatorische Formen für die Bearbeitung von Verbesserungsthemen

Je nach Themenstellung und Umfang des Themas kann die Bearbeitung von Verbesserungsthemen in sehr unterschiedlichen Formen organisiert werden. In der nachstehenden Abbildung werden mögliche organisatorische Formen der Bearbeitung von Verbesserungsthemen dargestellt.

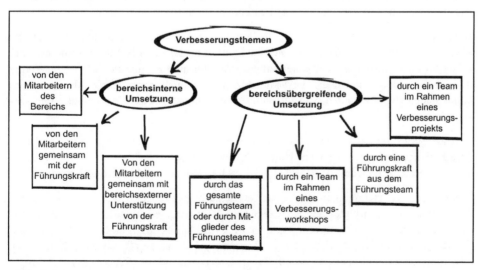

Abb. 7-3: Organisatorische Formen für die Bearbeitung von Verbesserungsthemen

Für bereichsintern umsetzbare Verbesserungsthemen gibt es eine Reihe von Bearbeitungsformen, die je nach Thema und Zielsetzung gewählt werden können. Prinzipiell können solche Verbesserungsthemen in drei Formen bearbeitet werden:

1. von den Mitarbeitern des Bereichs;

2. von den Mitarbeitern gemeinsam mit der Führungskraft;

3. von den Mitarbeitern gemeinsam mit bereichsexterner Unterstützung von der Führungskraft.

Ein Verbesserungsthema eignet sich dann für die Bearbeitung durch Mitarbeiter des Bereichs, wenn das Thema überschaubar und mit relativ geringen Mitteln umsetzbar ist. Gerade zu Beginn, wenn die Mitarbeiter noch keine Erfahrung in der selbständigen Bearbeitung von Verbesserungsthemen haben, empfiehlt sich eine Unterstützung durch einen Prozessbegleiter. Wie viele Mitarbeiter mit der Bearbeitung des Themas betraut werden, hängt ebenfalls vom Umfang des Themas ab. Generell gilt, dass die Teams, die sich mit der Bearbeitung eines Verbesserungsthemas beschäftigen, nicht zu groß sein sollten. Wenn in einem Bereich erste Erfahrungen mit der Bearbeitung von Verbesserungsthemen gesammelt werden, ist es oft sinnvoll, zuerst kleine Verbesserungsthemen zu wählen, die von zwei oder höchstens drei Mitarbeitern bearbeitet und umgesetzt werden können.

Wenn ein Verbesserungsthema in der Bearbeitung und Umsetzung eine höhere Komplexität aufweist, sollte es von der Führungskraft mit einigen Mitarbeitern des Bereichs gemeinsam angegangen werden. Dies gilt insbesondere für Themen, bei denen die Mitwirkung der Mitarbeiter wichtig ist, aber deren Qualifikation nicht ausreicht, um das Verbesserungsthema ohne Unterstützung durch die Führungskraft zu bewältigen. Die gemeinsame Problembearbeitung führt dann neben der Lösung des Problems gleichzeitig zu einer fachlichen und methodischen Schulung der beteiligten Mitarbeiter.

Anstelle der Führungskraft können natürlich auch Experten aus anderen Bereichen die Mitarbeiter darin unterstützen, ein Verbesserungsthema zu bearbeiten und umzusetzen. In der Produktion sind dies oft Mitarbeiter aus der Instandhaltung, die das nötige Wissen und die Erfahrung mitbringen, Verbesserungen erfolgreich umzusetzen. Aber natürlich können auch Experten aus den Bereichen Planung, Konstruktion, Vertrieb, etc. hinzugezogen werden.

Verbesserungsthemen sollten dann von der Führungskraft alleine bearbeitet und umgesetzt werden, wenn es sich um klare Führungsaufgaben handelt und das Einbeziehen der Mitarbeiter keine qualifikatorischen oder motivationalen Effekte mit sich bringt.

Wichtig für den nachhaltigen Erfolg der Verbesserungsaktivitäten und der andauernden Beteiligung der Mitarbeiter an der Arbeit an Verbesserungsthemen ist die kontinuierliche Kommunikation der Führungskraft mit ihren Mitarbeitern über Verbesserungsthemen. In regelmäßigen Abständen sollte sich die Führungskraft mit den Mitarbeitern zusammensetzen und über den Stand der geplanten und durchgeführten Verbesserungsaktivitäten informieren. In der Diskussion mit den Mitarbeitern sollte geklärt werden, ob alle Beteiligten mit dem Stand der Verbesserungen zufrieden sind und ob die Schwerpunkte richtig gesetzt werden. Das kontinuierliche Aktualisieren und Pflegen einer Aktivitätenliste ist dabei sehr hilfreich, um den Überblick über die laufenden Verbesserungsaktivitäten zu behalten und sich an die vereinbarten Termine zu halten.

Einen Sonderfall stellt das Arbeiten mit Checklisten dar. In der Regel zielt das Verbessern mit Checklisten auf eine kontinuierliche Verfolgung und Pflege von Aktivitäten, die nicht wie in den übrigen Verbesserungsthemen bearbeitet, umgesetzt und abgeschlossen werden, sondern über Jahre hinweg der Aufmerksamkeit der Mitarbeiter bedürfen. In Kapitel 7.6 wird diese besondere Form von Verbesserungen ausführlicher beschrieben.

Die Bearbeitung und Umsetzung bereichsübergreifender Verbesserungsthemen erfordert in der Regel eine intensivere Vorbereitung und Planung als bereichsinterne Themen und auch der Aufwand für die Realisierung dieser Verbesserungsaktivitäten ist häufig höher.

Im Verbesserungsmanagement hat das Führungsteam die Aufgabe, aus der Vielzahl der Verbesserungsthemen diejenigen auszuwählen, die einerseits die höchste Priorität erhalten haben und andererseits hinsichtlich Aufwand und Kosten realisierbar sind. Auch für die Bearbeitung bereichsübergreifender Verbesserungsthemen sind mehrere organisatorische Formen möglich, nämlich die Bearbeitung und Umsetzung:

1. durch eine Führungskraft aus dem Führungsteam;

2. durch ein Team von Führungskräften aus dem Führungsteam;

3. durch ein vom Führungsteam eingesetztes Team im Rahmen eines Verbesserungsprojekts;

4. durch ein vom Führungsteam eingesetztes Team im Rahmen eines Verbesserungsworkshops.

Ein Verbesserungsthema, dessen Bearbeitung und Umsetzung bereichsübergreifend erfolgt, wird in der Regel von einem Team bearbeitet, in dem die betroffenen Bereiche vertreten sind. Es gibt aber auch Themen, die zwar von bereichsübergreifendem Interesse sind, die aber von einer Person bearbeitet und umgesetzt werden können. In der Regel wird diese Aufgabe ein Mitglied des Führungsteams übernehmen. Andere Themen betreffen nur zwei Bereiche, sodass die Lösung des Problems von den Verantwortlichen dieser Bereiche erfolgen kann.

Die Erfahrung zeigt, dass eine Reihe von bereichsübergreifend relevanten Themen direkt in den Sitzungen des Führungsteams bearbeitet und entschieden werden können, sodass die Umsetzung unmittelbar danach eingeleitet werden kann. Das beschleunigt den Entscheidungsprozess und fuhrt deshalb häufig zu schnellen Umsetzungsergebnissen. Gerade diese schnellen Erfolge sind es, die dem Verbesserungsmanagement die Akzeptanz bei den Mitarbeitern sichern.

Bei Verbesserungsthemen, die komplexere Problemstellungen beinhalten, werden die Bearbeitung und Umsetzung in der Regel einem bereichsübergreifend besetzten Team übertragen, in dem die Experten aus dem Unternehmen zu dem betreffendem Thema zusammenkommen, um eine Lösung zu erarbeiten und umzusetzen.

Wenn zu erwarten ist, dass die Bearbeitung und Umsetzung des Verbesserungsthemas über eine längere Zeitspanne hinweg erfolgen wird, empfiehlt es sich, ein *Verbesserungsprojekt* ins Leben zu rufen. Im Rahmen eines solchen Verbesserungsprojektes ist es beispielsweise möglich, die Ursachen des Problems über einen längeren Zeitraum hinweg gründlich zu untersuchen und entsprechendes Zahlenmaterial zu erstellen. Der Nachteil ist, dass es häufig sehr lange dauert, bis ein Verbesserungsthema zur Umsetzung kommt.

Um diesen Nachteil zu vermeiden, werden in vielen Unternehmen Verbesserungsworkshops durchgeführt (nach dem Vorbild der KVP^2-Workshops der Volkswagen AG). Ähnlich wie im Verbesserungsprojekt werden hierbei Experten aus unterschiedlichen Bereichen zusammengeführt, um ein bestimmtes Verbesserungsthema zu bearbeiten. Im Unterschied zu einem Verbesserungsprojekt erfolgen aber die Bearbeitung und Umsetzung der Verbesserung in einem kurzen Zeitraum. Denn während sich das Projektteam in einem Verbesserungsprojekt in Abständen von mehreren Wochen für zwei bis drei Stunden trifft, wird in einem Verbesserungsworkshop mehrere Tage ohne Unterbrechung an dem Verbesserungsthema gearbeitet, bis am Ende des Workshops die konkrete Umsetzung der erarbeiteten Ergebnisse erfolgt. Diese Schnelligkeit der Umsetzung verleiht den Verbesserungsworkshops ihre Schlagkraft und Wirksamkeit. Allerdings eignen sich nicht alle Themen für einen Verbesserungsworkshop. Deshalb ist jeweils sorgfältig abzuwägen, ob ein komplexes Thema im Rahmen eines Verbesserungsprojekts oder eines Verbesserungsworkshops bearbeitet werden soll. Weil die organisatorischen Formen Verbesserungsprojekt und Verbesserungsworkshop im Verbesserungsmanagement von besonderer Bedeutung sind, werden sie nachfolgend ausführlicher dargestellt.

7.4   Vorgehensweise im Verbesserungsprojekt

Ein Verbesserungsprojekt ist ein Vorhaben zur Bearbeitung und Umsetzung eines Verbesserungsthemas, bei dem nach den Regeln des Projektmanagements vorgegangen wird. Es werden ein bestimmtes Ziel definiert, ein Projektleiter bestimmt, ein Projektteam zusammengestellt und das Thema systematisch und methodisch bearbeitet und umgesetzt. Im Rahmen des Verbesserungsmanagements empfiehlt es sich, ein Verbesserungsprojekt zu beginnen, wenn:

- ein komplexes Thema zu bearbeiten ist;

- zu erwarten ist, dass die Bearbeitung des Themas längere Zeit erfordert;

- mehrere Mitarbeiter zur Bearbeitung erforderlich sind;

- bereichsübergreifend vorgegangen werden soll und

- ein organisiertes Vorgehen erforderlich ist.

Mit dem Beispiel eines der Verbesserungsprojekte des in Kapitel 6.4 beschriebenen Optimierungsprojektes lässt sich am leichtesten verdeutlichen, worauf es bei einem Verbesserungsprojekt ankommt.

Bei der Analyse der von den Mitarbeitern genannten Verbesserungsthemen zeigte sich, dass eines der meistgenannten Probleme der durch die Verkleinerung der Losgrößen vermehrte Aufwand war. Viele Mitarbeiter hatten dieses Problem als durch schlechte Planung verursacht angesehen. Für die Mitglieder des Steuerteams aber wurde deutlich, dass die zunehmend kleineren Losgrößen mit der veränderten Nachfrage auf dem Markt zu tun hatten und nicht primär durch unternehmensinterne Planungsfehler entstanden sind. Außerdem war es wahrscheinlicher, dass in Zukunft die Losgrößen noch kleiner werden würden, als dass sich auf Dauer wieder große Stückzahlen würden realisieren lassen.

Deshalb entstand der Vorschlag im Steuerteam, im Rahmen eines Verbesserungsprojekts zu versuchen, den mit der Losgrößenverkleinerung verbundenen Mehraufwand bei der Umrüstung und Neueinrichtung der Anlagen zu reduzieren. Nach Genehmigung durch den Vorstand wurde das Verbesserungsprojekt „Rüsten" gestartet. Das Steuerteam stellte das Projektteam so zusammen, dass alle an dem Thema beteiligten Bereiche vertreten waren:

- ein Meister der Produktion;

- ein Mitarbeiter aus der Produktion;

- der Fertigungssteuerer als Verantwortlicher für die Produktionsplanung;

- der Meister der mechanischen Werkstatt;

– der Leiter des Vertriebsinnendienstes.

Der Leiter des Vertriebsinnendienstes übernahm als Mitglied des Steuerteams die Leitung des Projekts. Einer der ausgebildeten Prozessbegleiter wurde ausgewählt, um das Verbesserungsprojekt „Rüsten" zu moderieren und die Sitzungen des Verbesserungsteams zu organisieren. Es wurde geplant, dass sich das Projektteam ca. alle 14 Tage zu etwa dreistündigen Sitzungen treffen sollte. Das Projektteam sollte innerhalb eines halben Jahres die erforderlichen Maßnahmen einleiten und nach spätestens einem Jahr das Projekt erfolgreich abgeschlossen haben.

In der ersten Sitzung wurde den Mitgliedern des Projektteams zunächst der Hintergrund des Projekts erläutert und die Aufgabenstellung vorgestellt: den Aufwand für das Rüsten soweit zu reduzieren, dass auch bei häufigem Produktwechsel ein wirtschaftliches Produzieren mit den vorhandenen Anlagen möglich ist. Diese Aufgabenstellung wurde intensiv diskutiert und von allen Teilnehmern als ein wichtiges Ziel anerkannt, dem es sich zu widmen lohne.

Im ersten Schritt der Bearbeitung wurde die bestehende Situation beschrieben. Es wurde herausgestellt, dass für alle Beteiligten das Umrüsten der Anlagen ein zentrales Problem darstellt:

– Die Produktivität sinkt durch den erhöhten Umrüstaufwand;

– nach jedem Umrüsten dauert es eine gewisse Zeit, bis die Qualität wieder stabil ist;

– bei einigen Produkten gibt es bei der Umstellung große technische Probleme;

– diese Probleme können nur von wenigen Experten beseitigt werden; ist kein Experte zur Stelle, kann die Anlage nicht arbeiten;

– die bestehenden Spielräume in der Produktionsplanung werden nicht genug genutzt;

– die Produktionsplanung weiß zu wenig über die Probleme in der Produktion und kann deshalb nicht so unterstützen, wie es stattdessen möglich wäre;

– der Vertrieb berücksichtigt die Produktionsbedingungen zu wenig, wodurch die erreichbare Produktivität und Qualität nicht realisiert werden können.

Die genannten Probleme wurden intensiv diskutiert und ihre Auswirkungen auf die einzelnen Bereiche des Unternehmens erörtert. Dabei zeigte sich, dass vielen Mitarbeitern die Zusammenhänge nicht deutlich waren. Erst durch die Diskussion wurden die wechselseitigen Abhängigkeiten evident. Andererseits wurde deutlich, dass die erörterten Zusammenhänge in den wenigsten Fällen dokumentiert waren. Die Projektteammitglieder konnten nur qualitative Aussagen über die bestehenden Probleme machen. Zahlenmäßig war keiner der Problembereiche erfasst bzw. beschrieben.

Im zweiten Schritt wurden die Ziele des Verbesserungsprojekts „Rüsten" definiert:

– Das Rüsten ist mit einem Minimum an Zeit und Kosten zu realisieren;

- um zu definieren, was „Minimum an Zeit und Kosten" bedeutet, muss eine zuverlässige Datenbasis geschaffen werden mit einer genauen Erfassung der benötigten Zeiten und der entstehenden Kosten;

- für das Rüsten sind zwischen allen Beteiligten Spielregeln zu definieren und einzuhalten;

- Optimierung der Absprachen zwischen Produktionsplanung und Fertigungssteuerung in der Produktion;

- besseres Einplanen der Neuheiten in das Produktionsprogramm;

- Qualifizieren der Schichtführer, Einrichter und Mitarbeiter in allen Tätigkeiten, die mit dem Umrüsten der Anlagen in Verbindung stehen;

- Erstellen von Checklisten für das Umrüsten der einzelnen Anlagen, die von den Mitarbeitern konsequent zu nutzen sind;

- Bereitstellen von technischen Hilfsmitteln, die das Umrüsten beschleunigen und erleichtern und vor allem dazu beitragen, möglichst schnell einen stabilen Produktionsprozess zu erreichen;

- kontinuierliches Informieren der Mitarbeiter über die jeweils erforderliche Produktstruktur und die Veränderungen am Markt.

Die erste Sitzung des Projektteams endete mit dem Definieren von Aufgaben, die bis zur nächsten Sitzung von den Teilnehmern erledigt werden sollten. Diese Aufgaben betrafen vor allem die zahlenmäßige Analyse der Problembereiche. In der nächsten Sitzung sollten die bestehenden Probleme anhand der in der Zwischenzeit erstellten Aufschreibungen analysiert und deren Ursachen herausgearbeitet werden.

In der zweiten Sitzung des Projektteams wurden die Problemfelder beim Umrüsten systematisch analysiert. Anhand der Aufschreibungen und Auswertungen war es möglich, bei den meisten der untersuchten Probleme konkrete Aussagen über die Auswirkungen der einzelnen Probleme zu machen. Vor allem die Zusammenstellung der bei den einzelnen Anlagen und Produkten beim Umrüsten erforderlichen Zeiten und der entstehenden Kosten ermöglichte ein genaues Erfassen der Problematik. Die durchschnittlich benötigte Zeit für das Umrüsten einer Anlage betrug 2,5 Stunden; der Verlust an Produktivität und der Verlust an Qualität während der Anlaufphase bewirkte Kosten von durchschnittlich 4000 Euro. Die Zahl der erforderlichen Umrüstvorgänge war von 4 pro Woche im Jahr 1999 auf 16 pro Woche im Jahr 2001 gestiegen.

Die beschriebenen Probleme wurden anschließend eingehend analysiert. Die Ursachen waren in den meisten Fällen sehr leicht zu identifizieren. Lediglich zur Frage, warum es bei einigen Produkten große technische Probleme gibt, war eine tiefergehende Analyse erforderlich. Es zeigte sich, dass bei den betreffenden Produkten die zur Verfügung stehenden Betriebsmittel nicht in ordnungsgemäßem Zustand waren. Auf Grund der Mängel an diesen Maschinen war es sehr schwierig, diese richtig einzustellen.

Außerdem neigten diese Maschinen dazu, sich im Laufe der Zeit wieder zu verstellen, und nur der Meister des Bereichs war in der Lage, dies rechtzeitig „zu fühlen" und entsprechend zu reagieren. Zu den identifizierten Problemen wurden dann im Laufe mehrerer weiterer Sitzungen Lösungen erarbeitet. Die Reihenfolge der Lösungserarbeitung wurde nach der Einschätzung der Aufwand-Nutzen-Relation gewählt. Zu Beginn wurden die Probleme bearbeitet, deren Lösung hohen Nutzen bei vergleichsweise geringem Aufwand versprach.

Für einige der herausgearbeiteten Probleme war es relativ einfach, leicht umsetzbare Lösungen zu finden. So wurden beispielsweise sehr schnell Spielregeln zwischen der Produktionsplanung und der Fertigungssteuerung in der Produktion erarbeitet und sofort angewandt. Der Effekt war eine spürbar verbesserte Abstimmung, die der Produktion half, ihre Planungsspielräume besser zu nutzen und die Rüstvorgänge bei kritischen Produkten auf das Mindestmaß zu beschränken. Auch das Informieren der Mitarbeiter über die veränderte Situation am Markt und deren Auswirkungen auf Planung und Produktion erfolgte sehr schnell und bewirkte ein spürbar größeres Verständnis für die Notwendigkeit vermehrten Umrüstens. Die Mitarbeiter wurden bei der Erarbeitung von Möglichkeiten, den Aufwand für das Umrüsten zu vermindern, aktiv einbezogen. Jeder einzelne Umrüstvorgang wurde nacheinander analysiert, wobei die Anlagen und Produkte zuerst angegangen wurden, bei denen die größten Verluste durch das Umrüsten entstanden. Diese Optimierungen brachten sofortigen Erfolg, wie die nachstehende Abbildung zeigt.

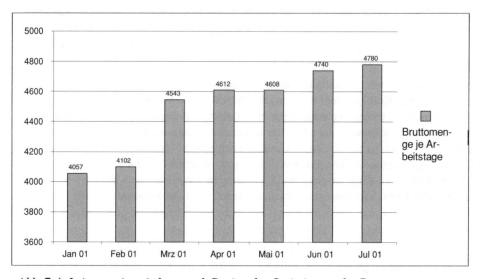

Abb. 7-4: Leistung einer Anlage nach Beginn der Optimierung des Rüstens

An allen Anlagen wurden deutliche Produktivitätsverbesserungen durch das Verbessern der Rüstvorgänge erzielt. Im Laufe des ersten halben Jahres nach dem Start des Verbesserungsprojekts wurden die durchschnittlichen Kosten je Rüstvorgang auf durchschnittlich weniger als 3000 Euro reduziert; dies sind mehr als 25 Prozent. Auch die erzielte Qualität wurde in der gesamten Produktion deutlich besser. Die Qualitätsquote an einwandfreien Produkten wurde von 88 Prozent auf 94 Prozent gesteigert und lag damit annähernd wieder auf dem Niveau vor der deutlichen Erhöhung der Rüstvorgänge in der Produktion.

Insgesamt wurden im Rahmen des Verbesserungsprojekts „Rüsten" im ersten halben Jahr nach Start des Projekts 20 unterschiedliche Aktivitäten in Angriff genommen, von denen über die Hälfte im ersten halben Jahr abgeschlossen wurden. Danach wurde intensiv weitergearbeitet, und nach einem Jahr waren 15 Aktivitäten abgeschlossen. Die Kosten je Rüstvorgang waren weiter auf durchschnittlich 2850 Euro gesunken und die Qualität hatte sich auf knapp über 95 Prozent eingependelt.

Diese Ergebnisse waren sehr beachtlich und wurden auch vom Vorstand entsprechend gewürdigt, aber es waren noch nicht alle Ziele des Verbesserungsprojektes realisiert worden. Vor allem das Einplanen der Neuheiten in das Produktionsprogramm erfolgte nach wie vor zu spät, sodass die Produktion keine Chance mehr hatte, sich rechtzeitig darauf vorzubereiten. Das Projektteam stellte fest, dass es im Rahmen des Verbesserungsprojekts „Rüsten" nicht möglich war, das Problem der Einplanung von Neuheiten zu lösen. Deshalb entschied sich das Projektteam, dieses Problem an das Steuerteam zurückzugeben mit der Empfehlung, dieses Thema in einem anders zusammengesetzten Team anzugehen. Denn ohne die Verantwortlichen für die Produktentwicklung sei es nicht möglich, eine dauerhaft wirksame Lösung zu erarbeiten.

Nach etwa einem Jahr Arbeit traf sich das Projektteam zu seiner letzten Sitzung. Der Verlauf des Projekts wurde kritisch gewürdigt. Alle Teilnehmer werteten das Verbesserungsprojekt als einen großen Erfolg. Das Projekt habe wesentlich dazu beigetragen, die Leistungsfähigkeit der Produktion zu verbessern. Die Mitarbeiter hätten verstanden, dass Rüsten nicht als eine Störung, sondern als ein wesentlicher Teil ihrer Arbeit zu sehen sei. Es sei gelungen, technische Hilfsmittel zu schaffen, die das Rüsten erleichterten. Es lag vor allem an dem Bündel abgestimmter Maßnahmen, dass sich Produktivität und Qualität deutlich verbessert hätten und gleichzeitig die Kosten reduziert worden seien. Zudem wurde positiv vermerkt, dass aus dem Verbesserungsprojekt so etwas wie ein „Selbstläufer" geworden sei, denn an den einzelnen Anlagen habe man nicht aufgehört, das Rüsten zu verbessern; vielmehr seien die Mitarbeiter auch weiterhin dabei, das Rüsten zu optimieren.

Das gewählte Beispiel zeigt, wie ein Verbesserungsprojekt erfolgreich realisiert werden kann. Ein wesentliches Erfolgskriterium ist die richtige Zusammensetzung des Projektteams. Die richtige Mischung aus Experten und Entscheidern bringt den Erfolg. Es ist darauf zu achten, dass das Projektteam nicht zu groß wird; die Erfahrung zeigt, dass die optimale Teamgröße bei fünf bis sieben Mitarbeitern liegt. In unserem Beispiel ist der Projektleiter gleichzeitig Mitglied im Steuerteam. Damit ist sichergestellt, dass der In-

formationsfluss zwischen Projektteam und Steuerteam funktioniert und aus dem Steuerteam – falls erforderlich – schnell unterstützend oder klärend eingegriffen werden kann.

Der Prozessbegleiter hatte ebenfalls eine wichtige Funktion in dem Verbesserungsprojekt. Er sorgte nicht nur für eine gute Moderation der Projektteamsitzungen und für die
Wahl einer zweckmäßigen Vorgehensweise für die Bearbeitung des Themas. Er war
auch unterstützend tätig, wenn die Kollegen aus dem Projektteam Zahlenmaterial zu-
sammenstellten oder vor Ort Maßnahmen umsetzen wollten. Der zweiwöchige Rhythmus der Projektteamsitzungen ließ den Teilnehmern immer wieder genügend Zeit, vor
Ort Analysen oder Umsetzungsmaßnahmen durchzuführen. In der folgenden Sitzung
konnte auf diesen Aktivitäten aufgebaut werden. Fehler oder Fehlschläge konnten korrigiert und auf Erfolge aufgebaut werden.

Gerade darin liegt ein großer Vorteil bei der Realisierung von Verbesserungsprojekten.
Durch die regelmäßigen Treffen des Projektteams und den aufeinander aufbauenden
Aktivitäten entsteht ein Veränderungsprozess, der zu einer Verhaltensänderung führen
kann. Und dies nicht nur bei den Mitgliedern des Projektteams, sondern auch bei den
Mitarbeitern, die in die Arbeit am Projekt einbezogen sind. Ein wesentliches Werkzeug
im Verbesserungsprojekt wie bei allen anderen Verbesserungsmaßnahmen ist der Aktivitätenplan.

Aktivitätenplan

Blatt:						KW: 17

Nr.	Datum	Verbesserungspunkt	Erforderliche Maßnahmen	Verantwortlich	Vereinbarter Realisierungstermin	Umsetzungs-grad
1	08.01.01	Formatbezogene Besonderheiten	Auflisten und Spielregeln festlegen	Herr Schuster und Herr Meier	bei 15 x 20 erfüllt 31.05.01	◕
2	08.01.01	Bessere Erfüllung der vorgegebenen Produktionsmengen und Rücksprache bei Nichteinhalten	Spielregeln festlegen	Herr Schuster und Herr Meier	30.04.01	◑
3	08.01.01	Bessere Umsetzung der Planung in den Fahrplan	Fahrplansitzung mit allen Beteiligten besonders bei Exoten	Herr Groß und Herr Klein	30.04.01	◑
4	08.01.01	Schnellerer Infofluss, um schneller reagieren zu können	Sortierliste mit Kennzeichnung "Abbruch"	Herr Groß und Herr Klein	31.05.01	◑
5	10.02.01	Verbesserte Schnelleinstellführung	Für den Umbau Checklisten erstellen	Herr Walter und Herr Hans	30.06.01	◑

⊕ Verbesserung erkannt   ◑ Umsetzung eingeleitet   ◕ Umsetzung abgeschlossen   ● alle Betroffenen mit Umsetzung zufrieden   ◉ Verbesserung dauerhaft

Abb. 7-5: Beispiel für einen Aktivitätenplan

Der Aktivitätenplan erfasst alle Aktivitäten, die in einem Verbesserungsprojekt geplant werden. Es wird benannt, wer jeweils für die Aufgabe verantwortlich ist und zu welchem Zeitpunkt die Aktivität erledigt sein soll. Darüber hinaus wird angegeben, welchen Umsetzungsgrad die einzelne Aktivität aufweist. Taucht in unserem Beispiel-Aktivitätenplan eine 1 auf, so bedeutet das: Die Aktivität ist definiert, aber es wird noch nicht an der Umsetzung gearbeitet. Die 2 zeigt an, dass mit der Umsetzung begonnen wurde, und die 3 weist darauf hin, dass die Umsetzung erfolgt ist. Damit endet aber die Aktivität noch nicht. Erst wenn alle Betroffenen mit der Umsetzung zufrieden sind, erscheint die 4 auf dem Aktivitätenplan. Das bedeutet, dass der Verantwortliche mit den Betroffenen ein Gespräch geführt hat, in dem diese ihm signalisiert haben, dass sie der Meinung sind, dass die realisierte Lösung tatsächlich den Verbesserungspunkt erfüllt. Sind die Betroffenen nicht zufrieden, muss nachgebessert werden. Sind die Betroffenen auch dann noch nicht zufrieden, muss ggf. die umgesetzte Lösung verworfen und eine neue gesucht werden. Die in Kapitel 7.2 herausgestellte Umsetzungskontrolle findet ebenfalls im Aktivitätenplan Berücksichtigung. Die 5 als Abschluss der Umsetzungsphase wird erst dann gesetzt, wenn nach einer zuvor festgelegten Zeitspanne überprüft worden ist, ob sich die umgesetzte Lösung auch dauerhaft bewährt hat. In der Regel vergeht zwischen dem Setzen der 4 und der 5 ein halbes Jahr, manchmal auch bis zu einem Jahr. Wenn die 5 gesetzt ist, kann die betreffende Aktivität aus dem Aktivitätenplan genommen werden.

Die beschriebene Vorgehensweise ist sicher nicht die einzig mögliche, um ein Verbesserungsprojekt zu realisieren, aber sie hat sich in der Praxis vielfach bewährt und dazu beigetragen, Verbesserungsprojekte erfolgreich zu gestalten.

7.5   Vorgehensweise im Verbesserungsworkshop

Ein Verbesserungsworkshop unterscheidet sich in seiner prinzipiellen Vorgehensweise nicht von einem Verbesserungsprojekt. In beiden Fällen geht es darum, ein Verbesserungsthema systematisch und methodisch zu bearbeiten, Lösungsmöglichkeiten zu entwickeln und diese in der Praxis umzusetzen. Der wesentliche Unterschied liegt in der Zeitspanne bis zur Umsetzung der Lösungen. Ein Verbesserungsprojekt kann sich über Monate erstrecken; bei einem Verbesserungsworkshop arbeiten die Workshopteilnehmer bis zu einer Woche konzentriert an dem Verbesserungsthema. Während es bei einem Verbesserungsprojekt in der Regel einige Wochen dauert, bis erste Ergebnisse erzielt werden, erfolgt in einem Verbesserungsworkshop direkt die Umsetzung eines großen Teils der Ergebnisse. Aus dieser Schnelligkeit bezieht der Verbesserungsworkshop seine Wirkung. Alle Beteiligten erleben unmittelbar die Ergebnisse ihrer Verbesserungsbemühungen.

Allerdings eignen sich nicht alle Verbesserungsthemen zur Bearbeitung in einem Verbesserungsworkshop. Grundvoraussetzung ist, dass sich das Verbesserungsthema gut abgrenzen lässt. Außerdem müssen die erforderlichen Unterlagen wie Auswertungen und Planzahlen schon vor dem Workshop vorliegen, weil während der Durchführung dazu keine Zeit bleibt. Erfahrungsgemäß eignen sich am besten solche Themen für einen Verbesserungsworkshop, bei denen es um die Optimierung einer bereichsübergreifenden Prozesskette oder der Arbeitsprozesse innerhalb eines Bereichs geht.

Dies geschieht in der Regel unter starker Einbindung der Betroffenen, die nach der Umsetzung mit den optimierten Prozessen nachhaltige Verbesserungen erzielen sollen. Deshalb ist es wichtig, schon während des Workshops die Akzeptanz der Mitarbeiter für die Veränderungen zu gewinnen. Im Normalfall können nicht alle betroffenen Mitarbeiter am Workshop teilnehmen. Deshalb ist es erforderlich, Mitarbeiter auszuwählen, die stellvertretend für ihre Kollegen am Workshop teilnehmen. Es ist weiterhin wichtig, während des Workshops die betroffenen Mitarbeiter immer wieder über die Zwischenergebnisse zu informieren und ggf. mit ihnen zu diskutieren. Sowohl bei wichtigen Entscheidungen als auch bei der Umsetzung der Maßnahmen werden die Mitarbeiter aktiv einbezogen.

Wie bei einem Verbesserungsprojekt werden auch bei einem Verbesserungsworkshop die Experten hinzugezogen, die das Thema bzw. die zu bearbeitende Problematik am besten kennen. Auch der/die Verantwortliche/n für die betreffenden Prozesse oder Bereiche sind Teilnehmer des Workshops. Bei der Durchführung eines Verbesserungsworkshops ist darauf zu achten, dass nicht zu viele Teilnehmer vorgesehen werden. Besser ist es, die Anzahl der festen Teilnehmer zu begrenzen und zu speziellen Aspekten zeitweise Experten hinzuzuziehen.

Für den Erfolg eines Verbesserungsworkshops ist es entscheidend, Ergebnisse schon während des Workshops realisieren zu können. Deshalb ist es wichtig, schon während der Vorbereitung die entsprechenden Ressourcen beispielsweise der Instandhaltung zu reservieren, damit die Realisierung auch tatsächlich während der Dauer des Workshops erfolgen kann.

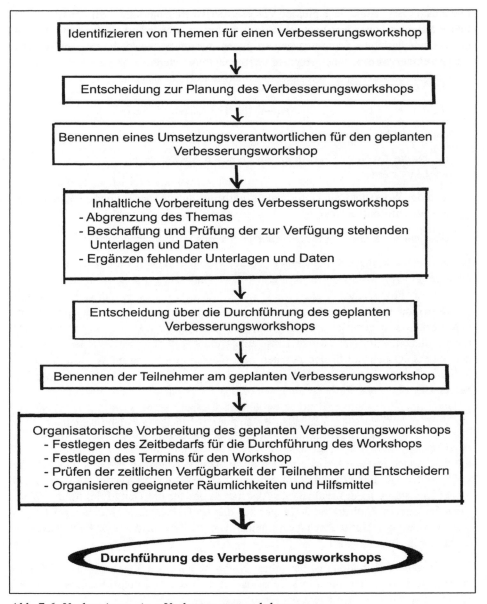

Abb. 7-6: Vorbereitung eines Verbesserungsworkshops

Der Anstoß zur Durchführung eines Verbesserungsworkshops kann von der verantwortlichen Führungskraft, dem Führungsteam oder von den Mitarbeitern kommen. Es wird
geprüft, wie das Verbesserungsthema am besten bearbeitet werden kann. Der Verbesserungsworkshop ist dann eine geeignete Vorgehensweise, wenn:

– das Verbesserungsthema komplex ist;

– mehrere Experten für die Bearbeitung des Themas erforderlich sind;

– eine starke Mitwirkung der Mitarbeiter sinnvoll ist;

– die für die Arbeit im Workshop erforderlichen Auswertungen vorher vorliegen oder
  erarbeitet werden;

– es möglich ist, die Teilnehmer des Workshops für mehrere Tage von ihren Alltags-
  aufgaben freistellen zu können;

– Aussicht auf eine erfolgreiche Umsetzung bereits im Workshop besteht.

Ist die Entscheidung gefallen, einen Verbesserungsworkshop durchzuführen, ist ein
Umsetzungsverantwortlicher zu bestimmen. Der Umsetzungsverantwortliche ist in etwa
das, was der Projektleiter für ein Projekt ist: Er kümmert sich darum, dass der Workshop
gut vorbereitet und durchgeführt wird und sorgt dafür, dass die Entscheidungen über die
Umsetzung der Ergebnisse schnell getroffen werden und die Umsetzung selbst erfolgreich realisiert wird. Neben dem Umsetzungsverantwortlichen wird ein *Moderator* für
den Workshop benannt. Beide bereiten den Workshop gemeinsam vor. Sie kümmern
sich um die organisatorischen Belange ebenso wie um die inhaltliche Vorbereitung des
Workshops.

Bezüglich der inhaltlichen Vorbereitung muss geprüft werden, ob die für den Workshop
benötigten Unterlagen vorliegen. Fehlende Unterlagen sind zu erstellen oder in Auftrag
zu geben. Bezüglich der organisatorischen Vorbereitung müssen nicht nur geeignete
Räumlichkeiten reserviert, sondern auch die Workshopteilnehmer benannt und sichergestellt werden, ob die Teilnehmer im gewünschten Zeitraum zur Verfügung stehen. Von
großer Bedeutung ist das realistische Abschätzen des für die Durchführung des Workshops benötigten Zeitbedarfs. Anfänger auf diesem Gebiet tun sich dabei gewöhnlich
schwer, weil sie schlecht abschätzen können, wieviel Zeit für die einzelnen Phasen der
Durchführung benötigt wird.

In der folgenden Abbildung ist der schematische Ablauf eines Verbesserungsworkshops
dargestellt, in dem der ungefähre Zeitbedarf der einzelnen Durchführungsschritte bei
einem einwöchigen Verbesserungsworkshop angedeutet wird.

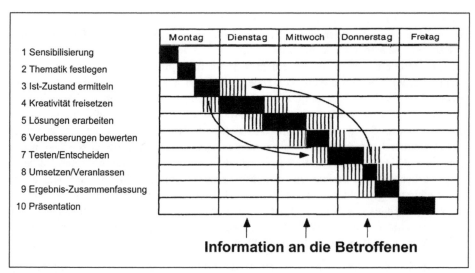

Abb. 7-7: Ablauf eines Verbesserungsworkshops

Obwohl die Teilnehmer schon im Vorfeld über den Zweck des Workshops informiert worden sind, sollte ein Verbesserungsworkshop mit einer Einstimmung der Teilnehmer auf den Workshop beginnen. Danach wird das Thema des Verbesserungsworkshops genau definiert. Die Erfahrung zeigt, dass es wichtig ist, das Verständnis des Themas aus der Sicht jedes Teilnehmers abzufragen, denn oft zeigt sich bei näherem Hinterfragen, dass zu dem Thema durchaus unterschiedliche Sichtweisen bestehen. Diese sollten zu Beginn des Workshops genannt und abgeglichen werden; wird erst im späteren Verlauf des Workshops deutlich, dass bei den Teilnehmern unterschiedliche Sichtweisen über das Thema existieren, kann das zu erheblichen Störungen führen.

Die folgenden Phasen der Bearbeitung des Themas sind von der Vorgehensweise her identisch mit der Arbeit in einem Verbesserungsprojekt. Im Rahmen einer Bestandsaufnahme wird die aktuelle Situation analysiert. Eventuell ist auch ein Ausflug in die Vergangenheit sinnvoll, wenn es zum Thema des Workshops bereits zuvor Aktivitäten gab. Die Probleme werden identifiziert und sorgfältig beschrieben.

In der Regel ist ein Tag erforderlich, um die momentane Situation zu beschreiben, die Probleme herauszuarbeiten und deren Ursachen auf den Grund zu gehen. Nach der Bestandsaufnahme sollten die betroffenen Mitarbeiter über das Ergebnis informiert und mit ihnen die Ergebnisse diskutiert werden. Es ist sehr wichtig, in dieser Phase zu einem gemeinsamen Verständnis der aktuellen Situation zu kommen und sich zu vergewissern, dass alle Beteiligten die gleiche Sichtweise über die zu lösenden Probleme haben.

Ein weiterer Tag ist notwendig, um Ideen zu entwickeln und Lösungsansätze zu formulieren. In der Regel ist der zweite Tag des Workshops sehr schwierig. Die Teilnehmer wissen, dass von ihnen erwartet wird, sichtbare und an den Kosten überprüfbare Ergebnisse zu erzielen. Anders als bei einem Verbesserungsprojekt, bei dem mehr Zeit vorhanden ist, um über Lösungen auch außerhalb der Projektteamsitzungen nachzudenken, müssen hier die Lösungen unmittelbar im Workshop erarbeitet werden. Deshalb ist es eine der wichtigsten Aufgaben des Moderators, in dieser Phase für eine möglichst *entspannte Atmosphäre* zu sorgen. Man darf sich hier nicht unter Zeitdruck setzen lassen. Der Moderator hat vor allem darauf zu achten, dass auch solche Ideen zugelassen werden, die außerhalb des gewöhnlichen „Suchraums" liegen. Die erfolgreichsten Verbesserungsworkshops sind diejenigen, in denen außergewöhnliche Ideen entstehen, an die zuvor niemand gedacht hat. Wir haben gute Erfahrung damit gemacht, am Nachmittag des zweiten Tages das Unternehmen zu verlassen und in gemütlicher Runde ganz entspannt zu sitzen, über den Workshop zu sprechen – oft kommen erst dann die wirklich guten Ideen, die helfen, die Probleme zu lösen.

Der dritte Tag des Workshops dient der Ausarbeitung der Lösungen. Es ist zu prüfen, ob die erarbeiteten Ideen tatsächlich auch umsetzbar sind und welcher Aufwand mit der Realisierung verbunden ist. Für die Entscheidung, welche Lösungsvorschläge zur Umsetzung vorgeschlagen werden sollen, ist vor allem die Aufwand-Nutzen-Betrachtung wichtig: Welche Lösungen rechnen sich und welche nicht?

Wenn sich die Teilnehmer des Workshops darauf verständigt haben, welche Lösungswege sie zur Realisierung vorschlagen, erfolgt eine weitere Informations- und Diskussionsrunde mit den betroffenen Mitarbeitern und den Verantwortlichen der Bereiche, die von einer Umsetzung der Lösungen betroffen wären. In dieser Runde wird entschieden, welche Lösungsvorschläge grundsätzlich umgesetzt, welche der Lösungen sofort realisiert und welche der Lösungen erst nach Abschluss des Workshops bearbeitet werden sollen.

Am vierten Tag des Workshops erfolgt das konkrete Umsetzen der Lösungen. Dies ist der Tag des „Anpackens": Alle Teilnehmer des Workshops und ggf. auch weitere Mitarbeiter helfen mit, die Verbesserungsmaßnahmen in die Tat umzusetzen. Der Umsetzungsverantwortliche leitet die Umsetzungsmaßnahmen und stellt die Maßnahmen, die nach Beendigung des Workshops realisiert werden sollen, in einem Aktivitätenplan zusammen. Der Verbesserungsworkshop endet mit einer Präsentation der Ergebnisse, zu der die betroffenen Mitarbeiter und die verantwortlichen Führungskräfte eingeladen werden.

Die Mitwirkung an einem Verbesserungsworkshop ist für die Teilnehmer oft ein intensives Erlebnis. Es gibt Höhen und Tiefen, es wird um Lösungen gerungen, es gibt Phasen des Zweifels, ob am Ende auch etwas Gescheites herauskommen wird – doch am Ende resultiert unserer Erfahrung nach ein Ergebnis, das vielfach alle Erwartungen übertrifft, begleitet von einem Gefühl tiefer Befriedigung.

Allerdings geht nach dem Ende des Workshops die Arbeit weiter. Vor allem der Umsetzungsverantwortliche ist in der Regel noch eine Weile mit der Umsetzung weiterer Maßnahmen beschäftigt, die im Workshop beschlossen wurden, aber nicht mehr während des Workshops selbst umgesetzt werden konnten. Die Teilnehmer des Verbesserungsworkshops treffen sich noch einige Male, um die Ergebnisse der Umsetzung zu besprechen und eventuell Korrekturen oder Ergänzungen vorzunehmen.

Der skizzierte Ablauf eines Verbesserungsworkshops zeigt, dass ein beträchtlicher Aufwand betrieben werden muss, um mit diesem Instrument der Optimierung arbeiten zu können. Aber die Ergebnisse der Verbesserungsworkshops rechtfertigen in der Regel den hohen Aufwand. Die Erfahrungen in einem Maschinenbauunternehmen, in dem im Zeitraum von vier Jahren 25 Verbesserungsworkshops realisiert wurden, waren ausgesprochen positiv. Die in den Workshops erzielten tatsächlichen Kosteneinsparungen betrugen durchschnittlich 40 000 Euro pro Jahr. Die Kosten für die Durchführung der Verbesserungsworkshops und für die Umsetzung der Verbesserungen sind dabei schon herausgerechnet. Die Verbesserungsworkshops wurden überwiegend zur Optimierung der Prozesse in der Produktion eingesetzt. Grundlage für die Entscheidung zur Durchführung eines Verbesserungsworkshops war die Analyse der Kostensituation in den einzelnen Prozessstufen im Vergleich zu den Marktpreisen. Deshalb wurden vor allem die Bereiche der Fertigung und Montage ausgewählt, in denen Fertigungsteile oder Baugruppen im Vergleich zum Marktpreis zu teuer waren. Der Themenschwerpunkt der meisten Verbesserungsworkshops lag folglich auf der Suche nach Wegen, die kostenintensivsten Teile und Baugruppen preiswerter herzustellen bzw. zu montieren.

Im Unterschied zu den bisherigen Optimierungsbemühungen, die im Wesentlichen von den Mitarbeitern der Arbeitsvorbereitung und -planung vorangetrieben wurden, waren in den Verbesserungsworkshops Mitarbeiter aus den betroffenen Bereichen intensiv einbezogen. Die Motivation der Mitarbeiter, an den Verbesserungsworkshops mitzuwirken, lag darin begründet, dass sie aktiv daran mitarbeiten wollten, ihre Arbeitsplätze zu sichern. Die bisherige Gegnerschaft von „Werkern" und „REFA-Leuten" wurde zu Gunsten gemeinsamer Bemühungen um eine wettbewerbsfähige Fertigung und Montage aufgegeben.

Es zeigte sich aber auch, dass die Mitarbeiter nur dann bereit waren, aktiv mitzuwirken, wenn man fair mit ihnen umging. Den Mitarbeitern war klar, dass die Kosteneinsparungen auch zur Personalreduzierung führen. Deshalb wollten sie im voraus wissen, was geschieht, wenn ein Verbesserungsworkshop zum „Freispielen" von Mitarbeitern führt. Als die Unternehmensleitung eines Tages verkündete, sie könne nicht mehr garantieren, dass alle Mitarbeiter weiter beschäftigt werden können, verhinderten die Mitarbeiter mit Hilfe des Betriebsrats die Durchführung weiterer Verbesserungsworkshops. Erst nach Abschluss einer Betriebsvereinbarung, die zunächst für eine gewisse Zeit eine volle Mitarbeiterbeschäftigung garantierte, konnten weitere Verbesserungsworkshops durchgeführt werden.

Die in der Produktion durchgeführten Verbesserungsworkshops führten dort zu starken Effekten, wo es gelang, geschlossene Prozessketten zu bilden, also Fertigungs- und Montageschritte zusammenzufassen, sodass keine Zwischenpufferung der Teile mehr erforderlich war und Transportwege reduziert werden konnten. Auch die Durchlaufzeiten konnten auf diese Weise erheblich reduziert werden. Die Optimierung der Abläufe gelang in diesem Unternehmen sehr schnell nach der Umsetzung der erforderlichen Maßnahmen, weil die Mitarbeiter in den Jahren zuvor bei der Einführung der Teamarbeit gelernt hatten, ihre Arbeit weitgehend selbst zu organisieren.

In dem erwähnten Maschinenbauunternehmen wurden aber nicht nur in der Produktion Verbesserungsworkshops realisiert. Auch in den *Angestelltenbereichen* wurde mit dieser Vorgehensweise an der Optimierung der Prozesse gearbeitet. Es zeigte sich allerdings, dass die Bereitschaft zur Veränderung der gewohnten Arbeitsabläufe bei den Angestellten deutlich geringer ausgeprägt war als bei den Kollegen in der Produktion. Es gab in den Verbesserungsworkshops zum Teil erbitterte Diskussionen über den möglichen Nutzen von Verbesserungen. Die Bereitschaft, neue Wege zu erproben um dann zu entscheiden, ob die neu gestalteten Prozesse Vorteile mit sich bringen oder nicht, war häufig schwer zu erreichen.

Trotzdem wurden die Verbesserungsworkshops im nachhinein meistens als Erfolg gewertet. Auch die Mitarbeiter erklärten sich in der Regel nach einiger Zeit mit den Veränderungen einverstanden, weil sie Verbesserungen in den Prozessabläufen erkannten. Während aber in der Produktion die Ergebnisse der Workshops an den erreichten Kosteneinsparungen leicht messbar waren, führten die Verbesserungen in den Angestelltenbereichen in der Regel nicht zu einer deutlichen Reduzierung der Kosten. Vielmehr lagen die erreichten Verbesserungen vorwiegend bei Effekten wie *Verkürzung der Bearbeitungszeiten* und der *Vereinfachung von Abläufen.*

Entscheidend für die Akzeptanz war in dem Maschinenbauunternehmen, dass die Mitarbeiter an den erreichten Verbesserungen auch finanziell partizipierten. Von den errechneten Kosteneinsparungen der im Verbesserungsworkshop erarbeiteten Maßnahmen erhielten die Mitarbeiter des betreffenden Bereichs eine *Prämie* über das Betriebliche Vorschlagswesen. Die erarbeiteten Vorschläge wurden so gewertet, als wären sie als Verbesserungsvorschlag des Teams eingereicht worden.

Die beschriebenen Erfahrungen zeigen, dass Verbesserungsworkshops eine sehr wirksame Vorgehensweise darstellen können, um komplexe Veränderungsprozesse erarbeiten und umsetzen zu können. Es wird aber auch deutlich, dass eine Vielzahl von Faktoren bei der Planung und Durchführung berücksichtigt werden müssen, um mit Verbesserungsworkshops Erfolge erzielen zu können.

7.6   Mit Checklisten Prozesse verbessern

7.6.1   Was sind Checklisten?

Ob nun ein Schiff gebaut oder es vor dem Auslaufen beladen wird, immer sollte gründlich kontrolliert werden, ob auch nichts vergessen wurde. Checklisten sind ein weit verbreitetes Hilfsmittel beim Strukturieren, Lösen und Kontrollieren von Aufgaben. So sorgt der Einkaufszettel dafür, dass beim Einkauf nichts vergessen wird. Genauso hilft die „To-Do"-Liste am Anfang eines Arbeitstages, Aufgaben zu ordnen und nach Priorität in eine Rangfolge zu bringen. Wie können Checklisten in ein Verbesserungsmanagement integriert werden und damit Nutzen stiften?

Grundsätzlich kann man Checklisten als eine Ansammlung verschiedener Kriterien zum Erreichen eines Ziels verstehen. So kann es das Ziel sein, in einem Bereich die Abläufe zu verbessern. Nutzt man Checklisten beim Verbesserungsmanagement, sollte man zwei Arten von Checklisten unterscheiden:

–   „To-Do"-Listen der Beteiligten in Form von Aktivitätenplänen.

–   Verbesserungsmanagement-Checklisten, welche einen klar definierten Platz innerhalb des Verbesserungsmanagements einnehmen.

Die Verbesserungsmangement-Checklisten gehen über den „Bottom-Up"-Weg der von den Mitarbeitern erarbeiteten Verbesserungsthemen hinaus. So kann das Verbesserungspotenzial der Mitarbeiter ausgereizt sein, den Beteiligten können die Ideen fehlen oder auf Grund von Arbeitsüberlastung eine Beschäftigung mit Verbesserungsprozessen vorübergehend ganz ausbleiben.. Deshalb ist es wichtig, zusätzlich einen „Top-Down"-Weg der Verbesserung anzulegen. Über diesen Verbesserungspfad sollen die Verbesserungsthemen von Führungskräften Einzug in den Verbesserungsprozess finden. So kann der Verbesserungsprozess „von oben" neu belebt werden. Andere Quellen von Verbesserungsthemen könnten beispielsweise Problemlösevorschläge aus anderen Unternehmen darstellen. Auf der Suche nach anderen Lösungen kann oftmals die eigene „Betriebsblindheit" überwunden werden, und man kann von Best Practice-Ideen anderer Unternehmen profitieren.

Wie Checklisten im Verbesserungsmanagement genutzt werden können, soll anhand eines Beispiels veranschaulicht werden.

7.6.2 Herr Brehme und die Checklisten

Hans Brehme ist Abteilungsleiter bei einem mittelständischen Automobilzulieferer. Durch verschiedene Zertifizierungen in den letzten Jahren hat sich im Bereich von Herrn Brehme ein umfassendes Qualitätssicherungssystem etabliert. Außerdem wurde, nachdem Teamarbeit eingeführt war, in den Gruppen ein KVP-Prozess in Gang gesetzt. Herr Brehme hat die Einführung selbst aktiv begleitet und häufig an den Teamsitzungen teilgenommen, um die Mitarbeiter zu Vorschlägen anzuregen und diese mit ihnen zu diskutieren. In der letzten Zeit musste Herr Brehme jedoch feststellen, dass die Verbesserungsvorschläge immer spärlicher wurden und die Umsetzung oft erst dann erfolgte, wenn er persönlich nachhakte. Wenn Herr Brehme mit seinen Mitarbeitern sprach, hörte er oft den Satz, „wir haben schon so viel verbessert, jetzt müssen wir uns erst einmal um die Termine kümmern".

Als Herr Brehme seinen Geschäftsführer für die Produktion, Herrn Schmitz trifft, sprechen beide ausführlich darüber, wie die Unternehmensziele umgesetzt werden können. Herr Schmitz teilt Herrn Brehme mit, dass in diesem Jahr besonders an der Liefertermintreue und der Optimierung der Produktqualität gearbeitet werden soll. Dies war das Ergebnis einer umfangreichen Befragung unter den Kunden. Es sollen eine annähernd 100prozentige Liefertermintreue erreicht und die Reklamationsquoten auf 1 Prozent gesenkt werden.

Bei der Diskussion darüber, was zu tun sei, um diese übergeordneten Unternehmensziele vor Ort umzusetzen, sind sich die beiden einig. Nur wenn es gelingt, die Prozess-Sicherheit zu verbessern, können diese hoch gesteckten Ziele erreicht werden. Herr Brehme merkt an, dass insbesondere bei der Prozess-Bewertung die Standards des Qualitätsmanagements noch nicht in vollem Umfang gelebt werden. Herr Schmitz bittet Herrn Brehme, sich für das nächste Gespräch Gedanken zu machen, welche Maßnahmen dabei helfen könnten, diese Probleme zu lösen und aus ihnen eine Checkliste zu erstellen.

Nach dem Gespräch wird Herrn Brehme beim Gedanken an die schwierige Aufgabe ein wenig mulmig. Auch wenn er sich der vollen Unterstützung durch Herrn Schmitz sicher sein kann, ist er unsicher, ob er die Ziele seinen Mitarbeitern vermitteln kann, wurde die Prozess-Sicherheit doch schon häufig im KVP-Prozess angesprochen. Damals wurden auf Anregung der Mitarbeiter neue Stellvertreterregelungen und Qualifikationsmaßnahmen durchgeführt, die zu sichtbaren Erfolgen führten. Zu dieser Zeit gab es in seinem Bereich die niedrigsten Stillstandszeiten im ganzen Werk, wofür er und seine Mitarbeiter eine Prämie erhielten. Er befürchtet, dass die Bereitschaft, sich schon wieder mit diesem Thema zu beschäftigen, in seiner Belegschaft relativ gering sein wird.

Herr Brehme ist sich sicher, dass es seine Aufgabe ist, neue Impulse zur Verbesserung der Prozessbewertung zu geben. Er erinnert sich an ein Gespräch mit einem neuen Kollegen. Dieser kam gerade von einem unmittelbaren Konkurrenten und hatte auf dem Gebiet der Prozess-Bewertung viele Erfahrungen gesammelt. Herr Brehme schreibt alle Kriterien auf, an die er sich noch erinnert und fügt diese – zusätzlich mit eigenen Ideen versehen – zu einem Kriterienkatalog zusammen.

Am nächsten Tag besucht Herr Brehme die Teamsitzung und stellt seinen Kriterienkatalog vor. Es gibt lebhafte Diskussionen um die einzelnen Kriterien. Besonders da, wo es um die Einhaltung von Terminen durch die Gruppe geht, muss Herr Brehme klarstellen, dass er nicht auf der Suche nach Schuldigen ist, sondern nur der bestehende Zustand beschrieben wird. Am Ende erklären sich die Mitarbeiter mit den Kriterien einverstanden. Es werden auch noch zwei zusätzliche Kriterien aufgenommen, die aus den Ideen der Mitarbeiter entwickelt werden.

Nach der Teamsitzung formuliert Herr Brehme die Kriterien so deutlich aus, dass sie entweder mit „ja" oder mit „nein" beantwortet werden können. Herr Brehme gibt sich Mühe, die Kriterien so konkret zu formulieren, dass dadurch eindeutige Handlungsmaßnahmen abgeleitet werden können. So soll kein Zweifel aufkommen, ob das Kriterium nun erfüllt ist oder nicht. Damit hat Herr Brehme nun den Prototyp einer Checkliste entwickelt.

Im Anschluss zeigt Herr Brehme Herrn Schmitz diesen Prototyp. Dieser ist mit den Kriterien sehr zufrieden. Er ist sich sicher, dass Herr Brehme damit die richtigen Ansatzpunkte gefunden hat, die bei der Verwirklichung der Ziele helfen. Danach beraten sie gemeinsam die weitere Vorgehensweise. Sie einigen sich darauf, dass alle zwei Monate eine Begehung stattfindet, bei der die Kriterien überprüft werden. Als Ziel einigen sie sich darauf, dass innerhalb dieses Zeitraums mindestens drei Kriterien erfüllt sein müssen. Herr Schmitz überlegt, diesen Prototyp einer Checkliste bei Eignung in der betrieblichen Praxis zum allgemeinen Gebrauch im ganzen Unternehmen freizugeben.

Herr Brehme ist damit einverstanden, dass diese Zielerreichung auch in seine Zielvereinbarung aufgenommen wird. Außerdem wird er mit den Gruppen in seinem Bereich absprechen, dass das Ziel auch in deren Zielvereinbarung aufgenommen wird. Nach dem Gespräch ergänzt Herr Brehme die Checkliste um eine Kopfzeile, in der Abteilung, Datum und die Namen der Auditoren eingetragen werden.

In den nächsten Tagen wird die Checkliste in der Abteilung ausgehängt und damit allen Mitarbeitern zugänglich gemacht. In den Teamsitzungen wird diskutiert, welche Kriterien als erstes bearbeitet werden sollen. Außerdem wird aufgeteilt, welche Arbeiten von Herrn Brehme und welche Aufgaben innerhalb der Gruppe verteilt und erledigt werden.

Prozess-Bewertung
Produktionsübergreifend

Lfd. Nr.	Kriterium	erfüllt	
		ja	nein
1.	Es gibt ein Organigramm, in das Produktlinien und Gruppen eingearbeitet sind.		
2.	Es ist festgelegt und den Mitarbeitern bekannt, wer bei Qualitätsmängel oder Falscharbeit entscheidet, was getan wird.		
3.	Die Vertretung bei Ausfall eines Mitarbeiters ist geregelt und allen Mitarbeitern bekannt.		
4.	Die Qualifikations-Matrix ist allen Mitarbeitern bekannt; die Gruppen erfüllen die festgelegten Mindestqualifikationen.		
5.	Die internen Abläufe sind dem aktuellen Stand gemäß beschrieben, bekannt und mit den anderen Prozessen abgestimmt. Jeder Mitarbeiter weiß, wo diese nachgelesen werden können.		
6.	Fehler und Prozessstörungen und Prozessverbesserungen werden systematisch erfasst und analysiert. Mit den Gruppen werden Maßnahmen vereinbart zur Behebung der Fehler.		
7.	Die erforderlichen Maßnahmen zu Verbesserungen werden in Aktivitätenplänen geführt, aktualisiert, umgesetzt und ihre Wirksamkeit überprüft. Die vereinbarten Termine werden eingehalten.		
8.	Die Maschinen, Anlagen und Werkzeuge sind nach Checklisten produktionsfähig. Checklisten sind dort erstellt, wo sie sinnvoll sind.		
9.	Die gesetzten Fertigungs-Auftragstermine sind eingehalten.		
10.	Die zur Aufgabenerfüllung erforderlichen Informationen stehen gruppenintern, gruppenübergreifend und abteilungsübergreifend zur Verfügung.		
11.	Die erforderlichen Informationen für neue Produkte sind mind. 3 Monate vor Einführungstermin, Aktionen sind zum vereinbarten Termin bekannt.		

Abb. 7-8: Beispielcheckliste

Nach zwei Monaten kommt Herr Schmitz in die Abteilung, um gemeinsam mit Herrn Brehme und dem Betriebsrat die Kriterien auf die vorgegebenen Standards zu überprüfen. Obwohl Herr Schmitz genau nachfragt und bei den kleinsten Mängeln das Kriterium als „nicht erfüllt" bewertet, ist es durch die konsequente Arbeit an den konkreten Kriterien Herrn Brehme und seinen Mitarbeitern schon gelungen, fünf von elf Kriterien zu erfüllen. Herr Schmitz zeigt sich beeindruckt. Er meint, dass sich nach der nächsten Kontrolle die Checkliste wohl erledigt hätte. Er regt an, dass man dann mit einer neuen Checkliste anfangen oder gar ambitioniertere Kriterien für die Prozess-Bewertung beschreiben könne.

7.6.3   Der konkrete Nutzen der Checklisten

Wie dieses Beispiel zeigt, stellen die Checklisten klare Handlungsanweisungen für Führungskräfte und Mitarbeiter dar, an welchen Punkten zu arbeiten ist. Dabei geht es bei diesem Top-Down-Ansatz nicht um die Erfüllung von Vorgaben, denen gefolgt werden muss. Vielmehr wird überlegt, an welchen Stellen gearbeitet werden muss, um die gesetzten Ziele zu erreichen. Im Zentrum stehen dabei immer die Zielperspektive und die Frage, was hilft, diese Ziele zu erreichen.

Damit sind die Checklisten ein wichtiges Hilfsmittel im operativen Bereich, die darüber entscheiden, ob Unternehmensziele umgesetzt werden oder nicht. Wichtig ist dabei, dass man den Ursachen der Probleme auf den Grund geht. So fehlt in Herrn Brehmes Bereich häufig ein Schweißer an der Montagelinie. Es nützt nun wenig, wenn Mitarbeiter für diese Aufgabe qualifiziert werden, aber Stellvertreterregelungen fehlen. So müssen die Probleme, die der Erreichung der Ziele im Wege stehen, intensiv analysiert werden.

Durch das regelmäßige Überprüfen der Verbesserungen kann jederzeit über den Stand der Verbesserungsbemühungen informiert und visualisiert werden. Durch die zusätzliche Verknüpfung mit den Zielvereinbarungen entsteht eine Verbesserungsdynamik. Dadurch setzten sich alle Beteiligten vor Ort ständig mit Verbesserungen auseinander und treiben deren Umsetzung voran. Hier zeigt sich die Bedeutung der Checklisten als Controllinginstrument. Gerade wenn die Verbesserungsbemühungen „eingeschlafen" sind, ist das ständige Überprüfen der Ergebnisse sowohl im Führungskreis als auch vor Ort von herausragender Bedeutung. So schaffen Checklisten ständig neue Perspektiven der Verbesserung, indem sie durch die Hilfe bei der Überprüfung der Arbeitsabläufe Konsequenz und Nachhaltigkeit im Verbesserungsprozess sichern.

7.7   Visualisierung

Mit der Einführung des Verbesserungsmanagements muss der Informationsfluss im Unternehmen meist grundlegend verändert werden. In traditionell organisierten Unternehmen stellt sich dies oft als problematisch dar, da Informationen an Mitarbeiter häufig gefiltert und unstrukturiert weitergegeben werden. Unwissenheit über die Unternehmenszusammenhänge und -hintergründe, geringe Flexibilität und geringes Mitdenken von Seiten der Mitarbeiter sind dort die Folge.

Im Verbesserungsmanagement dagegen herrscht die Ansicht, dass Mitarbeiter, denen die notwendigen Informationen zum geeigneten Zeitpunkt und in geeigneter Form zur Verfügung stehen, eigenverantwortlich agieren und damit auch selbständige Entscheidungen treffen können. Ohne grundlegende Kenntnisse der wichtigsten Informationen und Zusammenhänge ist kaum ein Mitarbeiter in der Lage, eigenständige Entscheidungen zu treffen, geschweige denn Verbesserungen einzuleiten.

Das Verbesserungsmanagement will das Potenzial und die Kreativität der Mitarbeiter gezielt fördern und lenken. Durch ständiges Sichtbar-Machen von Ergebnissen, aktuellen Bedingungen und betrieblichen Zielen sollen die Mitarbeiter das notwendige Wissen und Feedback erhalten, um kontrollierend und optimierend in den Arbeitsablauf einzuwirken und sich und ihren Arbeitsplatz selbst organisieren und verbessern zu können.

Um dieses Wissen und Verständnis bei den Mitarbeitern zu erzeugen, bedient sich das Verbesserungsmanagement der Visualisierung. Visualisierung bedeutet die transparente Darstellung von Informationen, die sowohl unterschiedliche Aspekte der Arbeitsprozesse als auch das Unternehmen als Ganzes betreffen. Dies beinhaltet den Umgang der Führungskräfte und Mitarbeiter mit allen Arten von Informationen und Hilfsmitteln, welche die gemeinsame Arbeit unterstützen und direkte und prozessbezogene Verbesserungsmaßnahmen und Feedback ermöglichen. Ziel der Visualisierung ist es, die Mitarbeiter durch den Zugang zu den Informationen in das Unternehmensgeschehen enger einzubinden und sie dabei anzuregen, über Verbesserungen nachzudenken.

Durch die Visualisierung, die untrennbar mit dem Verbesserungsmanagement verbunden ist, ändert sich die Rolle der Führungskräfte weg vom traditionellen „Informationsmonopolisten" hin zum *„Informationslieferanten"*. Nur durch die gezielte und kontinuierliche Bereitstellung und verständliche Aufbereitung aller wichtigen Informa-tionen können die Mitarbeiterteams durch permanente Rückkoppelung ihre Verbesserungstätigkeiten selbst steuern, indem sie ständig versuchen, ihre Arbeitsleistungen den vereinbarten Zielgrößen anzugleichen.

Jeder Mitarbeiter ist durch die Transparenz der Ziele und Hintergründe in Verbesserungen einbezogen. Alle Standards, Ziele und aktuellen Bedingungen werden am Arbeitsplatz deutlich sichtbar gemacht. Damit kann jeder den Ist-Zustand im Vergleich zu den Anforderungen sehen und verstehen. Die Transparenz der wichtigsten Größen und Bedingungen ist die Grundvoraussetzung dafür, dass Mitarbeiter Maßnahmen zur Angleichung ihrer Arbeitsabläufe und -ergebnisse an diese Anforderungen einleiten.

Visualisierung wird aber nur dann das Verbesserungsmanagement unterstützen, wenn sie von allen Beteiligten mit positiven Konsequenzen verbunden wird. Das Führungsteam eines mittelständischen Produzenten für Schiffs- und Flugzeuglacke konnte seine Qualitätszahlen erheblich verbessern, indem man ihm eine monatliche Darstellung der Qualitätskennzahlen des Unternehmens im Vergleich zu den Vorjahreszahlen zur Verfügung stellte. Zusätzlich dazu erhielt es eine tagesgenaue Aufschlüsselung der beiden Hauptfehlerquellen ihres Bereichs. Die Konsequenzen dieser Visualisierung bewirkten eine allgemein positive Einstellung zur Informationstransparenz des Verbesserungsmanagements und natürlich die Verringerung der Ausschussquote.

Die Grafik zeigt die Qualitätskennzahlen des Produzenten für Schiffs- und Flugzeuglacke. Auf Grund hoher Qualitätsstandards ist die permanente Verbesserung der Qualität der Produkte und Anlagen unerlässlich und somit die Qualitätskennzahl eine der wichtigsten Unternehmenskennzahlen. Das Diagramm veranschaulicht den Vergleich mit Zahlen des Vorjahres und eine Bewertung der aktuellen Ergebnisse. Eine solch einfache Grafik bietet eine verständliche Übersicht und gibt dennoch Orientierung für die Qualitätsentwicklung.

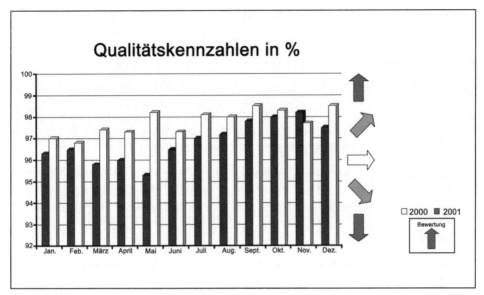

Abb. 7-9: Qualitätskennzahlen in Prozent

7.7.1 Positive Effekte der Visualisierung

Die Visualisierung motiviert die Mitarbeiter bei ihren Verbesserungstätigkeiten, indem sie einzelnen Unternehmensmitgliedern Wertschätzung vermittelt. Durch die Offenlegung der entscheidenden Unternehmensziele und -kennzahlen setzt die Unternehmensleitung Vertrauen in die Mitarbeiter und erkennt damit deren Verantwortungsbewusstsein an. Außerdem schaffen die Führungskräfte durch visualisierte Informationen im Verbesserungsmanagement Orientierung und Identifikation mit den Zielen, vermitteln die Ansprüche des Unternehmens und erzeugen so Loyalität.

Generell wird durch Visualisierung eine größere Informationsaufnahme in kürzerer Zeit ermöglicht, die Lernprozesse unterstützt und hilft, Missverständnisse zu vermeiden. Durch die Visualisierung lassen sich positive Wirkungen erzielen, indem sie beispielsweise:

1. Sachverhalte deutlich macht,

2. Zusammenhänge leichter erkennen lässt,

3. die Aufmerksamkeit auf Wichtiges lenkt,

4. die Orientierung für alle Beteiligten erleichtert

5. und die Gedächtnisleistung verstärkt.

Der beste Umgang mit Kennzahlen ist dort zu sehen, wo Zahlen regelmäßig visualisiert und aktualisiert werden. Eine professionelle Gestaltung von Statistiken hilft den Mitarbeitern, Kennzahlen wie einen „Kontoauszug" der eigenen Arbeitsleistung lesen und verstehen zu können. Soll eine Visualisierung die positiven Effekte erzeugen und dabei verständlich gestaltet sein, muss sie folgende vier Merkmale besitzen:

–   **Einfachheit**, also die Verwendung kurzer Sätze und bekannter Wörter. Wird in Kennzahlenstatistiken auf den Visualisierungswänden dagegen über Varianzen und Kovarianzen, über Wahrscheinlichkeitsgraphen und teilfaktorielle Versuchsmatrizen gesprochen, werden die Mitarbeiter – und nicht nur sie – schnell das Interesse an den Zahlen verlieren.

–   **Gliederung und Ordnung**, d. h. Über- und Unterschriften, Nummerierung der Informationen, Quelle der Informationen, etc.

–   **Kürze und Prägnanz** durch die Beschränkung vieler Informationen auf wenig Worte und reduziert auf das Wesentliche. In der Abbildung 7.7-1 sind die Qualitätskennzahlen verdichtet und anschaulich, aber für jeden verständlich zusammengefasst.

–   **Zusätzliche Stimulanz** mit Hilfe von Beispielen, Bildern, Diagrammen, etc.

7.7.2 Möglichkeiten der Visualisierung im Verbesserungsmanagement

Bei der Visualisierung im Verbesserungsmanagement sind verschiedene Medien als Zugang für die Mitarbeiter geeignet. Abhängig von den vorhandenen Ressourcen im Unternehmen und von möglichen Einsatzbereichen (bspw. Produktion oder Angestelltenbereich) erarbeiten die Unternehmensleitung und die jeweiligen Abteilungsleiter mit Unterstützung der externen Berater ein einheitliches Konzept für die Informationsgestaltung im gesamten Unternehmen.

Erfahrungsgemäß liefert das so genannte *„visual-management"*, also der allgemeine Umgang mit Information im Unternehmen, vor allem in der Einführungsphase des Verbesserungsmanagements einen entscheidenden Beitrag zu dessen Akzeptanz. Es benötigt von Beginn an im Unternehmen eine gute Presse. Hierzu stehen zahlreiche Visualisierungsmittel zur Verfügung wie Mitarbeiterzeitung, Online-Aktivitätenpläne oder Informationswände.

Wichtig beim Aufbau eines Visualisierungssystems ist die Einbindung der Mitarbeiter hinsichtlich der Gewinnung, des Umgangs und der Gestaltung von Information von Anfang an, um Vorbehalte, Ablehnung oder Zweifel zu minimieren. Unser Unternehmen für Schiffs- und Flugzeuglacke erarbeitete folgende Visualisierungsstrategie zur Einführung des Verbesserungsmanagementkonzepts, nachdem die Verbesserungsaktivitäten in den Pilotgruppen gestartet waren.

Um den noch nicht beteiligten Mitarbeitern die Grundzüge des Verbesserungsmanagements und die Hintergründe für deren Einführung darzustellen, entschied sich das Projektteam für die regelmäßige Veröffentlichung einer *Mitarbeiterzeitung* zum Thema Verbesserungsmanagement. In dieser Mitarbeiterzeitung sollten sowohl die bisher beteiligten Teams und Mitarbeiter zu Wort kommen, um das Konzept aus ihrer Sicht darzustellen, als auch die Führungskräfte, die das Konzept und dessen Bedeutung für das Unternehmen erläuterten.

Das Verbesserungsmanagement wurde bei dem Lackhersteller als ein Instrument angesehen, sowohl die Verbesserungstätigkeiten zu fördern als auch das neu strukturierte Koordinierungszentrum besser in die Unternehmensabläufe zu integrieren. Um für diesen Aufgabenbereich eine erhöhte Akzeptanz im Unternehmen zu schaffen, bot die Visualisierung der Verbesserungstätigkeiten eine ideale Hilfe. Das Team stellte sich in der Mitarbeiterzeitung vor und konnte gleichzeitig beschreiben, wie das Verbesserungsmanagement und die damit verbundenen Aktivitäten bei der Bildung und Integration dieses Bereichs unterstützte.

Eine Mitarbeiterzeitung kann als Medium genutzt werden, um den Mitarbeitern überdauernde, quartalsweise oder halbjährliche Informationen zu vermitteln. Mitarbeiterzeitungen eignen sich besonders, um Meilensteine im Verbesserungsmanagement zu dokumentieren. Dies kann in der Einführungsphase sein, beim Übergang zum Arbeiten mit Checklisten, nach der ersten Einschätzung der Verbesserungsaktivitäten, etc. Für aktuelle und sich rasch ändernde Informationen sind sie dagegen ungeeignet, da die Veröffentlichungsfrequenz hierfür zu gering ist.

Um die Mitarbeiter des Schiffs- und Flugzeuglackproduzenten nicht unkommentiert mit den neuen Informationen der Mitarbeiterzeitung zu konfrontieren, wurde die Mitarbeiterzeitung zunächst bei einer Betriebsversammlung verteilt. Dort erklärte der Projektleiter die wesentlichen Punkte des Verbesserungsmanagements und stellte sich anschließend den Fragen der Mitarbeiter. So konnten sie Fragen, Ängste oder Zweifel äußern und gemeinsam diskutieren.

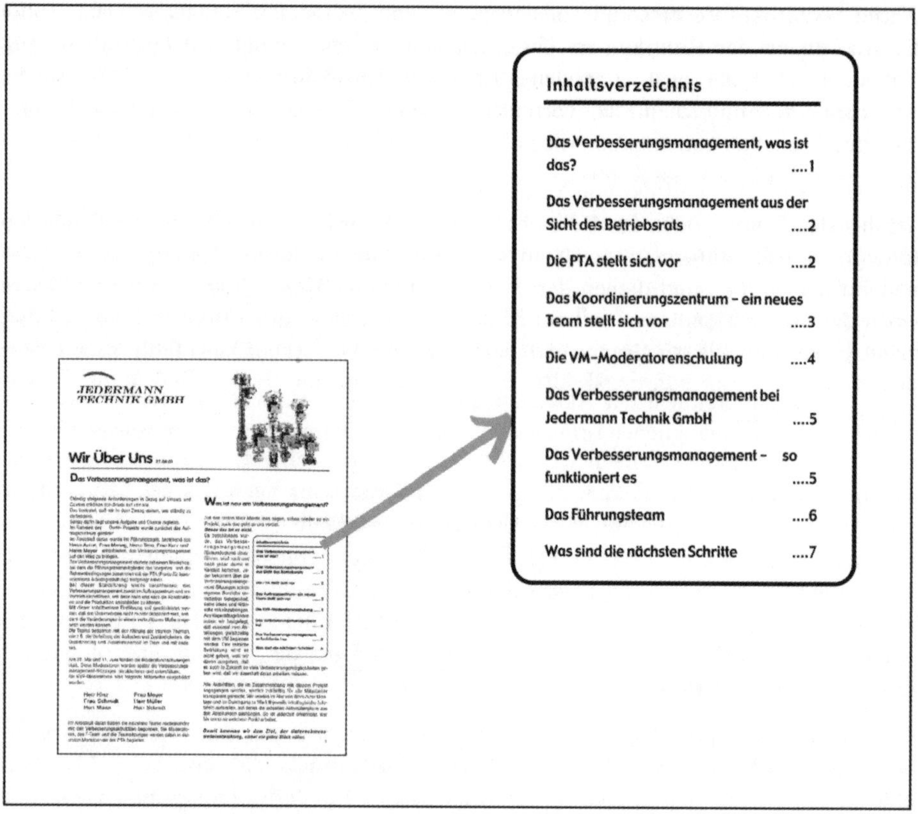

Abb. 7-10: Mitarbeiterzeitung

Nach der Betriebsversammlung wurden in den beiden nebeneinander liegenden Werken des Unternehmens Informationstafeln aufgestellt, die zuerst Übersichten über das Konzept, den zeitlichen Ablauf der Einführung, die Ziele des Unternehmens und einen beispielhaften Aktivitätenplan beinhalteten. Später wurden die Visualisierungswände kontinuierlich mit aktuellen Informationen zum Verbesserungsmanagement und den Übersichts-Aktivitätenplänen der Bereiche versehen. Zusätzlich zu den an den beiden zentralen Werksinfowänden ausgehängten Übersichts-Aktivitätenplänen gestalteten die einzelnen Pilotgruppen detaillierte Aktivitätenpläne, die sie an zentralen Stellen ihres Bereichs aushängten.

Das Problem im Umgang mit Visualisierung besteht selten darin, dass zu wenig, sondern eher zuviel und zu unstrukturiert informiert wird. Um der Gefahr einer Informationsüberflutung zu begegnen, sollten die verschiedenen Informationen bestimmten Themengebieten zugewiesen werden, um damit Ordnung und Übersichtlichkeit herzustellen. So können die Rubriken für Informationswände wie „Das Unternehmen", „Der Betriebsrat",

„Unser Bereich", „Verbesserungsmanagement" und „Allgemeines" lauten. Dabei sollte die Anordnung der Rubriken im gesamten Unternehmen möglichst einheitlich sein, sodass der Betrachter, egal, vor welcher Tafel in welchem Bereich er auch steht, stets die Informationen am gleichen Platz vorfindet. Entscheidend ist dabei, dass die Wände ständig aktuell gehalten und kontinuierlich überarbeitet werden.

Ein weiterer positiver Effekt von Visualisierung ist, dass häufig die Bildung eines Wir-Gefühls der Gruppe oder des Bereichs unterstützt wird. Visualisierungstafeln mit den dazu gehörenden Informationen sind gleichsam „Visitenkarte" und Repräsentationsmedium der Gruppe und dienen der Außendarstellung. Viele Gruppen veröffentlichen neben den Aktivitätenplänen und Grundinformationen über ihren Bereich Fotos, Bilder, kurze Artikel, etc., die der Gruppe und ihrer Arbeit ein klar erkennbares Profil geben.

Neben den Printversionen der Aktivitätenpläne auf den Informationstafeln wurden zusätzlich in jedem zugänglichen firmeneigenen *Intranet* Online-Aktivitätenpläne erstellt.

Unternehmens-ziel	Verbesserungs-thema	Aufnahmedatum	Verbesserungspunkt	Fachbereich (Team)	Priorität Nummer:	Erforderliche Maßnahmen	Verantwortliche	Soll-Termin	Status
LTV	Fehlende Unterlagen / Informationen	03.09.01	Keine Terminrichtlinie für Eilservice z. B. für Standard-Terminierung bei FL20 und FL 34 für Instandsetzungen	Instand-setzung	5	Gespräch zw. Herrn Schmitt, Herrn Meyer, Frau Blau und Herrn Müller	Herr Schmitt	04.02.02	
LTV	Mehrarbeit	03.09.01	Interne „Aufträge" stören oft den reibungslosen Arbeitsablauf, so dass Elektriker und Einsteller Teilweise die lückenhafte Arbeitsweise kompensieren müssen.	Instand-setzung	7	Gespräch zw. Herrn Schmitt, Herrn Weiß, Herrn Hinz und Herrn Schwarz	Herr Weiß	30.11.01	
LTV	Mehrarbeit	17.09.01	Bei Änderungen von Lieferterminen muss eine neue Auftagsbestätigung geschrieben werden.	Instand-setzung	18	Gespräch zw. Herrn Weiß und Herrn Kunz	Herr Weiß	08.10.01	
LTV	Mehrarbeit	17.09.01	Nachbearbeitete Lieferungen sollen auftragsbezogen eingelagert werden. (Bereitstellung)	Instand-setzung	23	Gespräch zw. Herrn Karl und Herrn Schwarz	Herr Karl	16.12.01	
LTV	Zusammenarbeit	03.09.01	Transport von Fässern und Paletten funktioniert nicht, Teile bleiben liegen, werden nicht weitergereicht.	Instand-setzung	35	Gespräch zw. Herrn Karl, Herrn Kunz und Frau Bunt	Herr Karl	04.02.02	
LTV	Fehlende Teile / Material	01.10.01	Aufträge kommen unvollständig in die Montage	Montage	1	Gespräch zw. Herrn Mendel, Herrn Weiß, Frau Ast	Herr Mendel	18.12.01	
LTV	Fehlende Unterlagen / Informationen	12.09.01	Keine Zeichnungen bei Antieferung von Fremdbearbeitungen im Wareneingang	Qualitäts-wesen	8	Gespräch zw. Herrn Müller, Frau Bunt, Herrn Traffo	Herr Müller	14.01.02	
KR	Information / Kommunikation	12.09.01	Durchlaufzeiten und Kennzahlen und somit die Schwachstellen für die Monatage sind nicht bekannt	Montage	3	Gespräch zw. Herrn Mendel, Frau Ast und Herrn Schmitt	Herr Mendel	14.11.01	
KR	Werkstattsteuerung	26.09.01	Werkstattteile sind nicht nach Kategorien zusammengefasst, was sich auf die Rüstzeiten an den Maschinen auswirkt.	Montage	5	Gespräch zw. Herrn Mendel, Herrn Schmitt, Frau Grau und Herrn Schmitz	Herr Mendel	23.01.02	

Bereichsübergreifende Verbesserungsthemen
(Führungsteam)
- Stand: 1. Oktober 2002 -

Link zu den jeweiligen Protokollen der Führungsteamsitzungen

Liefertermin-Verbesserung = LTV
Kostenreduzierung = KR

Abb. 7-11: Online-Aktivitätenplan

Dort veranschaulicht der Projektleiter Fortschritte in der Bearbeitung der bereichsübergreifenden Themen durch das Führungsteam. Zu jedem der bereichsübergreifenden Themen findet man dort den Namen der Gruppe, die das Verbesserungsthema einbrachte, die erforderlichen Maßnahmen, die verantwortlichen Personen für die Umsetzung der Maßnahmen, den Umsetzungsgrad und Status der Problemlösung und den Endtermin. Außerdem wird zu jedem dieser Themen ein Kurzprotokoll der Gesprächsrunden und/oder ein detaillierter Aktivitätenplan der jeweiligen Projektgruppe als „Link" im Intranet hinterlegt. So sind alle Maßnahmen übersichtlich in der Thementabelle dargestellt, und bei Bedarf und Interesse können die Mitarbeiter durch die Vernetzung mit den Kurzprotokollen der Teamtreffen zu den jeweiligen Themen, detailliertere Informationen erlangen.

Das Intranet stellt zur Vermittlung von Informationen die höchsten Ansprüche, bietet jedoch auch höchst vielseitige Möglichkeiten. Es macht Basisinformationen für jeden Mitarbeiter jederzeit abrufbar. Artikel können sofort ins Intranet oder die verfügbaren elektronischen Ablagesysteme gestellt, korrigiert und inhaltliche Fortschreibungen jederzeit vorgenommen werden. Somit ist das Intranet im Vergleich zu Informationswänden oder Mitarbeiterzeitungen ein potenziell aktuelleres Medium. Die Nutzung des Intranet für die betrieblichen Verbesserungsprozesse sollte aber gut überlegt sein. Können alle beteiligten Mitarbeiter, beispielsweise in der Produktion, bei Bedarf auf die Informationen zugreifen?

In den Teams wird meist ein Mitglied benannt, das sich der Aufgabe der kontinuierlichen Überarbeitung der Aktivitätenpläne und Erstellung der Fotoprotokolle annimmt. Es ist wichtig, dass sich eine Person für die Aktualisierung und Einarbeitung der Inhalte verantwortlich fühlt, da sonst die Dokumentation schnell „im Sande" verlaufen kann. Dazu muss den verantwortlichen Personen aber auch eine visuelle Standardausrüstung zur Verfügung stehen. Zu dieser *visuellen Standardausrüstung* jedes Moderators und für alle Verbesserungsmanagement-Besprechungen zählen Flipcharts, Pinnwände, Moderatorenkoffer, Kreide-, Haft- oder Spezialtafeln. Für die einzelnen Mitarbeiterteams ist es notwendig, die Themen und Lösungsmöglichkeiten vor allem in den Gruppengesprächen jederzeit präsent vor Augen zu haben.

Die Visualisierungsverantwortlichen des Unternehmens fertigen von jeder Verbesserungssitzung Fotoprotokolle an, die dann an die beteiligten Mitarbeiter und ggf. an die Führungskräfte und den Projektleiter ausgehändigt werden. Anschließend werden die Protokolle zusätzlich als Link in den Aktivitätenplänen im Intranet hinterlegt. So bleiben die behandelten Themen jederzeit transparent und abrufbar.

Nur durch die ständige Aktualisierung der Visualisierungsmedien und die festgelegten Verantwortlichkeiten kann den Mitarbeitern die notwendige Orientierung im Verbesserungsmanagement gegeben werden. Verbleiben die Informationen jedoch in den jeweiligen Bereichen oder Abteilungen, hat das Verbesserungsmanagement im gesamten Unternehmen einen schweren Stand und kann sich dementsprechend nur langsam und punktuell entwickeln.

Zusammenfassung:

Damit effektiv und ergebnisorientiert miteinander an Verbesserungen gearbeitet wird, braucht es im Verbesserungsmanagement einfache Methoden, die als Standard genutzt werden, um Verbesserungsthemen zu er- und bearbeiten.

Zur *Generierung von Verbesserungsthemen* werden im Rahmen moderierter Teambesprechungen zunächst alle Ideen gesammelt, die den Mitarbeitern zur Verbesserung der Unternehmensziele einfallen. Diese werden anschließend in drei Kategorien „bereichsinterne Themen", „Themen mit Führungskraft" und „bereichsübergreifende Themen" sortiert und innerhalb jeder Kategorie in eine Rangfolge gebracht. Das Kriterium zur Prioritätenvergabe ist der Einfluss des Themas auf die Unternehmensziele. Der Prozessbegleiter leistet bei der Erarbeitung der Themen wichtige Unterstützungshilfe, indem er informiert, motiviert und Formulierungshilfe gibt.

Die *Bearbeitung der Themen* sollte systematisch erfolgen. Eine bewährte methodische Vorgehensweise besteht aus folgenden Schritten:

- Beschreiben der Ausgangssituation (Bestandsaufnahme)

- Beschreiben des gewünschten Zustands (Zieldefinition)

- Aufdecken der Hintergründe (Ursachenanalyse)

- Kreatives Sammeln von Lösungsideen (Lösungsfindung)

- Auswählen der besten Lösung (Bewertung der Lösungen)

- Entscheiden über die Lösungsumsetzung (Entscheidung)

- Planung und Durchführung der Maßnahmen (Umsetzung)

- Überprüfen des Ergebnisses (Umsetzungskontrolle)

Eine Möglichkeit für Teams, systematisch zu einem bestimmten Verbesserungsthema ihr Ziel zu erreichen, stellt das *Arbeiten mit Checklisten* dar. Die Checklisten helfen, den eigenen Arbeitsprozess kontinuierlich zu überprüfen und zu kontrollieren und stellen zudem ein sehr einfach anzuwendendes und transparentes Instrument dar.

Bereichsübergreifende, komplexe Themen, deren Lösung längerer Zeiträume bedürfen, werden im Rahmen eines *Verbesserungsprojektes* bearbeitet. Hierzu gibt es einen Projektleiter, ein Projektteam und eine systematische Vorgehensweise über mehrere Wochen oder Monate, die in den Grundzügen der oben genannten Systematik entspricht.

Komplexe, aber abgrenzbare Themen, die in einem kürzeren Zeitraum gelöst werden können, werden in einem *Verbesserungsworkshop* bearbeitet. Maximal eine Woche lang setzen sich dazu die notwendigen Experten zusammen, um die Verbesserung zu planen und auch direkt unter Einbezug der betroffenen Mitarbeiter umzusetzen. Die erforderlichen Experten für den Workshop sowie ein Prozessbegleiter für die Moderation müssen für diese Zeit freigestellt werden; geleitet wird der Workshop von einem Umsetzungs-verantwortlichen.

Das Verbesserungsmanagement und dessen Instrumente fördern und fordern gezielt mitdenkende und eigenverantwortliche Mitarbeiter. Doch nur durch die entsprechende Offenlegung, Aufbereitung und Vermittlung von Informationen kann gewährleistet werden, dass jeder Mitarbeiter über alle wichtigen Ziele, Kennzahlen und Verbesserungstätigkeiten Bescheid weiß, Kommunikation möglich wird und Verbesserungen gezielt angeregt werden. Visualisierung macht einen reibungsloseren und effizienteren Verbesserungsprozess mit eigenverantwortlichen Mitarbeitern möglich und ist unentbehrlich in der Qualifizierung und als Feedback im Zielvereinbarungsprozess. Die Aufgabe aller am Verbesserungsprozess Beteiligten besteht darin, kontinuierlich Informationen zu visualisieren und damit allen im Unternehmen eine Orientierung für die ständig notwendige Weiterentwicklung zu geben.

8. Führungsverhalten und Unternehmens-entwicklung – eine Anweisung für Kapitäne

Der Erfolg systematischer und nachhaltiger Unternehmensentwicklung hängt wesentlich von den Führungspersonen im Unternehmen ab. Besonders der Vorstand und die Geschäftsführung beeinflussen die Gestaltung der Unternehmensentwicklung. Das obere Management muss die Veränderungen wollen und hinter den erforderlichen Maßnahmen stehen. Das setzt eine transparente Unternehmenspolitik voraus, in der die Zahlen und der jeweils aktuelle Zustand des Unternehmens allen offen gelegt wird. Gleichzeitig muss die Unternehmensleitung Ideen haben, die das Unternehmen nach vorne bringen und in der Lage sein, diese Ideen seinen Mitarbeitern zu erklären und sie dafür zu begeistern.

Ein Beispiel: Einen Geschäftsführer eines mittelständischen Unternehmens, der diese Aufgaben für sich sehr ernst nimmt, zeichnet es aus, dass er Ideen für sein Unternehmen hat und eine Vorstellung davon, in welche Richtung sich das Unternehmen entwickeln muss. Er nimmt sich immer wieder Zeit, seinen Mitarbeitern diese Ideen zu erklären. Das macht er in den regelmäßigen Führungsteams mit seinen Abteilungsleitern, aber auch in Team- und Abteilungsgesprächen bzw. in Einzelgesprächen mit Mitarbeitern. Dort erläutert er die Erfordernisse des Marktes, nimmt Stellung zur eigenen Marktposition und zur Konkurrenz und erklärt, weshalb bestimmte Entscheidungen getroffen werden müssen.

Zuletzt hatte das Unternehmen das Problem, zu lange auf Zukaufteile warten zu müssen. Dadurch konnte die eigene Liefertreue nicht optimiert werden, was immer wieder zu Diskussionen und Schuldzuweisungen zwischen Verkäufern, Disponenten, Einkäufern und den Montagemitarbeitern führte. Der Geschäftsführer führte aus diesem Grund einen Workshop mit Vertretern aller genannten Bereiche durch, um gemeinsam eine Strategie zu entwickeln, wie zukünftig mit diesem Problem umgegangen werden solle. Sein Ziel war es, die Lieferzeit der Zulieferer drastisch zu reduzieren; er stellte sich vor, dass die Lieferzeit der Kernaggregate, die damals im Schnitt bei zehn Wochen lag, in zwei Jahren nur noch vier Wochen beträgt. Mit dieser hohen Zielvorstellung erzeugte er zunächst viel Unruhe im Teilnehmerkreis des Workshops. Er löste damit aber auch Denkblockaden auf, indem er Möglichkeiten aufzeigte, wie dieses Ziel in Etappen zu erreichen ist, beispielsweise durch Rahmenverträge mit den Zulieferern und eine konsequente Lieferantenbewertung. Dadurch regte er die Beteiligten zu neuen Ideen an.

Gemeinsam wurden anschließend Etappenziele formuliert: Lieferzeitreduktion auf zunächst acht Wochen im nächsten halben Jahr, dann auf sechs Wochen innerhalb des nächsten Jahres und danach auf vier Wochen bis in spätestens zwei Jahren. Nach dem Workshop war es die wichtigste Aufgabe des Geschäftsführers, die Umsetzung zu kontrollieren. Das bedeutet, dass er auch mit in die Abteilungs- und Teambesprechungen ging, um die Strategie näher zu erläutern, um nachzufragen, wie weit die einzelnen Mitarbeiter mit der Umsetzung sind und sie zum Weitermachen zu motivieren.

Der Geschäftsführer in unserem Beispiel zeichnet sich durch die Fähigkeit aus, sich um die Beteiligten aktiv zu kümmern und ihnen damit Rückhalt und Motivation für ihre schwierige Aufgabe zu geben. Er weiß, dass er auch etwas für seine Mitarbeiter tun muss, wenn er solche Leistungen von ihnen erwartet. In dem Moment, in dem die Mitarbeiter wissen, dass er voll und ganz hinter ihnen steht, werden sie auch unangenehme Entscheidungen akzeptieren, denn das Grundvertrauen zueinander besteht. In seiner bisherigen betrieblichen Karriere hatte er im letzten Jahr eine kritische Entscheidung zu treffen: Es mussten 20 Prozent der Kosten eingespart werden. Am einfachsten wäre dies über Personalfreisetzungen zu erreichen gewesen. Er hat darauf verzichtet, aber dafür von seinen Mitarbeitern Stundenreduzierungen und Kosteneinsparungen am Arbeitsplatz gefordert. Aus dem Vertrauen der Mitarbeiter ihm gegenüber entstand ein so starkes Engagement, dass das hohe Kosteneinsparungsziel erreicht werden konnte und Entlassungen tatsächlich nicht notwendig waren.

Zusammenfassend kann man sagen, dass eine erfolgreiche Unternehmensentwicklung nur dann gelingt, wenn die Verantwortlichen eine Synthese aus strategischem Denken und Handeln und Nähe zu den Mitarbeitern herstellen können. Das bedeutet für das obere Management, einerseits jeweils einige Züge im voraus zu denken, also den Markt und die Konkurrenz einschätzen zu können und daraus entsprechende Ideen für das eigene Unternehmen abzuleiten. Andererseits sollte das Management für die erfolgreiche Umsetzung dieser Ideen die eigenen Ziele und Ideen kommunizieren und sie gemeinsam mit den Mitarbeitern in konkret umsetzbare Schritte herunterbrechen. Die Umsetzung ist zu kontrollieren und kontinuierlich in engem Kontakt mit den beteiligten Personen zu fördern. Dann werden sich sowohl Mitarbeiter als auch das gesamte Unternehmen in die richtige Richtung weiter entwickeln.

8.1   Durch Führung Vertrauen aufbauen

Eine gute, tragfähige und dauerhafte Vertrauenskultur im Unternehmen aufzubauen, ist ein langer Weg und benötigt von Seiten der Unternehmensführung Engagement und vor allem Zeit. Letztendlich müssen die Führungspersonen – auch zum Erhalt des Vertrauens – immer wieder aktiv etwas dafür tun. Das ist oft mühsam und lästig und erscheint dem einen oder anderen im Einzelfall vielleicht doch nicht als so wichtig wie andere, beispielsweise strategische Aufgaben.

Dabei ist es von besonderer Bedeutung, dass Führungskräfte nie *persönliche Grenzen* bei ihren Mitarbeitern überschreiten. Um die Grenzen des anderen überhaupt einschätzen zu können, muss die Führungsperson die eigenen Mitarbeiter ein wenig kennen und eigene Gefühle unter Kontrolle halten können. Einen Mitarbeiter vor der gesamten Abteilung wegen eines Fehlers zu rügen, kann das aufgebaute Vertrauen sofort zerstören, denn mit diesem Verhalten überschreitet die Führungsperson deutlich die Grenze der Selbstachtung des Einzelnen.

Personenbezogene Kritik gehört in ein *Vier-Augen-Gespräch*. Hier spricht die Führungskraft die Situation konkret und sachlich an, kann ihre Unzufriedenheit mit dem Mitarbeiterverhalten äußern, aber auch gemeinsam mit dem Betroffenen die Situation reflektieren und nach Lösungen für die Zukunft suchen. So entsteht vertrauensvolle Zusammenarbeit, in der Fehler nicht vertuscht, sondern als Lernchance für die Zukunft gesehen werden.

Voraussetzung für ein solches Führungsverhalten sind *Sensibilität und Fingerspitzengefühl*. Man muss sich in andere hineinfühlen können und sich für die eigenen Mitarbeiter interessieren. Solch ein Verhalten erfordert eine gute Menschenkenntnis und die Fähigkeit, auf die Signale des anderen im Gespräch zu achten und darauf eingehen zu können. Nur dann können persönliche Grenzen gewahrt und Vertrauen zueinander aufgebaut werden.

Im Folgenden finden sich einige Beispiele für Führungsverhalten, das Vertrauen zerstört statt es aufzubauen. Leider trifft man diese Verhaltensweisen nur zu oft in Unternehmen an. Das kann viel mit der dortigen Unternehmenskultur und mit den Erwartungen an die Führungskräfte zu tun haben, aber auch mit den erlernten Verhaltensmustern und der Persönlichkeit der Führungskräfte selbst.

Der Emotionale

Herr Kerner ist nervös und leicht erregbar. Sobald etwas in seiner Abteilung schief läuft, gerät er dermaßen in Wallung, dass er in das ensprechende Büro läuft und den dortigen Mitarbeitern gegenüber lostobt: „Wie konnte das passieren, bin ich nur von Idioten umgeben, habt Ihr keine Augen im Kopf, muss ich denn alles selber machen, etc.?" Die wahren Begebenheiten und Hintergründe der Situation interessieren ihn wenig. Er fragt nicht nach, sondern lässt seinen Emotionen freien Lauf. Dabei kommuniziert er rein auf der Beziehungsebene, denn für Sachlichkeit ist kein Platz. Die Mitarbeiter reagieren zunächst betroffen, nach wiederholtem Male allerdings mit Ignoranz und Schulterzucken – sie lassen seinen Ausbruch über sich ergehen, reduzieren ihr Engagement aber von Mal zu Mal auf das Nötigste.

Solcherart emotionale Führungspersonen greifen mit ihren Gefühlsausbrüchen immer wieder Mitarbeiter *persönlich* an, was ihr Selbstbewusstsein, ihr Vertrauen und Engagement kontinuierlich zerstört statt es aufzubauen. Zudem treffen solche Ausbrüche ausgerechnet vom Chef die Mitarbeiter ganz besonders, da sein Verhalten den Mitarbeitern gegenüber durch seine Position ein besonders Gewicht hat. Dieser besonderen Rolle und Verantwortung scheinen sich solche Führungskräfte nicht bewusst zu sein.

Der Monologisierer

Herr Schäfer ist sehr redegewandt und mitteilsam. Leider neigt er dazu, im Gespräch mit seinen Mitarbeitern den größten Redeanteil für sich einzunehmen. Er erfährt dadurch nicht, was seine Mitarbeiter denken. Und wenn sie es schaffen, ihm etwas mitzuteilen, hört er nicht aufmerksam genug zu und begreift daher ihre Anliegen nicht. Präsentieren seine Mitarbeiter ihm neue Ideen, widerspricht er zunächst und bringt alle denkbaren Einwände an. Eine neue Idee wird von ihm erst dann für gut befunden, wenn er sie als seine eigene Idee umformuliert hat. Die Mitarbeiter von Herrn Schäfer haben sich an sein Verhalten mittlerweile gewöhnt und versuchen gar nicht mehr, ihn zu unterbrechen. So gehen wichtige Informationen oder Ideen unter. Um ihre Ideen umsetzen zu können, stellen mittlerweile einige – noch engagierte – Mitarbeiter ihre Ideen so dar, dass sie nach einem Einfall ihres Chefs klingen.

Solche Führungskräfte machen den Fehler, sich nicht für ihre Mitarbeiter zu *interessieren*. Sie missachten deren Persönlichkeit und stellen sich selbst permanent in den Mittelpunkt. Indem sie die Mitarbeiter nicht ernst nehmen, machen sie jedes Engagement zunichte und zerstören das Vertrauen.

Der Alleskönner

Herr Lange ist ein Meister der Organisation und Koordination. Es ist erstaunlich, wie viele Dinge er gleichzeitig auf den Weg bringt und bearbeitet. Er hat dabei einen guten Überblick und arbeitet effizient und zielorientiert. Viele Aktivitäten seiner Mitarbeiter geschehen ihm oft zu langsam, sodass er sie lieber selbst in die Hand nimmt. Er delegiert sehr wenig und wenn, telefoniert er den einzelnen Umsetzungen noch zusätzlich hinterher, um sicher zu sein, dass nichts schief geht. Seine Mitarbeiter kommen immer öfter mit Fragen über Kleinigkeiten zu ihm, was ihn entsprechend Zeit kostet und ihm langsam auf die Nerven geht. Durch sein Verhalten hat er es geschafft, dass sich keiner seiner Mitarbeiter alleine die Übernahme von Aufgabenpaketen zutraut, aus Angst, es ihm sowieso nicht recht machen zu können.

Indem solche Führungskräfte kaum Verantwortung abgeben und damit den Mitarbeitern auch nichts *zutrauen*, werden sie immer unselbständiger. Statt ihr Selbstvertrauen zu stärken und zum Mitdenken und eigenverantwortlichen Arbeiten anzuregen, werden Mitarbeiter mit der Zeit zu bloßen Befehlsempfängern degradiert.

Der Disziplinlose

Herr Krämer ist eine umgängliche Führungsperson, die immer zu einem Scherz aufgelegt ist. In der Abarbeitung der anstehenden Aufgaben ist er allerdings ziemlich undiszipliniert: Er findet in seinen Papierbergen auf dem Schreibtisch schon mal wichtige Unterlagen nicht, und bei Terminen hält er es mit der Pünktlichkeit nicht so genau. Auf Fragen, bis wann er bestimmte Dinge erledigt haben will, äußert er sich nur schwammig und vergisst häufig abgesprochene Aktivitäten. Seinen Mitarbeitern lässt er viel Freiraum. Er ist der Meinung, dass sie über ihre Arbeitszeiten und ihr Arbeitspensum selbst entscheiden sollen. Hin und wieder ärgert er sich darüber, dass einige Mitarbeiter seinen Führungsstil ausnutzen: Er sieht sie oft zusammen über Privates reden und auch bei hohem Arbeitsaufkommen pünktlich nach Hause gehen. Selbst wenn er sie bittet, länger zu bleiben und die Arbeiten zügig zu erledigen, hat das wenig Wirkung, denn das Engagement der Mitarbeiter seiner Abteilung ist gering. Fehler werden in der Regel nicht angesprochen, sondern vertuscht, und neue Ideen gibt es so gut wie gar nicht.

Die Disziplinlosigkeit von Herrn Krämer hat sich mit der Zeit als schlechtes Vorbild auf seine komplette Abteilung übertragen. Statt Herausforderungen anzubieten und Engagement einzufordern, hat er seine Mitarbeiter durch seine laxe Art zu unverbindlichem und persönlich eigennützigem Verhalten ermuntert. Mittlerweile nehmen die Mitarbeiter ihn als Autorität und Führungsperson nicht mehr ernst und trauen ihm auch entsprechend wenig zu.

8.1.1 Erste Schritte zum Aufbau von Vertrauen

Um als Führungsperson Schritt für Schritt Vertrauen aufzubauen, ist Voraussetzung, die *eigene Rolle und Verantwortung* als Führungskraft zu begreifen. Es ist wichtig zu erkennen, welche Wirkung eine Führungskraft mit ihren Worten und Taten auf die Mitarbeiter hat und welchen Schaden man mit eigenem, dysfunktionalen Verhalten anrichten kann.

Dann sollte unterschieden werden, in welchen Situationen welches Führungsverhalten angemessen ist: Wann sollte die Führungskraft mit klaren Worten und Taten als Vorbild voranschreiten, wann sollte sie Hintergründe aufzeigen und mit Informationen aufklären, wann mit Ideen neue Impulse einbringen und wann eher den Mitarbeitern zuhören und von ihnen Ideen, Probleme und Anregungen einfordern und entsprechend ernst nehmen.

Um diese Dinge angemessen leisten zu können, braucht es *persönlicher Souveränität*. Wer das Miteinander mit anderen verbessern will – und hierzu gehört das Aufbauen von

Vertrauen im Unternehmen – muss zunächst bei sich selbst beginnen. Hierzu gehört, mit sich selbst im Reinen zu sein und die eigenen Bedürfnisse hinsichtlich Beruf und Privatleben ausbalancieren zu können. Ehrgeiz und Gelassenheit, Emotionalität und Sachlichkeit, Reden und Zuhören, Geben und Nehmen sollten sich in einem ausgewogenen Verhältnis befinden. Einer solchen Persönlichkeit wird es gelingen, ihr Führungsverhalten so zu gestalten, dass Vertrauen und Engagement bei den Mitarbeitern erzeugt werden.

Es kann aber letztlich nicht das alleinige Ziel sein, um jeden Preis eine angenehme Arbeitsatmosphäre aufzubauen. Die Kunst besteht darin, sowohl das Vertrauen der Mitarbeiter zu gewinnen als auch wichtige – auch unangenehme – strategische Entscheidungen zu treffen.

Ein Beispiel dafür ist das mittelständische Unternehmen als Teil eines Konzerns, in dem die Fertigung geschlossen werden sollte. Das Vertrauensverhältnis zwischen Geschäftsführung und Mitarbeitern war gut und sollte daher nicht zerstört werden. Also entschied sich der Geschäftsführer für den sicherlich schwierigeren, aber langfristig für das Vertrauensverhältnis mit den Mitarbeitern erfolgreicheren Weg: Er schloss die Fertigung, wollte aber mit diesen Mitarbeitern eine neue, schlagkräftige Montage aufbauen. Das war allerdings nur finanzierbar, wenn die Montagemitarbeiter einen geringeren Grundlohn und einen höheren Erfolgsprämienanteil erhielten. Er stellte diese Idee den Betroffenen vor. Es gab von den 30 Mitarbeitern nur zwei, die daraufhin das Unternehmen verließen. Alle anderen machten mit und kämpften aktiv dafür, die Montage gegenüber Konkurrenzmontagen erfolgreich zu machen. Die Mitarbeiter schätzten den Geschäftsführer dafür, dass er für den Erhalt ihrer Arbeitsplätze gekämpft hat und das Risiko des Neuaufbaus der Montage einging. Entsprechend standen sie geschlossen hinter ihm, engagierten sich über das normale Maß hinaus für ihre neue Aufgabe, qualifizierten sich weiter und übernahmen mit dem neuen Entlohnungssystem auch einen Teil des Risikos. Heute ist die Montage überaus erfolgreich und wird vom Konzern als vorbildlich dargestellt.

An diesem Beispiel wird deutlich, wie wichtig es für einen langfristigen Unternehmenserfolg ist, dass Führungskräfte sowohl ihr strategisches Handeln als auch Praxis- und Mitarbeiternähe in Einklang zu bringen im Stande sind.

8.2 Führen mit Führungsinstrumenten

Der im fünften Kapitel beschriebene „Werkzeugkasten des Managers" ist keineswegs eine beliebige Zusammenstellung aktueller oder modischer Erscheinungen auf dem Markt der Managementmethoden. Vielmehr handelt es sich um bewährte Führungsinstrumente, die allen Führungskräften helfen können, ihre schwierigen Aufgaben zu bewältigen. An dieser Stelle soll erörtert werden, worauf Führungskräfte achten sollten, wenn sie mit den beschriebenen Führungsinstrumenten erfolgreich arbeiten wollen.

Alle beschriebenen Führungsinstrumente basieren auf der Annahme, dass die Mitarbeiter bereit und in der Lage sind (bzw. in die Lage versetzt werden), selbständig und verantwortungsbewusst zu arbeiten. Die vorgestellten Führungsmethoden helfen Führungskräften und Mitarbeitern gleichermaßen, einen *klaren Handlungsrahmen* für die Arbeit zu schaffen und *Spielregeln* zur Verfügung zu stellen. Dadurch erhalten die Mitarbeiter Raum für die Entfaltung ihrer Potenziale. Gleichzeitig ermöglichen sie dem Unternehmen, die zum Bestehen auf dem Markt erforderliche Flexibilität und Schnelligkeit zu entwickeln und auszubauen. Ein Unternehmen wird aber nur dann in ausreichender Anzahl über verantwortungsbewusst handelnde Mitarbeiter verfügen, wenn ihnen die Führungskräfte genügend Spielraum für eigenes Entscheiden und Handeln gewähren. Führungskräfte, die dazu neigen, ihren Mitarbeitern genau vorzuschreiben, was sie zu tun und wie sie ihre Arbeit auszuführen haben, werden kaum die Entwicklung von Verantwortungsbewusstsein in ihrem Bereich erleben. So machen Zielvereinbarungen nur dann einen Sinn, wenn der Vorgesetzte seinem Mitarbeiter herausfordernde Aufgaben stellt. Dem Mitarbeiter muss aber auch Gelegenheit gegeben werden, sich dieser Herausforderung stellen zu können und zu dürfen, ohne dass der Vorgesetzte alles schon geregelt hat, bevor der Mitarbeiter selbst aktiv werden kann.

Dies gilt im Prinzip für den Einsatz aller Führungsinstrumente. Sie werden nur in den Händen der Führungskraft ihre volle Wirkung entfalten, die ihren Mitarbeitern auch *zutraut*, sich entwickeln zu können. Aber dabei gibt es eine Einschränkung: Was, wenn der Mitarbeiter sich gar nicht entwickeln, wenn er keine Verantwortung tragen und nicht selbständig handeln will? In der Tat ist in vielen Unternehmen in den letzten Jahren eine Diskrepanz zwischen den Anforderungen an die Mitarbeiter und deren tatsächlicher Leistungsfähigkeit, Qualifikation und Verantwortungsfähigkeit entstanden. Immer seltener wird der Typus des Mitarbeiters benötigt, der Anweisungen einfach ausführt. Aber es gibt noch viele Mitarbeiter, die genau unter dieser Voraussetzung eingestellt wurden, einfache, möglichst repetetive und eng umrissene Arbeitstätigkeiten auszuführen.

Hier hilft nur eine behutsame Aufklärung über die in Zukunft erforderlichen Fähigkeiten und Kenntnisse und eine allmähliche, den Lernmöglichkeiten des Mitarbeiters angepasste Entwicklung der vorhandenen Fähigkeiten. Weigert sich aber ein Mitarbeiter – aus welchen Gründen auch immer – Verantwortung zu übernehmen, wird es zunehmend schwieriger werden, ihn adäquat zu beschäftigen.

Um den Mitarbeitern den Weg zu erleichtern, sich mit den zunehmenden Anforderungen permanent auseinanderzusetzen, sind *Mitarbeitergespräche* erforderlich. Gerade das Führen mit Zielen gibt die Möglichkeit zum intensiven Gespräch mit den Mitarbeitern und setzt diese sogar zwingend voraus. Und das gilt nicht nur bei der Vereinbarung von Zielen, sondern auch zur Überprüfung des Grades der Zielerreichung. Eine Führungskraft, die sich (und den Mitarbeitern) die Zeit für ausführliche und intensive Gespräche nimmt, wird in den meisten Fällen auch den Zugang zum Mitarbeiter finden: zu seinen Wünschen, Ängsten, Sorgen und Problemen. Das Mitarbeitergespräch gibt der Führungskraft aber auch die Möglichkeit, über ihre Ziele und Planungen zu sprechen, über die Anforderungen, die sie an ihren Mitarbeiter stellt und ihren Vorstellungen, welche Rolle der Mitarbeiter in der Zukunft spielen soll. Natürlich wird es nicht in allen Fällen gelingen, die Wünsche und Ziele von Führungskraft und Mitarbeiter in Einklang zu bringen. Aber die Führungskraft, die es gelernt hat, einen Zugang zu ihren Mitarbeitern zu finden, wird sehr viel häufiger zu konstruktiven Lösungen gelangen als ein Chef, der sich nicht die Zeit für Gespräche nimmt und den „menschlichen Faktor" außer Acht lässt.

Neben den genannten Aspekten gibt es noch weitere Voraussetzungen für ein erfolgreiches Arbeiten mit Führungsinstrumenten. So gilt für alle Führungsinstrumente, dass sie nur dann ihre volle Wirksamkeit entfalten, wenn sie *durchgängig im Unternehmen* realisiert werden. Insellösungen haben nur selten Erfolg, weil sich dann das „alte" und das „neue" Vorgehen im Wege stehen und sich oft die Routine der bisherigen Lösung als stärker erweist als das neue Führungsinstrument. Zudem kommt es bei Insellösungen oft zu Missverständnissen zwischen den Mitarbeitern, die mit dem neu eingeführten Instrument arbeiten und den Kollegen, die wie gewohnt arbeiten. Das bedeutet, dass man das neue Instrument zwar sorgfältig erproben und eventuell auch modifizieren sollte, wenn es bei der Einführung zu Problemen kommt. Aber danach sollte das neue Führungsinstrument zügig und flächendeckend eingeführt werden.

Die Einführung von Führungsinstrumenten sollte konsequent erfolgen. Halbherziges Vorgehen führt dazu, dass die neue Vorgehensweise nicht angenommen wird oder nach einiger Zeit das Ganze stillschweigend fallen gelassen wird. Die „Aussitzer" haben dann recht behalten und diejenigen, die fest daran geglaubt haben, dass mit der neuen Methode Verbesserungen erzielt werden, sind enttäuscht und demotiviert. Deshalb muss die Führung, wenn sie sich denn entschlossen hat, ein Führungsinstrument einzuführen, mit Nachdruck und gutem Beispiel vorangehen und überprüfen, ob in allen Bereichen konsequent mit der neuen Methode gearbeitet wird.

Werden im Laufe der Zeit mehrere Instrumente eingeführt, ist genau darauf zu achten, ob diese Methoden *zueinander passen* und insgesamt eine Einheit bilden. Ebenso ist der Eindruck zu vermeiden, dass „schon wieder etwas Neues" gemacht wird, das neben dem

Bestehenden oder bereits Eingeführtem lediglich unverbunden „aufgesetzt" wird. Es kommt darauf an, bei der Planung neuer Führungsinstrumente den *Zusammenhang* und die *gegenseitige Wechselwirkung* zu erkennen und bewusst zu gestalten. Je deutlicher die Mitarbeiter erkennen, dass die eingeführten Methoden Teil eines Führungssystems sind, in dem alle Teile aufeinander bezogen sind und sich wechselseitig beeinflussen, desto leichter wird es ihnen gelingen, dieses System zu erkennen, zu verstehen, zu akzeptieren und schließlich mit Leben zu füllen.

Dies werden die Mitarbeiter aber nur dann tun, wenn sie erleben, dass die Führungskräfte geschlossen den Weg voran schreiten; wenn sie sehen, dass kritisch und konstruktiv mit Fehlern und Problemen umgegangen wird; wenn die Führung als Ganzes zeigt, dass sie gewillt und fähig ist, sich weiter zu entwickeln und den „Geist", der den Führungsinstrumenten innewohnt, auch tatsächlich im Führungsalltag leben.

8.3 Führen im Verbesserungsmanagement

8.3.1 Aufgaben der Führungskräfte beim Aufbau eines effizienten Verbesserungsmanagements

Ein wichtiger Schritt im Verbesserungsmanagement besteht darin, dass die Führungskräfte und Mitarbeiter die Optimierungsaktivitäten als Teil ihres Alltagsgeschäfts auffassen. Dies ist die Basis für ein kontinuierliches Verbesserungsbemühen. Die Aufgaben im Verbesserungsmanagement fallen täglich an und bedürfen einer konstanten Abarbeitung, genau wie die routinierten Arbeitsaufgaben der Führungskräfte und Mitarbeiter.

In Bezug auf die *bereichsinternen Verbesserungsthemen,* die von einem Mitarbeiterteam eigenständig umgesetzt werden, haben die Führungskräfte einerseits die Aufgabe, regelmäßig die verschiedenen Aktivitäten zu überwachen, also auf die Einhaltung der geplanten Maßnahmen und Umsetzungstermine zu achten. Um die Einhaltung verfolgen zu können, müssen sie sich kontinuierlich einen Überblick über den aktuellen Aktivitätenstand verschaffen, sich über die Verbesserungsaktivitäten informieren und relevante Informationen vom Mitarbeiterteam einfordern. Andererseits ist es Aufgabe der Führungskräfte, die Mitarbeiter bei Schwierigkeiten der Durchführung der Maßnahmen zu unterstützen und bei Bedarf neue Verbesserungsaktivitäten anzustoßen.

Zusätzlich planen sie den Einsatz der Checklisten und stimmen diese mit dem Mitarbeiterteam ab, fordern deren Umsetzung ein und überprüfen die Bearbeitung der Themen. Neben der Begleitung des Mitarbeiterteams sind die Führungskräfte aber auch aktiv bei

der Umsetzung der bereichsinternen Themen gefragt, bei der die Einbindung der Führungskraft erforderlich ist. Diese Themen bearbeiten die Führungskräfte selbständig.
Dabei informieren sie die Mitarbeiter über den Umsetzungsgrad der jeweiligen Aktivitäten und versuchen, die Maßnahmen so zu bearbeiten, dass alle Betroffenen mit der
Umsetzung zufrieden sind.

Der zweite Aufgabenbereich der Führungskräfte betrifft die *bereichübergreifenden Ver-
besserungsthemen.* Die Führungskräfte bringen diese Themen in das Führungsteam ein.
Sie erläutern die Bedeutung und Priorität der Themen für ihr eigenes Mitarbeiterteam.
So schaffen sie eine Entscheidungsgrundlage für die Erstellung der Prioritätenliste im
Führungsteam. Als Mitglied des Führungsteams entwickeln die Führungskräfte außer-
dem Vorschläge für die Bearbeitung der Verbesserungsthemen und beteiligen sich an der
Umsetzung einiger dieser Vorschläge in den Verbesserungsprojekten. Um die Arbeit in
den einzelnen Bereichen zu erleichtern, berichten die jeweiligen Führungskräfte über
Aktivitäten in ihren Bereichen. Diese Informationen geben sie dann zum einen an ihre
Mitarbeiter weiter und nutzen sie zum anderen für die Abstimmung der Schnittstellen-
aktivitäten, beispielsweise um Überschneidungen und Mehrarbeit zu vermeiden.

Der Aufgabenbereich der Mitarbeiter erstreckt sich vorwiegend auf die Sammlung von
Vorschlägen zur Lösung der Verbesserungsthemen und auf deren Umsetzung. Die Mitarbeiter lernen im Verbesserungsmanagement als Team, einerseits Themen selbständig
zu bearbeiten, indem sie sich Schritt für Schritt methodische Kenntnisse aneignen. Andererseits können sie Unterstützung von der Führungskraft bei auftretenden Problemen
und Schwierigkeiten bei der Umsetzung anfordern.

Die Mitarbeiter zu befähigen, so selbstorganisiert zu arbeiten wie eingangs beschrieben,
ist eine der zentralen Aufgaben der Führungskräfte im Verbesserungsmanagement. Dazu
bedarf es einer Vielzahl an Gesprächen, in denen die Führungskraft den Mitarbeitern den
Sinn und Zweck, auf diese Weise zu arbeiten, vermittelt. Hier kann die Führungskraft
erklären, wie sie gemeinsam Verbesserungsthemen erkennen, Lösungen erarbeiten, diese
umsetzen und schließlich überprüfen können, ob die eingeleiteten Maßnahmen dauerhaft
den gewünschten Erfolg haben. Die Führungskraft wird dies aber nur dann überzeugend
leisten können, wenn sie selbst davon überzeugt ist. Deren Vorbild spielt eine erhebliche
Rolle: Lebt die Führungskraft den Mitarbeitern vor, wie Verbesserungsmanagement
aktiv betrieben wird, ist die Wahrscheinlichkeit groß, dass auch sie Schritt für Schritt
Verhaltensweisen entwickeln, die zu Verbesserungen führen. Wird jedoch nur das Verbessern „gepredigt", ohne selbst aktiv an Verbesserungen zu arbeiten, werden auch die
Mitarbeiter nur wenig Verbesserungsideen entwickeln und umsetzen.

Die Führungskraft muss im Verbesserungsmanagement beständig „hart am Wind segeln". Sie muss sicherstellen, dass Aktivitäten konsequent verfolgt und Termine einge-
halten werden, der Informationsfluss gewährleistet ist und vor allem die Umsetzung der
Verbesserungen auch tatsächlich stattfindet. Gerade die regelmäßige Überprüfung des
Stands der Aktivitäten ist das wichtigste Werkzeug, um ein „Versanden" der Verbesserungsbemühungen zu verhindern. Dazu dienen vor allem die *Themengespräche.*

In der Regel findet im Verbesserungsmanagement halbjährlich ein Themengespräch statt. Dieses Themengespräch dient als Review bisheriger und zur Planung neuer Aktivitäten. Moderiert wird dieses Gespräch von einem Prozessbegleiter, dessen Aufgabe es ist, die VM-Sitzungen mit Hilfe geeigneter Methoden und Instrumente zu strukturieren, Schwachstellen aufzudecken und Vorschläge zu deren Behebung zu finden. In Kapitel 6.3 werden die Ausbildung und Aufgaben der Moderatoren hierzu näher beschrieben.

Zu Beginn des Themengesprächs wird überprüft, auf welchem Stand die Bearbeitung der Themen des vorangegangenen Themengesprächs ist: Welche Themen sind zur Zufriedenheit aller erledigt? Welche Themen, die man sich zu bearbeiten vorgenommen hatte, sind nicht umgesetzt worden? Welche Lösungen haben nicht den erhofften Effekt?

Das Führungsteam

Das Führungsteam ist *Informationspool* und *Steuerungsgremium* im Verbesserungsmanagement und wirkt zudem als Bindeglied zwischen den einzelnen Mitarbeiterteams. Es setzt sich aus den Führungskräften eines Unternehmens oder eines Unternehmensbereichs zusammen. Je nach Größe des Unternehmens können mehrere Führungsteams, beispielsweise in einzelnen Bereichen, gleichwertig nebeneinander tätig sein.

Das Führungsteam beschäftigt sich mit den gesammelten bereichsübergreifenden Themen der verschiedenen Mitarbeiterteams. Unter Berücksichtigung der Gewichtung durch die Mitarbeiter erstellen die Führungskräfte eine Prioritätenliste für die Verbesserungsthemen. Sie planen anschließend deren Abarbeitung, indem sie die Themen im Führungsteam angehen oder Arbeitsgruppen bilden und Verantwortliche benennen, die mit der Lösung der Problemthemen betraut werden. Anhand der Kennzahlen und Themenlisten kontrollieren die Führungskräfte regelmäßig die Zielerreichung der Verbesserungstätigkeiten. Um das für das Verbesserungsmanagement gültige Kennzahlensystem mit der aktuellen Unternehmenslage abzustimmen, überprüft das Führungsteam es regelmäßig und überarbeitet es bei Bedarf.

Im Führungsteam laufen die für das Verbesserungsmanagement relevanten Informationen aus den Bereichen zusammen. Um der Rolle als Informationspool gerecht zu werden, ist es nötig, dass die Mitglieder einen Überblick über die im Rahmen des Verbesserungsmanagements stattfindenden Aktivitäten besitzen. So können die Führungskräfte aus Erfahrungen anderer Abteilungen lernen oder Verbesserungsaktivitäten miteinander abstimmen. Jede Führungskraft gibt ihm Rahmen der Führungsteamsitzung einen kurzen Einblick in die bereichsinternen Aktivitäten und Checklisten, über deren Abarbeitung, über auftretende Schwierigkeiten oder sonstige Besonderheiten. Neben dem Reporting der bereichsinternen Aktivitäten wird zusätzlich über firmeninterne Projekte berichtet.

8.4   Anforderungen an Führungskräfte

Eine positive Unternehmensentwicklung ist nur möglich, wenn die Führung bestimmte
Verhaltensweisen deutlich zeigt und andere genauso deutlich unterlässt. Weil es für die
Entwicklung des Unternehmens im Ganzen und für den Aufbau eines Verbesserungsmanagements im Besonderen so wichtig ist, sollen an dieser Stelle die aus unserer Erfahrung wichtigsten Anforderungen an Führungskräfte vorgestellt und in ihrer Bedeutung
beschrieben werden. Dabei wird nicht zwischen den einzelnen Führungsebenen unterschieden, weil nach unserer Erfahrung die Anforderungen an Führungskräfte prinzipiell
die gleichen sind. Ein Unterschied liegt jedoch vor allem im Wirkungskreis der jeweiligen Führungskraft: Wie ein Geschäftsführer eine Anforderung erfüllt oder nicht, ist im
gesamten Unternehmen spürbar; wie ein Meister seinen Anforderungen gerecht wird, ist
direkt vor allem in seinem Meisterbereich spürbar, hat aber in der Regel keine großen
Auswirkungen auf das Unternehmen als Ganzes.

Glaubwürdigkeit

Glaubwürdigkeit ist eine der wichtigsten Eigenschaften, die eine Führungskraft besitzen
muss. Eine Führungskraft wird dann als glaubwürdig erlebt, wenn sie in ihrem ganzen
Verhalten zeigt, dass sie Vertrauen verdient und vorlebt, welches sie im Gegenzug von
anderen erwartet. Erwartet zum Beispiel ein Chef von seinen Mitarbeitern, Termine
jeglicher Art einzuhalten, vermag diese aber selbst kaum einzuhalten, wird er von seinen
Mitarbeitern in seinem Anspruch nicht mehr ernst genommen. Vermutlich werden sie
auch weiterhin Termine nicht einhalten, ohne Konsequenzen befürchten zu müssen.

Persönliche und fachliche Souveränität

Eine Führungskraft, die von Kollegen, Mitarbeitern oder Kunden nicht *akzeptiert* wird,
wird auf Dauer nicht erfolgreich sein. Sie kann sich dann nur auf die Insignien der
Macht verlassen und Ansprüche ausschließlich mit Druck durchsetzen. Wer aber als
Führungskraft Erfolg haben möchte, muss *überzeugen* können. Sie muss die richtigen,
besseren Argumente haben, um etwas durchsetzen zu können. Was sie sagt, muss fachlich fundiert sein. Die größeren Zusammenhänge sollten dabei berücksichtigt und
Chancen und Risiken von Entscheidungen abgewogen werden. Das alles sollte zudem
überzeugend dargestellt werden können.

Akzeptanz wird auf Dauer nur die Führungskraft erhalten, die in ihrem Gesamtverhalten *schlüssig* ist. Erleben Mitarbeiter, wie ihr Vorgesetzter im Gespräch mit dem Chef „umfällt" und seine zuvor laut geäußerten Überzeugungen zurücknimmt oder gar nicht mehr äußert, nur weil der Chef eine abweichende Meinung vertritt, werden sie ihm künftig schwerlich zutrauen, ihren Bereich angemessen vertreten zu können.

Ein weiterer Schlüsselbegriff ist *Souveränität*. Persönliche Souveränität besitzt nur der, der nicht dauernd darauf achtet, was andere sagen oder denken, sondern der sich selbst ein Urteil bildet. Souverän sein bedeutet, Fehler zugeben zu können. Souveränität zeigt sich in der eigenen Unabhängigkeit von der Meinung anderer, im Schwimmen gegen den Strom, im konsequenten Verfolgen eines Weges, den man für richtig hält. Wer souverän handelt, wird akzeptiert und kann überzeugen. Wem Souveränität fehlt, verliert leicht das Vertrauen seiner Mitarbeiter, Kollegen und Vorgesetzten.

Das gilt auch auf fachlicher Ebene. Fachlich souverän zu sein bedeutet nicht, alles über sein Fachgebiet zu wissen und selbst der beste Spezialist in allem zu sein. Vielmehr ist es für die Führungskraft entscheidend, zu wissen worauf es ankommt, wie sich die Zusammenhänge darstellen, welche Probleme auftreten können und wie man ihnen begegnet. Einem Mitarbeiter helfen zu können, wenn er nicht mehr weiter weiß und bei Schwierigkeiten den Überblick zu behalten, sind Merkmale fachlicher und persönlicher Souveränität.

Fördern und Fordern

Eine Führungskraft kann auf Dauer nur Erfolg haben, wenn ihr gute Mitarbeiter zur Verfügung stehen, die in der Lage sind, die anfallenden Aufgaben eigenverantwortlich und selbständig auszuführen, die lernbereit, lernfähig und bereit sind, sich neuen Anforderungen zu stellen. Ein Chef, der dazu neigt, alles selbst zu machen, wird es irgendwann nicht mehr schaffen, allen Aufgaben in seinem Bereich gerecht zu werden. Rechtzeitig *Aufgaben abzugeben* und sicherzustellen, dass die Mitarbeiter diesen Aufgaben auch gewachsen sind, gehört zu den wesentlichen Fähigkeiten jeder Führungskraft. Delegieren setzt aber voraus, dass die Mitarbeiter *kontinuierlich gefördert* werden. Dazu sollte die Führungskraft wissen, ob und in welchem Maße sich die Mitarbeiter weiter entwickeln wollen. Die Führungskraft muss sie soweit kennen, dass sie sicher beurteilen kann, was sie ihnen zutrauen kann und was nicht. Sie muss ihnen die Chance geben, sich weiter zu qualifizieren, um sich auf ihrem Aufgabegebiet auf der Höhe der Zeit bewegen zu können.

Die Führungskraft muss ihren Mitarbeitern dann aber auch die Gelegenheit geben, sich in neuen Aufgaben zu *bewähren*. Die Mitarbeiter zu fordern heißt, ihnen herausfordernde Aufgaben zu stellen. Es bedeutet auch, sie zum Weitermachen zu ermutigen, wenn sich der Erfolg nicht gleich einstellt und sie zu loben, wenn sie eine Herausforderung bewältigt haben. Fordern heißt nicht überfordern. Überforderung führt zu Misserfolgs-erlebnissen, und diese bewirken häufig, dass sich Mitarbeiter nicht mehr an Unbekanntes herantrauen und sie Entscheidungen nur noch ihrem Chef überlassen.

Fordern heißt auch nicht unterfordern. Unterforderte Mitarbeiter resignieren irgendwann und verlieren die Lust an ihrer Arbeit. Sie verlieren auch die Fähigkeit, sich weiter zu entwickeln. Und irgendwann kann ein Unternehmen diesen Mitarbeiter nicht mehr ge-brauchen, weil er den gestiegenen Anforderungen nicht mehr gerecht wird.

Initiative

Wer führen will, muss bereit sein, die Initiative zu ergreifen. Dazu gehören *Entschlusskraft und Entscheidungsfähigkeit*. Dazu gehört der Mut, unangenehme und schwierige Themen anzupacken und einer Lösung zuzuführen. Sich den Konflikten im Unternehmen zu stellen, ist dabei eine der wichtigsten Anforderungen an eine Führungs-kraft. Man darf nicht warten, bis die Situation eine Entscheidung erzwingt, sondern muss schon im Vorfeld agieren. Damit ist nicht blinder Aktionismus gemeint; denn es bedarf sehr wohl eines Abwägens der Chancen und Risiken. Aber man darf nicht zu lange zö-gern, wenn klar ist, wie zu handeln ist. Wer zu lange bei einer Entscheidung wartet, verliert nicht nur Zeit, sondern auch an Glaubwürdigkeit. Denn wer bei seinen Mitar-beitern als Zauderer und Zögerer bekannt ist, dem wird meistens auch nicht mehr die Bewältigung seiner Führungsaufgaben zugetraut.

Ideen, Visionen, Ziele

Das Ergreifen der Initiative sollte nicht nur reaktiv sein, wenn sich die Situation im Un-ternehmen verändert. Zur Initiative gehört ebenso, sich mit Neuem zu beschäftigen. Führen heißt, die *Zukunft zu gestalten*. Wer keine Ideen hat, kann nicht gestalten, son-dern nur nachahmen, was andere tun. Aber mit Nachahmen alleine ist es nicht getan. Von den Besten lernen ist wichtig, indem man sich dort Anregungen holt und sie auf die spezifische Situation des eigenen Unternehmens bzw. Bereichs überträgt.

Aber jede Führungskraft braucht auch eigene Ideen, um die Zukunft zu gestalten. Sie muss in der Lage sein, sich mit der Zukunft auseinander zu setzen, geistig vorweg zu nehmen, welche Entwicklungen sich am Markt, bei den Produkten, in der Technik, in den Prozessen, bei den Mitarbeitern und nicht zuletzt bei sich selbst ereignen können. Wer keine Phantasie hat, wird sich mit dieser Anforderung schwer tun. Wer keine Ziele mehr für sich und sein Unternehmen setzt, wird auch keine positive Entwicklung mehr erleben. Das bedeutet nicht, sich nur noch mit phantastischen und ungewöhnlichen Ideen zu beschäftigen. Ganz im Gegenteil: Zum Führen braucht es einen ausgeprägten *Reali-*

tätssinn. Dieser hilft, sich von der aktuellen Situation gedanklich zu lösen und zu antizipieren, was sich in den nächsten Jahren für das Unternehmen bzw. den eigenen Bereich ereignen kann.

Gerade in Zeiten des Erfolgs ist die Gefahr groß, sich auszuruhen und sich hauptsächlich damit zu beschäftigen, die Nachfrage zu befriedigen. Aber allzu oft kommt das böse Erwachen, wenn die Konkurrenz aufholt oder der Markt sich verändert. Wer bis dahin nicht vorgesorgt hat, wird schnell in Rückstand geraten und viel Mühe damit haben, den verspielten Vorsprung wieder aufzuholen. Sich neben den konkreten Problemen des Alltags permanent mit der Zukunft zu beschäftigen, braucht viel Energie. Aber diese Energie aufbringen zu können, ist eine weitere Eigenschaft einer erfolgreichen Führungskraft.

Energie und Willensstärke

Von einer Führungskraft wird erwartet, dass sie das Unternehmen nach vorne bringt, und dazu bedarf es *Energie und Tatkraft, Ausdauer und Beharrlichkeit.* Wer sein Unternehmen oder seinen Bereich entwickeln will, braucht die Energie und den Willen, etwas zu verändern. Willensstärke bedeutet, Ziele auch gegen Widerstände durchzusetzen und Probleme anpacken und bewältigen zu wollen.

Unserer Erfahrung nach sind die erfolgreichsten Führungskräfte diejenigen, die über die größte „Power" verfügen, die nicht schnell müde werden und aufgeben, die sich in eine Aufgabe richtig verbeißen können und die keine Mühen scheuen, ihr Ziel zu erreichen. Das sind auch die Führungskräfte, die andere mitreißen können und für die Mitarbeiter auch einmal „durchs Feuer gehen", wenn es darauf ankommt.

Begeisterungsfähigkeit

Nicht jede Führungskraft mit Energie und Willensstärke kann ihre Mitarbeiter, Kollegen oder Kunden auch begeistern. Um begeistern zu können, muss man auch überzeugen können. Dabei ist es oft eher nachteilig, wenn der Chef selbst voller Überzeugungskraft und Elan ist, aber seine Mitmenschen mit seiner Art „überfährt". Begeisterung ist sicher eine der mächtigsten Triebfedern, ein Ziel erreichen oder eine Idee umsetzen zu wollen. Wem es gelingt, seine Mitarbeiter zu begeistern, kann sicher sein, sein Team hinter sich zu haben. Wer es schafft, seine Kollegen zu begeistern, kann sich ihrer Unterstützung sicher sein. Und wer seine Kunden begeistert, hat einen entscheidenden Schritt zum Erfolg getan.

Wer aber selbst keinen Funken Begeisterungsfähigkeit besitzt, darf sich nicht wundern, wenn er auch andere nicht begeistern und überzeugen kann. Dann wird er seine Mitarbeiter auch nicht zu herausragenden Leistungen anspornen können und letztlich auch nicht die Ergebnisse erzielen, die erforderlich sind, um auf dem Markt zu bestehen.

Konsequenz

Viele Führungskräfte tun sich schwer damit, in ihrem Handeln konsequent zu sein. Konsequent sein bedeutet, einen eingeschlagenen Weg weiter zu gehen, auch wenn sich Widerstände auftun. Konsequenz zeigt sich im Umgang mit Problemen und Fehlern: Gibt man sich damit zufrieden, die Schuldigen ausfindig zu machen oder sucht man nach den Ursachen und versucht, diese nachhaltig abzustellen, um zu vermeiden, dass der Fehler noch einmal auftaucht? Gerade das Verbesserungsmanagement verlangt Konsequenz. Die Erfahrung zeigt, dass fehlende Konsequenz in der Umsetzung erarbeiteter Verbesserungsvorschläge ein Hauptgrund für das Scheitern von Optimierungsansätzen ist. Die Mitarbeiter fühlen sich verschaukelt, wenn ihre Vorschläge nicht ernst genommen werden. Die Folge ist, dass sie sich oft nicht mehr dafür begeistern lassen, neue Ideen zur Verbesserung zu entwickeln.

Konsequenz hat auch viel mit „Konsistenz" zu tun. Darunter verstehen wir ein Verhalten der Führung, das in sich schlüssig und für die Mitarbeiter nachvollziehbar ist. Es zeigt sich darin, dass Entscheidungen logisch begründet sind und verstanden werden können. Meistens fällt es Mitarbeitern nicht auf, wenn Führungsverhalten konsistent ist. Um so stärkere Beachtung bei den Mitarbeitern findet das Verhalten der Führungskraft, wenn es an Konsistenz mangelt. Wenn Mitarbeiter im Zusammenhang mit der Führung von „Rein in die Kartoffeln, raus aus den Kartoffeln" reden, dann handelt es sich aller Wahrscheinlichkeit nach um inkonsistentes Verhalten. Selbstverständlich kann es Situationen geben, in denen getroffene Entscheidungen unter dem Druck sich verändernder Verhältnisse revidiert werden müssen. Problematisch wird es, wenn das Zurücknehmen von Entscheidungen oder das Ändern strategischer Ausrichtungen eher zur Regel als zur Ausnahme wird. Denn dann ist unausweichlich der Verlust an Glaubwürdigkeit die Folge. Die Mitarbeiter verlieren das Vertrauen in die Fähigkeit der Führung, das Unternehmen erfolgreich zu leiten. Entscheidungen werden nicht mehr ernst genommen und das Wort „Strategie" erzeugt nur noch ein müdes Lächeln in den Gesichtern der Mitarbeiter. Mit Begeisterung ist dann Schluss: Mehr als die Erledigung des Alltagsgeschäfts darf man dann von den Mitarbeitern nicht mehr erwarten.

Mit inkonsistentem Verhalten richtet eine Führung jeden Ansatz von Verbesserungsmanagement zu Grunde. Sie verliert das Vertrauen der Mitarbeiter und damit die Basis für eine Unternehmenskultur der Verbesserung und Weiterentwicklung. Selbstverständlich gibt es noch weitere Anforderungen, die an Führungskräfte gestellt werden. Die hier beschriebenen stellen für uns die wichtigsten für den Aufbau und das dauerhafte Umsetzen eines Verbesserungsmanagements und einer systematischen Unternehmensentwicklung dar.

Zusammenfassung:

Für die kontinuierliche Weiterentwicklung des Unternehmens braucht es neben der richtigen Vorgehensweise und Methodik das unterstützende Verhalten der Vorgesetzten, das sich parallel zu den drei Stufen der Unternehmensentwicklung entwickeln sollte.

Durch Führung *Vertrauen* aufzubauen bedeutet, sich um die Beteiligten aktiv zu kümmern und ihnen damit Rückhalt und Motivation für ihre Aufgaben zu geben. Die Verantwortlichen müssen dabei eine Synthese aus strategischem Denken und Handeln und Nähe zu den Mitarbeitern herstellen können. Um Vertrauen zu den Mitarbeitern aufzubauen, braucht es Sensibilität und Fingerspitzengefühl. Es wird kein Einzelner vor versammelter Mannschaft bloßgestellt, sondern die Führungskraft stärkt seinen Leuten den Rücken.

Führen mit Hilfe von *Führungsmethoden* ermöglicht Führungskräften und Mitarbeitern gleichermaßen, einen *klaren Handlungsrahmen* für die Arbeit zu schaffen und *Spielregeln* zur Verfügung zu stellen. Hierbei muss darauf geachtet werden, dass die Führungsinstrumente aufeinander abgestimmt wurden, damit sie ein zusammengehöriges System ergeben und sich gegenseitig sinnvoll ergänzen.

Führen *im Verbesserungsmanagement* bedeutet, eigene und bereichsübergreifende Themen aktiv und gründlich zu bearbeiten und das eigene Team bei der Klärung ihrer bereichsinternen Themen zu unterstützen. Eine zentrale Aufgabe der Führungskraft hierbei ist es, die Mitarbeiter zu befähigen, selbstorganisiert zu arbeiten.

Um ein Unternehmen systematisch weiter zu entwickeln, werden also Führungskräfte gebraucht, die durch Kompetenz, Umsicht und Verantwortungsbereitschaft überzeugen. Damit sie den anspruchsvollen Aufgaben gerecht werden können, gehört zu ihren wichtigsten *Anforderungen*:

–   mit sich selbst im Reinen sein und die eigene Rolle und Verantwortung begreifen;

–   persönliche und fachliche Souveränität zeigen;

–   eigene Ideen und Visionen verfolgen;

–   ein situativ angemessenes Führungsverhalten zeigen, d. h. Mitarbeiter fordern und fördern;

–   Führungsinstrumente konsequent einsetzen;

–   „Biss" und Begeisterungsfähigkeit zeigen;

–   vorbildlich im Verbesserungsmanagement mitarbeiten;

–   im Führungsteam arbeiten und handeln.

Ein leistungsstarkes Unternehmen braucht Führungskräfte, die sich mit diesen Anforderungen auseinandersetzen und immer wieder an sich und ihren Fähigkeiten arbeiten.

9. Was im Verbesserungsmanagement schief gehen kann – Gefahren auf hoher See

So wie es bei jeder Schifffahrt auf hoher See Gefahren geben kann, die das Schiff vom Kurs abbringen, so gibt es auch im Verbesserungsmanagement viele Stolperfallen und Schwierigkeiten, die die erfolgreiche Umsetzung behindern. Nicht alle können hier ausführlich dargestellt werden. Erfahrungsgemäß sind es aber häufig die gleichen Schwierigkeiten und Fragen, mit denen Unternehmen zu kämpfen haben. Diese möchten wir näher vorstellen und Anregungen geben, wie mit ihnen umgegangen werden kann.

Die Führungskräfte machen nicht mit

Wenn etwas im Verbesserungsmanagement schief geht, so ist erfahrungsgemäß die häufigste Ursache, dass es die Führungskräfte sind, die ihre Aufgaben im Verbesserungsmanagement nicht so erfüllen, wie sie sollten. Gleichzeitig stellt es auch das am schwierigsten zu behebende Problem im Verbesserungsmanagement dar. Zu unterscheiden ist dabei:

Führungskräfte können nicht so wie gewollt. Ein Unternehmen, das nie systematisch die eigenen Führungskräfte weiter entwickelt hat, *überfordert* sie mit dem Anspruch, alle Aufgaben im Verbesserungsmanagement perfekt zu erfüllen. Führungskräfte müssen dies erst lernen und Schritt für Schritt herangeführt werden. Dazu brauchen sie nicht nur fachliche Kompetenzen, sondern gleichermaßen soziale, methodische, persönliche und Führungs-Kompetenzen. Wurde bisher noch nicht oder nur ungenügend an dem Aufbau dieser Kompetenzen gearbeitet, ist es sinnvoll, eine systematische Führungskräfte-Kompetenzentwicklung parallel zur Einführung des Verbesserungsmanagements zu beginnen (s. Kapitel 5.3).

Führungskräfte wollen nicht mitmachen. Es gibt immer wieder Führungskräfte, die davon überzeugt sind, dass sie es schaffen, ihre seit Jahren gewohnten Arbeits-, Führungs- und Verhaltensweisen so beizubehalten, unabhängig von Veränderungen um sie herum. Diese Führungskräfte, die nicht bereit sind, sich mit den neuen Aufgaben weiter zu entwickeln, erweisen sich im Verbesserungsmanagement als Blockierer. Es sind demzufolge meist ihre Bereiche, in denen kaum Verbesserungsaktivitäten stattfinden. Sie erscheinen nicht zu Themenbearbeitungen oder behindern dort die konstruktive Lösung der Themen durch viele Bedenken und Einwände. Von ihnen selbst hört man so gut wie keinen eigenen Lösungsvorschlag außer, dass die anderen etwas tun sollten oder man besser alles so lassen solle, wie es ist.

Was ist hier zu raten? Rezepte gibt es sicherlich nicht, aber ein paar Erfahrungen: Die größten Kritiker von Beginn an einzubinden, kann eine sinnvolle Strategie sein. Sie arbeiten damit bereits am Konzept zum Verbesserungsmanagement mit und können dort ihre Bedenken und Zweifel einbringen. Aber Vorsicht: Nicht jeder entwickelt sich vom Bedenkenträger zum begeisterten Anhänger. Destruktive Kräfte können bereits im Vorfeld sehr viel negative Stimmung gegen das Verbesserungsmanagement machen.

Diese widerstrebenden Führungskräfte sollten konsequent von ihrem Führungsteam und ihrem Vorgesetzten in die Pflicht genommen werden, über ihre Verbesserungsaktivitäten zu berichten. Ihr Vorgesetzter selbst sollte bei den Mitarbeitern möglichst viel präsent sein, um zu zeigen, dass es mit dem Verbesserungsmanagement ernst gemeint ist. Regelmäßige Gespräche zwischen den genannten Führungskräften und ihrem Vorgesetzten über ihr Vorankommen, ihre Schwierigkeiten und auch Bedenken dem Verbesserungsmanagement gegenüber sollten stattfinden, um Raum für Diskussionen und damit die Möglichkeit für Befürchtungen, aber auch für gute Argumente zu geben.

Letztlich wird das Verbesserungsmanagement nur funktionieren, wenn es die Führungspersonen im Unternehmen aktiv vorleben. Der eine oder andere braucht vielleicht länger, sich darin einzufinden. Bei dauerhaftem Widerstand seitens einiger Führungskräfte muss sich aber jede Unternehmensführung die Fragen stellen:

– Was haben wir falsch gemacht, dass wir die Führungskräfte nicht für die Idee gewinnen konnten? Gibt es bisher noch ungenutzte Möglichkeiten, um gegenzusteuern?

– Haben wir die richtigen Personen in den Führungspositionen?

Hier helfen nur Selbstkritik und möglichst konsequente Entscheidungen. Nur dann hat das Verbesserungsmanagement Aussicht darauf, ein gemeinsam getragenes System zur systematischen Unternehmensentwicklung zu werden.

Die Mitarbeiter machen nicht mit

Wenn Mitarbeiter sich weigern, am Verbesserungsmanagement mitzuarbeiten, kann es unterschiedliche Gründe dafür geben:

Die Mitarbeiter haben nicht verstanden worum es im Verbesserungsmanagement geht und was ihre Aufgabe dabei ist. Das Verbesserungsmanagement stellt sich für die Mitarbeiter als etwas Diffuses da; der Sinn und Zweck ist ihnen schleierhaft. Sie sehen keinen Nutzen in ihrer Mitarbeit, halten das Verbesserungsmanagement für etwas, was die Führungskräfte tun sollten und zeigen eine abwartende, zögernde Haltung.

Hier wäre es wichtig, dass die Führungskräfte bis hin zum oberen Management wiederholt erläutern, welche Ziele sie mit dem Verbesserungsmanagement verfolgen, wie es funktioniert und welchen wichtigen Teil die Mitarbeiter darin übernehmen. Besonders sollte an dieser Stelle betont werden, dass das Verbesserungsmanagement kein vorübergehendes Projekt darstellt, sondern ein fester Bestandteil zukünftiger Arbeit ist.

Die Ziele erscheinen den Mitarbeitern zu abstrakt. Dies erlebt man immer wieder, wenn die Unternehmensziele ohne weitere Erklärungen in Form von Zahlen, Daten, Fakten präsentiert werden. Unbedingt notwendig sind Erläuterungen, woraus sich diese Zahlen zusammensetzen und an welcher Stelle die Mitarbeiter Einfluss darauf haben. Regelmäßige, monatliche Informationen über die Entwicklung dieser Zahlen und der Einfluss der eigenen Abteilung darauf helfen den Mitarbeitern, den Gesamtzusammenhang zu verstehen. Besonders wenn ein System von Zielvereinbarungen und Kennzahlen installiert ist, wird der Gesamtzusammenhang zwischen Unternehmenszielen und eigenen Verbesserungsaktivitäten den Mitarbeitern evident.

Die Mitarbeiter werden mit der Themengewinnung und -bearbeitung allein gelassen. Die Zusammenarbeit in den Teams ist recht fruchtlos, es erfolgt wenig konstruktive Zusammenarbeit, und die Mitarbeiter zeigen wenig gemeinsames Verständnis für die Themen und ihre Lösung. Ursache kann sein, dass zwar Prozessbegleiter benannt wurden, sie aber faktisch keine Zeit zur Unterstützung der Teams haben. Besonders zu Beginn ist die sozial-methodische Hilfestellung der Prozessbegleiter für ein Erlernen der richtigen und effektiven Vorgehensweise im Verbesserungsmanagement unabdingbar.

Das mittlere Management unterstützt die Teams nicht. Dies passiert oft aus der falschen Annahme heraus, dass die Prozessbegleiter sich um die Teams kümmerten. Dies tun sie zwar, aber die fachliche und Prozess-Unterstützung muss dennoch von Seiten des nächsten Vorgesetzten erfolgen. Dieser trägt auch die Verantwortung für die aktive Mitarbeit seiner Mitarbeiter im Verbesserungsmanagement und sollte daher für Informationen, Fragen und Probleme zur Lösung und Umsetzung der Themen zur Verfügung stehen. Gefordert ist hier ein aktives Unterstützungsverhalten, mit dem der Vorgesetzte seine Mitarbeiter bei der Mitarbeit fördert und auch fordert. Hierzu gehört auch, die Meinung der Mitarbeiter ernst zu nehmen, d. h. ihre Vorschläge und ihre Prioritäten, aber auch ihre Beteiligung an bereichsübergreifenden Themen.

Die Mitarbeiter haben kein Vertrauen zu ihren Führungskräften. Grund hierfür können Erfahrungen mit Rückschlägen aus anderen Veränderungsprojekten sein, die engagiert von den Mitarbeitern angegangen wurden, aber nach einiger Zeit doch im Sande verliefen. Ebenso führt Engagement, das nicht entsprechend gewürdigt und anerkannt wird, zu Frust und Passivität. Vertrauen ist allerdings nur langsam wieder aufzubauen. Die Führungskräfte sollten sich bemühen, auf die aktuellen Befürchtungen der Mitarbeiter („Es interessiert sich doch sowieso keiner für unsere Meinung") einzugehen und ihnen durch Unterstützung und rasche, erste Erfolgserlebnisse zeigen, dass sie ihre Verbesserungsaktivitäten ernst meinen und nehmen.

Erfolge werden für die Mitarbeiter nicht sichtbar. Wenn Mitarbeiter sich engagieren, aber nicht sehen, dass ihre Arbeit Früchte trägt, sind sie schnell demotiviert. Daher ist es von großer Bedeutung, die Ergebnisse und Fortschritte im Verbesserungsmanagement transparent zu machen. Das gibt der eigenen Arbeit Sinn, bettet eigenes Engagement in den Unternehmenserfolg ein und trägt damit zur Motivation bei.

Es wird nichts umgesetzt

Trotz guter Konzeption und ausführlicher Information über das Verbesserungsmanagement finden kaum Verbesserungsaktivitäten statt – am wenigsten die bereichsübergreifenden. Dies kann unterschiedliche Gründe haben:

Der Wille der Geschäftsführung und des obersten Managements zur Umsetzung des Verbesserungsmanagements ist nicht spürbar. Dies zeigt sich daran, dass keiner der Führungspersonen an den Informationsveranstaltungen über das Verbesserungsmanagement teilnimmt oder sich dort nur halbherzig äußert. Auch werden die Führungsteamtreffen immer wieder abgesagt und finden selten und nur sporadisch statt. Die Führungskräfte interessieren sich nicht besonders für die Ideen und Aktivitäten zum Verbesserungsmanagement im Unternehmen. Mitarbeiter spüren solch eine Haltung sehr schnell und reagieren entsprechend: Warum sollen sie sich engagieren, wenn die Führungsriege selbst sich nicht besonders aktiv zeigt? Mit solchen Botschaften erreicht die Unternehmensführung Passivität statt Begeisterung und wird keinen Erfolg mit dem Verbesserungsmanagement erlangen können.

Es gibt keine Prozessbegleiter, die die Teams begleiten und unterstützen können. Manchmal erscheint es Unternehmen überflüssig, Personen für die Prozessbegleitung zur Verfügung zu stellen, schließlich kosten sie Zeit und bilden evtl. woanders eine Kapazitätslücke. Wenn aber Sitzungen nicht effektiv moderiert und Konflikte nicht konstruktiv gelöst werden, also Mitarbeiter nicht die notwendige Unterstützung bekommen, das systematische methodische Vorgehen bei der Sammlung und Bearbeitung von Verbesserungsthemen zu lernen, wird es nicht gelingen, das Verbesserungsmanagement erfolgreich im Unternehmen umzusetzen.

Das mittlere Management konnte nicht für das Verbesserungsmanagement begeistert und integriert werden. Gerade das mittlere Management stellt mit seinem direkten Kontakt zu den Mitarbeitern eine Schlüsselposition in Unternehmen dar. Seine Haltung und sein Engagement für das Verbesserungsmanagement beeinflussen erfahrungsgemäß die Aktivitäten der Mitarbeiter – sowohl positiv als auch negativ. Werden sie nicht genügend über das Verbesserungsmanagement informiert und in die Konzeption mit einbezogen, wird die Umsetzung an dieser Stelle schwierig. Auch das mittlere Management sollte regelmäßig in einem Führungsteam mit seinem Vorgesetzten zusammenkommen, um sich dort gegenseitig zu informieren und die eigene Arbeit zu überprüfen und zu steuern. Hierzu gehört auch die regelmäßige Auseinandersetzung mit dem Verbesserungsmanagement.

Die Verbesserungsaktivitäten werden im Führungsteam nicht konsequent überprüft. Dies führt zu einem „Versanden" der einzelnen guten Verbesserungsideen, zu einem ständigen Zeitaufschub und letztlich zu einer gleichgültigen Haltung der Führungspersonen den Verbesserungsaktivitäten gegenüber, die sich früher oder später auf die Mitarbeiter übertragen wird.

Das konsequente Controlling der Aktivitäten ist eine Schlüsselaufgabe im Verbesserungsmanagement. Wird es vernachlässigt, fehlt der notwendige Überblick über die Aktivitäten und Ergebnisse und die daraus resultierenden Konsequenzen. Geschieht dies nicht im Führungsteam, ist es Aufgabe der Geschäftsführung, das Controlling einzufordern.

Es steht keine Zeit zur Verfügung

Das Verbesserungsmanagement wurde gut konzeptioniert, aber es finden aus Zeitmangel direkt von Beginn der Einführung an kaum Verbesserungsaktivitäten statt – weder bereichsinterne noch bereichsübergreifende. Mitarbeiter und Führungskräfte arbeiten alle unter hohem Zeitdruck, machen viele Überstunden und belasten ihre Kapazitäten „bis zum Anschlag".

Diese Situation bietet keine Aussicht auf eine erfolgreiche Etablierung des Verbesserungsmanagements im Unternehmen. Die guten Ansätze gehen so im Tagesgeschäft komplett unter und werden in späteren ruhigeren Zeiten meist auch nicht mehr hervorgeholt. Im Verbesserungsmanagement wird Zeit benötigt:

- um die Methodik von Ideensammlung, Priorisierung, Lösung, Umsetzung und Controlling als Standardmethode im Unternehmen zu etablieren;

- um die Ziele, Meilensteine und Ergebnisse der Verbesserungsaktivitäten transparent für alle aufzubereiten;

- um die Mitarbeiter sinnvoll einzubeziehen, damit ihre Ideen und Vorschläge Teil des Unternehmenserfolges werden; hierzu braucht es Prozessbegleiter und ausgebildete Führungskräfte.

Dies sind einige der Gründe, warum das Verbesserungsmanagement Zeit braucht. Trotz des Tagesgeschäftes diese Zeit aufzubringen, ist die Aufgabe der Unternehmen, die sich ernsthaft weiter entwickeln wollen. Viele Unternehmen legen daher die Bearbeitung von Verbesserungsthemen außerhalb der regulären Arbeitszeit ihrer Mitarbeiter, bezahlen diese aber selbstverständlich. Ihnen ist klar: Unternehmensentwicklung gibt es nicht umsonst, denn sie kostet Zeit!

Sehr oft sind die Kapazitäten in Unternehmen zeitlich begrenzt, aber es sollte zur Einführung des Verbesserungsmanagements nicht der Zeitpunkt des höchsten Drucks gewählt werden. Von Bedeutung für den Erfolg ist besonders zu Beginn eine ernsthafte Auseinandersetzung, Umsetzung und Verfolgung der Verbesserungsmanagementaktivitäten. Wenn das nicht sichergestellt werden kann, sollte zunächst ein anderer Unternehmensbereich als Pilot das Verbesserungsmanagement beginnen oder schlimmstenfalls ein anderer Zeitpunkt zur Einführung gewählt werden.

Andere Projekte überlagern das Verbesserungsmanagement, sodass keine Kontinuität herrscht

Sollte es parallel andere Veränderungsprojekte im Unternehmen geben, so hängt es von ihrer Art und ihrem Umfang ab, wie mit dem Verbesserungsmanagement verfahren werden kann. Handelt es sich um kleinere, abgegrenzte Projekte, die beispielsweise nur einen Unternehmensbereich betreffen wie die Umsetzung eines neuen Vertriebskonzeptes, so hindert es nicht daran, das Verbesserungsmanagement einzuführen. Entweder man spart den betroffenen Bereich zunächst aus, oder aber man integriert die laufenden Projekte in das Verbesserungsmanagement als das (bereichsinterne oder -übergreifende) Verbesserungsthema mit der Priorität Ziffer „1".

Gibt es allerdings parallel andere Großprojekte im Unternehmen, die viele Kapazitäten brauchen, so wird es kaum zu schaffen sein, auch noch das Verbesserungsmanagement mit der erforderlichen Zeit und Kraft umzusetzen. Führt ein Unternehmen beispielsweise SAP ein und befindet sich kurz vor der Startphase, so macht es keinen Sinn, zeitgleich mit dem Verbesserungsmanagement zu beginnen. Hierunter würden beide Projekte leiden. Zunächst sollte das Großprojekt „SAP" beendet werden, um dann mit dem Verbesserungsmanagement zu starten.

Das Prämieren von Verbesserungen, die aus dem Verbesserungsmanagement entstehen. Im Zusammenhang mit der Frage, was im Verbesserungsmanagement schief gehen kann, ist die Frage nach der Prämierung von Verbesserungen, die über das Verbesserungsmanagement entstanden sind, nicht unwichtig. Allerdings ist es auch schwer, auf diese Frage eine eindeutige Antwort zu geben.

Ob Verbesserungen, die im Rahmen des Verbesserungsmanagements entstanden sind, überhaupt prämiert werden sollen oder nicht, hängt von den in einem Unternehmen bestehenden Regelungen ab. Da in den meisten Unternehmen ein Betriebliches Vorschlagswesen vorhanden ist, müssen zunächst die dort festgelegten Bestimmungen analysiert werden. In vielen Unternehmen entschließt man sich, bei der Prämierung den bestehenden Regelungen des Vorschlagswesens zu folgen. In Kapitel 7.5 wurde von einem Unternehmen berichtet, das bei der Prämierung von Verbesserungsmaßnahmen, die aus der Durchführung von Verbesserungsworkshops resultierten, die Regelungen des BVW zu Grunde legt.

In anderen Unternehmen zeigte die Analyse, dass das bestehende Vorschlagswesen mit der Einführung eines umfassenden Verbesserungsmanagements nicht mehr zeitgemäß war. Die bestehenden Regelungen sind oft noch sehr bürokratisch mit der Folge, dass es entsprechend lange dauert, bis über die Realisierung oder Ablehnung eines Verbesserungsvorschlags entschieden wird. Mit der Einführung eines Verbesserungsmanagements wird das Vorschlagswesen in der Regel sehr stark vereinfacht. Über die meisten Verbesserungsvorschläge kann dann vom jeweiligen Verantwortlichen direkt entschieden werden, ob ein Verbesserungsvorschlag umgesetzt werden soll oder nicht. Durch die Dezentralisierung gewinnt das Vorschlagswesen in der Regel deutlich an Effizienz. Vor allem ist die Umsetzungsgeschwindigkeit im Normalfall sehr viel höher als bei einem zentral organisierten Vorschlagswesen.

Im Zuge der Neugestaltung des Vorschlagswesens wird zumeist auch die Frage der Prämierung von Verbesserungen, die im Rahmen des Verbesserungsmanagements entstehen, neu geregelt. Aber auch dabei bestehen in den Unternehmen sehr unterschiedliche Regelungen.

Es gibt Unternehmen, die grundsätzlich nur die Verbesserungen prämieren, die aus individuell erarbeiteten und ins Vorschlagswesen eingereichten Verbesserungsvorschlägen resultieren. Für alle anderen Verbesserungen, die aus vom Unternehmen im Rahmen des Verbesserungsmanagements initiierten Maßnahmen entstehen, werden dagegen grundsätzlich keine Prämien gezahlt. Andere Unternehmen überlassen es der jeweiligen Führungskraft zu entscheiden, welche Verbesserungen sie im Rahmen eines Budgets für das Prämieren von Verbesserungen belohnt. Ein dritter Weg besteht nach wie vor darin, grundsätzlich alle Verbesserungen nach einer einheitlichen Regelung zu prämieren.

Für welchen Weg sich ein Unternehmen entscheidet, hängt von den jeweiligen Bedingungen ab. Für die Regelung der Prämierung ist nicht zuletzt maßgeblich, wie sich die Unternehmensleitung mit dem Betriebsrat verständigt. Unserer Erfahrung nach ist es wichtig, dass es eine Regelung geben muss, die im Unternehmen breite Akzeptanz findet. Zwar bildet es immer einen Anreiz für Mitarbeiter, wenn für Verbesserungen eine Prämie gezahlt wird. Aber wir haben festgestellt, dass auch in den Unternehmen, in denen keine Prämien gezahlt werden, fleißig an Verbesserungen gearbeitet wird. Schließlich ist es für viele Mitarbeiter auch wichtig, die Verbesserung ihrer Arbeitsumgebung aktiv mit zu gestalten und somit auch die Sicherung der eigenen Arbeitsplätze beeinflussen zu können.

Literaturverzeichnis

Agasmus Consult, Die KVP-Sudie, Teil 1: Lagefeststellung und Teil 2: Lagebeurteilung, Starnberg, 1996

Antoni, C. H. (Hrsg.), Praxishandbuch Gruppenarbeit: Konzepte – Werkzeuge – Praxismodelle, Düsseldorf, Beltz Psychologie Verlags Union, 2001

Antons, K., Praxis der Gruppendynamik: Übungen und Techniken, Göttingen: Hofgrefe Verlag für Psychologie 2000

Arbeitsgemeinschaft Qualifikations-Entwicklungs-Management, Kompetenzen entwickeln – Veränderung gestalten, Münster, Waxmann, 2000

Böse A., Flick D., Hurtz. A., Verbesserungsmanagement im Team, in: PERSONAL, Zeitschrift für Human Resource Management 2/2002, Köln, Wirtschaftsverlag Bachem, 2002

Bungard, W. und Kohnke, O. (Hrsg.), Zielvereinbarungen erfolgreich umsetzen: Konzepte, Ideen und Praxisbeispiele auf Gruppen- und Organisationsebene, Wiesbaden, Th. Gabler Verlag, 2000

Füermann, T. und Dammasch, C., Prozessmanagement: Anleitung zur ständigen Verbesserung aller Prozesse im Unternehmen, München, Hanser Verlag, 1997

Goller, I., Hurtz, A. und Lindinger, C., Das teamorientierte Unternehmen: Grundbegriffe und Praxishilfen, Köln, PTA Praxiswissen, 2000

Hackstein, R. und Hurtz, A., Neue Technologien erfordern neue Maßnahmen zur Qualifizierung der Mitarbeiter, in: Verband Deutscher Maschinen- und Anlagenbau e.V. (Hrsg.), EMO´89 Hannover, Sonderheft zur Weltausstellung der Metallbearbeitung, Frankfurt, 1989

Heeg, F. J. und Hurtz, A., Personalentwicklung und neue Technologien, in: Personalführung, S. 884 – 891, 1989

Hornung, V., Hurtz, A., Schwarz, G. und Lindinger, C., Fortgeschrittene Methoden in der betrieblichen Weiterbildung, in: BWF Arbeitsgemeinschaft Betrieblicher Weiterbildungsforschung e.V. (Hrsg.), Qualifizierung von Führungskräften in der betrieblichen Weiterbildung und Personalentwicklung, Reihe: Lehrbriefe zum Baustein 6

Hurtz, A. und Flick, D., Führen im Team (1) bis (3), in: Betrieb und Meister, 7, S. 18-19, 8, S. 32 – 33, 9, S. 16 – 17, 1998

Hurtz, A. und Flick, D., Führung und Kommunikation bei teamorientierten Unternehmensstrukturen, in: Industrie Management, 14, S. 74 – 77, 1998

Hurtz, A., Bestandsaufnahme Gruppenarbeit. In E. Scherer., P. Schönsleben und E. Ulich (Hrsg.), Werkstattmanagement – Organisation und Informatik, S. 115-129, Zürich, vdf Hochschulverlag AG, 1996

Hurtz, A., Die Qualifizierung für Gruppenarbeit, in W. Bungard (Hrsg.), Mannheimer Beiträge zur Wirschafts- und Organisationspsychologie Heft 1, 1992

Hurtz, A., Hermes Schleifmittel GmbH: Metamorphose eines Unternehmens, in: INsight TechnoKontakte, Nr. 2/2000, S. 38-40, Technokontakte, Veranstaltungs-GmbH, Wien, 2000

Hurtz, A., Lindinger, C., Przygodda, M. und Schönrade J., Der Prozessbegleiter: Ein neues Aufgabengebiet in sich verändernden Unternehmen, in: C.H. Antoni, E. Eyer und J. Kutscher (Hrsg.), Das flexible Unternehmen, Arbeitszeit-Gruppenarbeit-Entgeltsysteme, Wiesbaden, Betriebswirtschaftlicher Verlag Dr. T. H. Gabler GmbH, 1996

Hurtz, A., Qualifizierung für Gruppenarbeit, in: Antoni, C.H. (Hrsg.). Gruppenarbeit in Unternehmen.

Hurtz, A., Qualifizierung für Gruppenarbeit. Theoretische Konzepte und ihre Umsetzung in der betrieblichen Praxis, in: C.H. Antoni (Hrsg.), Gruppenarbeit im Unternehmen, S. 81 - 99, Weinhein, Psychologie Verlags Union, 1994

Hurtz, A., Schönrade. J., Vieth, E., Vom Leitbild zur gelebten Veränderung durch den Aufbau eines Führungssystems, in: H. Barske, A. Gerybadze, L. Hünninghausen, T. Sommerlatte (Hrsg.), Das innovative Unternehmen. Produkte-Prozesse-Dienstleistungen., Wiesbaden Gabler Wirtschaftspraxis, 2001

Hurtz, A., Wendepunkt mitbestimmen: Auf dem Weg zum Meister der Zukunft, in: Industrie Meister Nr. 7 - Juli 1996, S. 24 – 27, Vogel Verlag Würzburg, 1994

Innerhofer, C., Innerhofer, P. und Lang, E., Leadership Coaching; Führen durch Analyse, Zielvereinbarung und Feedback, Neuwied, Luchterhand Fachbuch Verlag, 2000

Japan Human Relations Association (Hrsg.), CIP – KAIZEN – KVP, Landsberg/Lech, Verlag Moderne Industrie, 1994

Kleinow, B., Lipke, K. und Schwark, B., Neue Energie durch das Ideenmanagement: Vier Wege zur Mitarbeiterbeteiligung bei der Bewag AG, Berlin, in: PERSONAL-Zeitschrift für Human Resource Management 7/2000, Köln, Wirtschaftsverlag Bachem, 2000

Knoblauch, J., et al., Unternehmens-Fitness – Der Weg an die Spitze: Die vier Erfolgsfaktoren der TEMP-Methode für kleine und mittelständische Unternehmen, Offenbach, Gabal Verlag, 2001

Körner, S., Przygodda, M. und Schönrade, J., Selbstlenkende Arbeitsgruppen bei einem Hersteller von Rohrverbindungen, in: C.H. Antoni (Hrsg.), Praxishandbuch Gruppenarbeit, Konzepte - Werkzeuge – Praxismodelle, Symposion Publishing GmbH, Düsseldorf, 7/2001

Kostka, C. und Kostka, S., Der Kontinuierliche Verbesserungsprozeß und seine Methoden, München, Hanser Verlag, 1999

Kumpf, A., Balanced Scorecard in der Praxis: in 80 Tagen zur erfolgreichen Umsetzung, Landsberg/Lech, Verlag Moderne Industrie, 2001

Langmaack, B. und Braune-Krickau, M., Wie die Gruppe laufen lernt: Anregungen zum Planen und Leiten von Gruppen; ein praktisches Lehrbuch, Weinheim, Beltz Psychologie Verlags Union, 2000

Lindinger, C. und Eschenberg, A. - K., Personalentwicklung und Organisationsentwicklung bei der Einführung von neuen Arbeitsstrukturen in der Fertigung, in: Gebert, A. u. Winterfeld, U. (Hrsg.) Arbeits - Betriebs und Organisationspsychologie vor Ort, Bericht über die 34. Fachtagung der Sektion Arbeit-, Betriebs- und Organisationspsxchologie im Berufsverband Deutscher Psychologen S. 511 – 519, Bonn, Deutscher Psychologen Verlag GmbH, 1993

Lindinger, C. und Ruhnau, J., Mitarbeiterbeteiligung, notwendige Vorgehensweise bei Umstrukturierungsprozessen.

Lindinger, C. und Schwark, B., Woran erkennt man eine gute Unternehmensberatung?, in: iq-Magazin zur Weiterbildung von Führungskräften 6/2000, Niederkassel, WAP Verlag GmbH, 2000

Lindinger, C., Moderation, in: Heeg, F.J. und Meyer-Dohm, P. (Hrsg.), Methoden der Organisationsgestaltung und Personalentwicklung, München, Carl Hanser Verlag, S. 451 – 474, 1994

Lindinger, C., Schönrade, J. und Ullrich, M., Visualisierung von Kennzahlen und Visual Management am Beispiel der Tally Computerdrucker GmbH, in: Institut für angewandte Arbeitswissenschaft e.V. (Hrsg.), Erfolgsfaktor Kennzahlen, Köln, Wirtschaftsverlag Bachem, S. 148-174, 2000

Lindinger, C., Teamarbeit braucht Pflege!, in: iq-Magazin zur Weiterbildung von Führungskräften. (2/2000), S.82, 2000

Lindinger, C., Visualisierung in der Produktion, in: io-Management Zeitschrift, 64 (7/8), S. 63 - 69.

May, P., Lernen von den Champions; Fünf Bausteine für unternehmerischen Erfolg, Frankfurt am Main, Frankfurter Allgemeine Buch, 2001

Raab, S., Full Power: Wie Sie aus Einzelkämpfern ein Hochleistungsteam formen, Neuwied, Luchterhand Fachbuch Verlag, 1997

Schulz von Thun, F., Miteinander Reden 1: Störungen und Klärungen, Hamburg, Rowohlt Taschenbuch Verlag, 1989

Schwark, B. und Goller, I., Gruppenarbeit in der Praxis - Eine Bestandsaufnahme in drei Unternehmen, in: Betriebliche Weiterbildungsforschung e.V.(Hrsg.), Berlin 5/2000

Schwark, B., et al., Rollen in betrieblichen Veränderungsprozessen, in: Kompetenzen entwickeln, / Veränderungen gestalten, Münster, Waxmann Verlag GmbH, 2000

Schwark, B., et.al., Methoden und Instrumente zur Förderung betrieblicher Veränderungsprozesse, in: Kompetenzen entwickeln, / Veränderungen gestalten, Münster, Waxmann Verlag GmbH, 2000

Seifert, J. W., Visualisieren – Präsentieren – Moderieren, Offenbach, Gabal Verlag, 1989

Sekine, K., Goldgrube Fertigung, Landsberg, Verlag Moderne Industrie, 1995

Töpfer, A. (Hrsg.), Geschäftsprozesse analysiert und optimiert, Neuwied, Luchterhand Fachbuch Verlag, 1996

Vranken, U. und Schönrade, J., „Jenseits von Zuckerbrot und Peitsche", in: Industrie Meister, 6/99, 1999

Vranken, U. und Schönrade, J., „Quo vadis, Meister? Welche Rolle der Meister künftig spielt.", in: Industrie Meister, 5 / 99, 1999

Vranken, U. und Schönrade, J., „Ziele im Visier – von der Pflicht zur Kür", in: Industrie Meister, 7/99, 1999

Wahren, H.-K. E., Erfolgsfaktor KVP: Mitarbeiter in Konzepte der kontinuierlichen Verbesserung integrieren, München, C. H. Beck Verlag, 1998

Warnecke, H.-J. (Hrsg.), Aufbruch zum Fraktalen Unternehmen: Praxisbeispiele für neues Denken und Handeln, Berlin, Springer Verlag 1995

Weber, J. und Schäfer, U., Balanced Scorecard und Controlling; Implementierung – Nutzen für Manager und Controller – Erfahrungen in deutschen Unternehmen, Wiesbaden, Gabler Verlag, 2002

Weber, M., Kennzahlen: Unternehmen mit Erfolg führen, Planegg, WRS Verlag, 1999

Weidemann, A. und Paschen, M., Personalentwicklung: Potenziale ausbauen, Erfolge steigern, Ergebnisse messen, Freiburg i. Br. 2001

Stichwortverzeichnis

Die Autoren

Dr. Albert Hurtz, Jahrgang 1956. Ausbildung zum Maschinenschlosser, Studium des Maschinenbaus an der FH Aachen und Lehramt-Studium für berufsbildende Schulen an der RWTH Aachen. Von 1987 bis 1993 wissenschaftlicher Angestellter am Institut für Arbeitswissenschaft der RWTH Aachen. 1995 Promotion zum handlungsorientierten Lernen. Seit Juli 1993 Geschäftsführer der Unternehmensberatung PTA Praxis für teamorientierte Arbeitsgestaltung GmbH in Köln. Tätigkeitsschwerpunkte bei der Reorganisation von Unternehmen:
Entwicklung und Aufbau von Verbesserungsmanagementsystemen in Unternehmen verschiedener Branchen, Einführung von Teamarbeit, Potenzialberatung, Visionsbildung und Einführung von Zielvereinbarungs- und Kennzahlensystemen, Begleitung von Firmenzusammenschlüssen.

Dipl.-Psych. Daniela Flick, Jahrgang 1971. Studium der Psychologie an den Universitäten Marburg und Freiburg. 1997 Prozessbegleiterin zu Teamarbeit bei den PKL Verpackungssystemen, Neuss. Von 1998 bis 2000 freiberufliche Beraterin und Trainerin bei Reorganisations- und Veränderungsprozessen. Seit 2001 Mitarbeiterin der Unternehmensberatung PTA Praxis für teamorientierte Arbeitsgestaltung GmbH in Köln. Tätigkeitsschwerpunkte bei der Reorganisation von Unternehmen: Gestaltung von Verbesserungsmanagementsystemen,
Einführung von Teamarbeit und Teamentwicklung, Potenzialberatung, Führungskräftecoaching und -schulung.

Dipl.-Päd. Tanja Bronnsack, Jahrgang 1975. Studium der Pädagogik an den Universitäten Bamberg, London und Köln. Seit 2000 Projektassistentin bei der PTA Praxis für teamorientierte Arbeitsgestaltung GmbH in Köln mit den Themenschwerpunkten Auditieren und Analysieren von Teamarbeit, Prozessbegleitung und Verbesserungsmanagement.

Dipl.-Volksw. Frank Messerschmidt, Jahrgang 1973. Studium der Volkswirtschaft sozialwissenschaftlicher Richtung an der Universität zu Köln. Seit 2000 Projektassistent bei der PTA Praxis für teamorientierte Arbeitsgestaltung GmbH in Köln mit den Themenschwerpunkten Potenzialanalyse, Prozessbegleitung und Verbesserungsmanagement.

Sicher in der Praxis

Mit der richtigen Strategie einen Schritt voraus

In einer Zeit dramatischen Wandels entwickelt der Autor einen langfristig wirksamen Entscheidungsrahmen für nachhaltige Unternehmensentwicklung. Er präzisiert Begriffe, gibt Anregungen für Marktanalysen und Leitideen und behandelt die Rolle strategischer Geschäftseinheiten für den Markterfolg. Mit Aktions- sowie Umsetzungsplänen und Fallbeispielen.

Hans-Georg Lettau
Strategische Planung
Ertragspotenziale erkennen –
Unternehmenswachstum
sichern
2001. 166 S. Geb. € 32,00
ISBN 3-409-11885-3

Marketing: Ein Muss für erfolgreiche Unternehmen

Marketing ist der Königsweg zu mehr Umsatz. Die Autorin beschreibt die entscheidenden Merkmale praxisorientierten Marketings. Mit Checklisten, Übungen und Aktionsplänen.

Petra Bock
Marketing für Entscheider
Analysen – Strategien –
Erfolgskontrollen
2001. 199 S. Geb. € 32,00
ISBN 3-409-11856-X

Effizientes Arbeiten als Zeichen hoher Professionalität

Das praxisorientierte Arbeitsbuch zeigt, wie man mit einfachen Mitteln und klar durchdachten Schritten wesentliche Effizienzsteigerungen im Unternehmen erzielen kann. Mit Checklisten, Aktionsplänen und Fallbeispielen.

Dorit Spiller, Petra Bock
Effiziente Arbeitsabläufe
Schwachstellen erkennen –
Prozesse optimieren
2001. 160 S. Geb. € 32,00
ISBN 3-409-11857-8

Änderungen vorbehalten. Stand: April 2002.
Erhältlich im Buchhandel oder beim Verlag.

Gabler Verlag · Abraham-Lincoln-Str. 46 · 65189 Wiesbaden · www.gabler.de

GABLER